腐败犯罪治理暨国际追逃追赃研究系列丛书 12

反腐败追逃追赃与新型腐败、隐性腐败防治

林　维　王秀梅　主　编
张吉喜　张　磊　副主编

中国人民公安大学出版社
CPPSUP 全国百佳图书出版单位

图书在版编目（CIP）数据

反腐败追逃追赃与新型腐败、隐性腐败防治/林维，王秀梅主编．--北京：中国人民公安大学出版社，2025.8．--ISBN 978-7-5653-4968-3

Ⅰ．D997.9

中国国家版本馆 CIP 数据核字第 20250E4F59 号

反腐败追逃追赃与新型腐败、隐性腐败防治

林　维　王秀梅　主　编
张吉喜　张　磊　副主编

策划编辑：杜向军
责任编辑：白彩华
责任印制：周振东

出版发行：中国人民公安大学出版社
地　　址：北京市西城区木樨地南里
邮政编码：100038
经　　销：新华书店
印　　刷：涿州市新华印刷有限公司

版　　次：2025 年 8 月第 1 版
印　　次：2025 年 8 月第 1 次
印　　张：13.25
开　　本：787 毫米×1092 毫米　1/16
字　　数：260 千字

书　　号：ISBN 978-7-5653-4968-3
定　　价：60.00 元

网　　址：www.cppsup.com.cn　www.porclub.com.cn
电子邮箱：zbs@cppsup.com　zbs@cppsu.edu.cn

营销中心电话：010-83903991
读者服务部电话（门市）：010-83903257
警官读者俱乐部电话（网购、邮购）：010-83901775
法律图书分社电话：010-83905745

总　序

腐败是困扰当代全球各国经济发展和社会进步的重大现实问题。它严重侵害社会公平正义，损害政府威信与公信力，阻碍经济健康发展。反腐败是世界各国普遍关注的重大政治、法治和社会问题，我国也不例外。党的十八大以来，以习近平同志为核心的党中央以零容忍态度依法惩治腐败，坚持有腐必反、有贪必肃，“老虎”“苍蝇”一起打，坚定不移把党风廉政建设和反腐败斗争引向深入，掀起了反腐败战略的新高潮。反腐败国际追逃追赃是反腐败国际司法合作的重要组成部分，是反腐败零容忍政策的重要体现。在当前腐败犯罪国际化趋势日益明显，腐败分子携款外逃现象频繁发生的背景下，国际社会只有联合开展国际追逃追赃司法合作，才能有效遏制腐败犯罪的发生和发展势头。

习近平总书记高度重视反腐败和国际追逃追赃工作，要求各有关部门加大交涉力度，不能让外国成为一些腐败分子的“避罪天堂”，强调腐败分子即使逃到天涯海角，也要把他们追回来绳之以法。2014 年以来，我国开展了以“天网行动”等为代表的反腐败追逃追赃专项行动，取得了突出的成绩。也正是随着我国反腐败战略和国际追逃追赃工作的全面开展，我国在反腐败领域的国际声誉日益提升，反腐败法治话语权逐步扩大。

为了进一步推动国家反腐败战略和国际追逃追赃工作的全面开展，繁荣反腐败和国际追逃追赃理论研究，G20 反腐败追逃追赃研究中心（以下简称“G20 研究中心”）决定主编“腐败犯罪治理暨国际追逃追赃研究系列丛书”。本丛书以百年名校北京师范大学深厚的学术积累、悠久的历史传统和浓郁的文化氛围为积淀，以 G20 研究中心为主要学术依托，同时广泛吸纳中外刑事法学界的支持与帮助，主要编著出版腐败犯罪治理和国际追逃追赃领域有新意、有深度、有分量的著作与译作。成果形式可以是专题研究、综合研究，也可以是论文集、有价值的文献资料等。为了保证系列丛书的质量，G20研究中心专门设立了编辑委员会，由黄风教授担任编委会顾问，王秀梅教授担任编委会主任暨总主编，张磊教授担任编委会副主任暨副总主编，并聘请相关方面的知名专家学者担任编委会成员。编委会负责丛书的审稿、鉴定工作。同时，为了保证编辑的效率，我们还成立了编辑部，负责日常编辑工作。

我们希望通过编辑本系列丛书，逐步积累我国国内外腐败犯罪治理和国际追逃追赃领域的优秀研究成果，繁荣、深化和开拓我国腐败犯罪治理和国际追逃追赃领域的学术研究，为我国反腐败战略的顺利开展以及国际追逃追赃的有效进行提供智力支持，从而提升我国在国际反腐败领域的影响力，进而为推动依法治国的顺利进行，乃至中华民族的伟大复兴贡献力量。

王秀梅教授

G20反腐败追逃追赃研究中心主任

北京师范大学刑事法律科学研究院副院长

国际刑法学协会副主席

中国刑法学研究会常务理事暨国际刑法学分会主席

前　言

为了深入贯彻落实党的二十届三中全会精神，聚焦《中共中央关于进一步全面深化改革 推进中国式现代化的决定》提出的相关改革举措，深化党风廉政建设和反腐败斗争，推动反腐败追逃追赃国际合作，促进我国反腐败法治建设现代化发展，2024 年 11 月 9 日至 10 日，“反腐败追逃追赃与中国式反腐败法治建设学术研讨会”在西南政法大学成功举办。本次研讨会由中国刑法学研究会国际刑法学分会和西南政法大学共同主办，由西南政法大学法学院、北京师范大学法学院、西南政法大学纪检监察学院和西南政法大学国际法学院共同承办。本次会议的主题是“反腐败追逃追赃与中国式反腐败法治建设”。会议围绕“反腐败追逃追赃与拒绝腐败避风港”“一体构建追逃防逃追赃机制”“贿赂犯罪的认定与程序问题”“惩治新型腐败、隐性腐败和相关腐败犯罪”“涉腐洗钱犯罪的惩治与防范”五个议题展开讨论。来自联合国毒品与犯罪问题办公室、国际刑法学协会等国际组织、机构的官员、专家，美国东北大学、德国弗莱堡大学、巴西里约热内卢大学、塞尔维亚贝尔格莱德大学、格鲁吉亚新视野大学等国外高校的专家，最高人民法院、最高人民检察院、外交部、中国法学会、中国廉政法制研究会、中国政法大学、四川大学、吉林大学、北京理工大学、天津大学、外交学院、中南财经政法大学、华东政法大学、西北政法大学、上海政法学院、北京师范大学、西南政法大学、重庆市法学会、重庆市纪委监委、重庆市人民检察院、重庆市公安局等机关、高校和机构的领导、专家共百余人参加了本次研讨会。

本次论坛共收到论文 30 余篇，学者们紧紧围绕“反腐败追逃追赃与中国式反腐败法治建设”这一主题，特别是针对健全追逃防逃追赃机制、打击涉腐跨境洗钱、深化中国式反腐败法治建设等问题，进行了多维度、多视角的充分研讨，取得了丰硕的成果。为了充分展示此次会议的研讨成果，我们选取其中较为优秀的论文，分为“反腐败追逃追赃与拒绝腐败避风港”“新型腐败、隐性腐败的惩治与防范”和“涉腐洗钱犯罪的认定”三编编辑成书，并纳入由G20反腐败追逃追赃研究中心主持编辑的“腐败犯罪治理暨国际追逃追赃研究系列丛书”。与以往相同的是，为了准确呈现学者本人的学术观点，我们除了对个别论文的字句、段落进行调整外，绝大多数论文都保持了论文提交时的原貌。遗憾的是，由于翻译和校对力量有限，没有将外国学者提交的英文论文收录本书当中，只有待以后有合适时机再考虑出版事宜。

本书的出版得到了出版社的大力支持，北京师范大学法学院博士生周恺也参与了文稿的编辑工作，对此我们深表敬意和感谢。

林维　王秀梅

2025年7月

目　录

上编　反腐败追逃追赃与拒绝腐败避风港

中编　新型腐败、隐性腐败的惩治与防范

下编　涉腐洗钱犯罪的认定

上编

反腐败追逃追赃与拒绝腐败避风港

职务犯罪适用违法所得没收程序探析*

王秀梅**

自 2012 年《刑事诉讼法》修改增设犯罪嫌疑人、被告人逃匿、死亡案件适用违法所得没收程序以来，司法实践中适用违法所得没收程序的案例为数不多，但其中不乏可供参考的标志性判例。2021 年最高人民检察院发布了以“职务犯罪适用违法所得没收程序”为主题的第 32 批指导性案例，通过 4 个具有代表性的案例①适用违法所得没收程序的成功实践，为人民检察院办理违法所得没收案件树立了标杆，将对引领和推动违法所得没收程序广泛适用发挥积极作用。

一、审慎适用违法所得没收程序

根据我国《刑事诉讼法》第 298 条的规定，对于贪污贿赂犯罪、恐怖活动犯罪等重大犯罪案件，犯罪嫌疑人、被告人逃匿，在通缉 1 年后不能到案，或者犯罪嫌疑人、被告人死亡，依照《刑法》规定应当追缴其违法所得及其他涉案财产的，人民检察院可以向人民法院提出没收违法所得的申请。虑及违法所得没收程序毕竟是在被告人缺席情况下对涉案财产的没收，立法采取了审慎的态度。

2017 年最高人民法院、最高人民检察院《关于适用犯罪嫌疑人、被告人逃匿、死亡案件违法所得没收程序若干问题的规定》，对适用违法所得没收程序的罪行范围作了进一步明确。一方面，将贿赂犯罪案件明确为包括受贿、单位受贿、利用影响力受贿、行贿、对有影响力的人行贿、对单位行贿、介绍贿赂、单位行贿犯罪案件。另一方面，将贪污贿赂犯罪等重大犯罪案件的“等”，明确扩大到挪用公款、

---

* 本文原载于《人民检察》2022 年第 2 期，原文标题为《职务犯罪适用违法所得没收程序指导性案例的司法引领》。

** 王秀梅，北京师范大学刑事法律科学研究院副院长、教授、博士生导师，G20 反腐败追逃追赃研究中心主任。

① 4 个代表性案例分别为：白某贪污违法所得没收案（检例第 127 号）；彭某峰受贿，贾某语受贿、洗钱违法所得没收案（检例第 128 号）；黄某兰贪污违法所得没收案（检例第 129 号）；任某厚受贿、巨额财产来源不明违法所得没收案（检例第 130 号）。

巨额财产来源不明、隐瞒境外存款、私分国有资产、私分罚没财物犯罪案件。同时，也扩大规定了危害国家安全、危害公共安全、金融诈骗以及洗钱等犯罪案件，可适用违法所得没收程序。

违法所得没收程序毕竟是在被告人拒不到案、无法到案和未能出庭的情况下对涉案财产作出的审理与裁判，一定程度上会减损程序的正当性。因此，为保障被告人的合法权益，坚持效率与正义兼顾的诉讼理念，违法所得没收程序适用的对象严格限制为逃匿，并且在通缉 1 年后不能到案的犯罪嫌疑人、被告人，或者死亡的犯罪嫌疑人、被告人。同时，为了给予逃匿的犯罪嫌疑人、被告人充分的时间考虑是否参与诉讼，在 6 个月公告期满后，才正式启动没收程序。对于职务犯罪被告人死亡的案件违法所得没收程序不会因被告人死亡而终止，而是基于其代理人或者人民检察院的申请，由人民法院指定财产受益人参与诉讼。但没收财产的范围仅限于死亡罪犯的违法所得，不得将没收财产的负担转嫁给其代理人或者受益人。但如果代理人、受益人持有罪犯的违法所得财产，则该部分财产也在没收范围内。

此外，指导性案例充分展示了适用违法所得没收程序中对相关人员的权利保障，尤其是利害关系人和善意第三方的财产权保护。例如，在彭某峰违法所得没收案中，人民检察院对利害关系人提出的财产异议予以支持，甚至建议在执行程序中依法处置利害关系人提出的某公司 40% 股份的所有权。又如，在黄某兰违法所得没收案中，司法机关不仅保障了利害关系人的财产所有权，保障了诉讼代理人的诉讼权利，还在黄某兰用赃款购置的 52 套房产中，对产权已发生转让、善意取得第三方的所有权给予保护，最终人民检察院依法查封了 23 套涉案房产及其他财产，并对其提出违法所得没收申请。

二、违法所得没收程序证明标准的特殊性

违法所得没收程序的实质是不对犯罪嫌疑人、被告人予以刑事定罪，仅对涉案财产采取没收的刑事强制措施，其特殊之处就在于未经对被告人定罪量刑而直接处分涉案财产，是对“事”和“物”的认定和处置，而非对“人”的定罪量刑，因而证据的证明标准与普通刑事审判程序不同。

首先，从认定犯罪事实的证据标准上看，要有证据证明被告人实施了犯罪的“事”。根据我国最高人民检察院《人民检察院刑事诉讼规则》第 529 条的规定，人民法院对没收违法所得的申请进行审理，人民检察院应当承担举证责任。在上述 4 个指导性案例的法庭审理举证和质证阶段，人民检察院出示的证据可以证明白某、黄某兰、彭某峰及其妻贾某语以及任某厚实施了贪污、受贿、巨额财产来源不明和洗钱犯罪事实，且有证据证明提出违法所得没收申请涉及的财产及其收益、孳息与上述被告人实施的犯罪具有直接或间接的关系。

其次，从认定应依法没收财产的证明标准上看，适用了类似于民事诉讼中的优势证据标准，对所没收的财产属于违法所得的证明仅要求具有“高度可能性”。这种证明标准如同世界银行处罚国际商业活动中腐败行为适用的证据规则，是“涉嫌”“有可能”“很有可能”的标准。甚至有些国家在刑事立法中直接规定适用民事没收制度。例如，英国 2002 年颁布的《犯罪收益追缴法》规定了以违法所得为没收对象的民事追缴制度，其适用的证据标准是只要一方当事人提供的证据具有较高的盖然性，法院就会支持其请求。《关于适用犯罪嫌疑人、被告人逃匿、死亡案件违法所得没收程序若干问题的规定》第 17 条第 1 款明确规定，申请没收的财产具有高度可能属于违法所得及其他涉案财产的，应当认定为属于违法所得及其他涉案财产。这一规定明确了高度盖然性标准，借鉴了民事诉讼的优势证据标准。在指导性案例中，从白某违法所得没收案的公告上也可见优势证据规则的痕迹。在该案中，2019 年 6 月 28 日发布的公告显示：“……呼和浩特市人民检察院认为，有证据证明犯罪嫌疑人白某实施了贪污犯罪后逃匿，在通缉一年后不能到案，上述查封财产具有高度可能属于违法所得及其他涉案财产，依照《中华人民共和国刑事诉讼法》第二百九十八条之规定，申请没收上述查封财产。”

尽管违法所得没收程序在审理中交织着民事规则与刑事特别程序，但在上述 4 个指导性案例的审理中，人民检察院坚持以证据为支撑，以国际公认的违法所得财产性质和范围及标准客观甄别，逐一展示涉及违法所得的财产，包括动产、不动产和财产性利益及其孳息的证据，并进行质证。在刑事诉讼无法追诉逃犯的情况下，运用民事证据规则追赃，没收违法所得，切断隐匿在外职务犯罪分子的营养供应链，实现以追赃促追逃，追逃追赃并重，取得了显著实效。

三、国际刑事司法协助在违法所得没收程序适用中的不可或缺性

在全球化背景的当下，职务犯罪、涉腐洗钱、自洗钱等犯罪分子先行转移财产或携款潜逃的跨国性因素日益显现，有效打击上述犯罪，实现资产返还，必须依靠紧密的国际刑事司法合作。《联合国反腐败公约》第 54 条明确规定了未经定罪资产没收，要求各缔约国均应根据本国法律，考虑采取必要的措施，以便在犯罪人死亡、潜逃或者缺席而无法对其起诉的情形或者其他有关情形下，能够不经过刑事定罪而没收这类财产。我国作为《联合国反腐败公约》缔约国，在立法和司法方面积极履行了此项缔约国义务。同时，《联合国反腐败公约》第 43 条第 1 款明确要求：“缔约国应当依照本公约第四十四条至第五十条的规定在刑事案件中相互合作。在适当而且符合本国法律制度的情况下，缔约国应当考虑与腐败有关的民事和行政案件调查和诉讼中相互协助。”例如，在许某凡贪污、挪用公款案中，许某凡、许某俊和余某东分别被隐匿目的地国强制遣返和自愿遣返回国接受审判，其转往他国的 4.8

亿美元中的部分赃款就是通过国际刑事司法协助与合作，以域外民事诉讼的方式得以追缴。我国和新加坡之间没有引渡条约和刑事司法协助协定，但两国作为《联合国反腐败公约》缔约国，依据《联合国反腐败公约》和《北京反腐败宣言》成功对贪污违法所得予以没收。例如，在江西省鄱阳县李某波贪污案中，2015 年 11 月 12 日新加坡法院宣布：根据新加坡《刑事司法协助法》第 30 条，将中华人民共和国江西省上饶市中级人民法院 2015 年 3 月 3 日针对李某波违法所得财产作出的没收裁决予以登记。2016 年 6 月 29 日新加坡法院裁定：执行经新加坡法院登记的上饶市中级人民法院没收裁决，对李某波转移到新加坡的人民币 2000 余万元违法所得予以没收，并将被没收的资产返还给财产受害方江西省鄱阳县。李某波违法所得没收案成为依据《联合国反腐败公约》和《北京反腐败宣言》成功追缴潜逃境外腐败分子涉案赃款的第一案。

《关于适用犯罪嫌疑人、被告人逃匿、死亡案件违法所得没收程序若干问题的规定》第 22 条第 1 款规定："违法所得或者其他涉案财产在境外的，负责立案侦查的公安机关、人民检察院等侦查机关应当制作查封、扣押、冻结的法律文书以及协助执行查封、扣押、冻结的请求函，层报公安、检察院等各系统最高上级机关后，由公安、检察院等各系统最高上级机关依照刑事司法协助条约、多边公约，或者按照对等互惠原则，向违法所得或者其他涉案财产所在地国（区）的主管机关请求协助执行。"从我国腐败和经济犯罪逃犯的隐匿地和赃款的所在地来看，大部分集中在美国、加拿大、新西兰、澳大利亚、英国和加勒比海地区的圣吉斯和尼维斯。海外追赃，实现境外违法所得资产的没收与返还，依然是未来追逃追赃工作的重点。对此，《联合国反腐败公约》也列举了五种具体方式：（1）在财产所在地提起民事诉讼（第 53 条）；（2）根据合法所有权证明返还财产（第 53 条）；（3）执行请求国主管机关的没收令（第 54 条）；（4）根据被请求国法律规定的程序进行没收（第 54 条）；（5）不经定罪的没收（第 54 条）。在指导性案例中，彭某峰违法所得没收案，不仅涉嫌受贿、洗钱犯罪数额特别巨大，涉案财产分布在境外 4 个国家，甚至共同犯罪人分处境内外两地，案情复杂（白某案亦如此），涉及大量通过刑事司法协助获取的境外证据，对其违法所得没收是国际刑事司法合作的重要成果。

违法所得没收程序的适用在我国虽然起步较晚，但是立法和司法解释日臻完善。《刑事诉讼法》《监察法》《关于适用犯罪嫌疑人、被告人逃匿、死亡案件违法所得没收程序若干问题的规定》和《人民检察院刑事诉讼规则》均对违法所得没收程序本身的性质，适用对象和范围，举证责任及证明标准，犯罪嫌疑人、被告人、诉讼参与人、利害关系人和善意第三方的权益保障，以及违法所得财产范围，没收与等值没收等概念的内涵与外延作了详尽规定。特别是 2021 年最高人民法院《关于适用〈中华人民共和国刑事诉讼法〉的解释》第 609 条再次界定了适用违法所得没收程序的“贪污贿赂犯罪、恐怖活动犯罪等”案件的适用范围，与《监察法》实现了无缝衔接。然而，尽管自2012年《刑事诉讼法》修改增设犯罪嫌疑人、被告人逃匿、死亡案件适用违法所得没收程序已有十多年的历史，但司法实践远远落后于立法和司法解释的发展，正在经历从无到有的过程。第32批指导性案例的发布，对正在发展阶段的违法所得没收程序适用树立了标杆，成为今后类似案件处置的参照和进一步推广使用的催化剂。违法所得没收程序已经成为反腐败国际追逃追赃中以追赃促追逃的一项重要“利器”，人民检察院负有启动这一特别程序的责任，且任重道远。我们应在遵守《联合国反腐败公约》的框架下，坚持多边主义原则，实现境外违法所得没收，最大程度挽回国家财产损失，并随着适用范围扩大，与缺席审判特别程序形成闭环，最大限度打击职务犯罪等罪行，形成具有中国特色的境内外违法所得没收、资产返还和追逃追赃的法治模式。

防范严重腐败犯罪资金外逃国际执法合作机制研究

王君祥*

引言

腐败资金外逃是一个非常复杂的问题。一般来说，资金外逃是一个国家在利用外部资金发展经济过程中的一种现象。当一个国家在经济发展中出现问题，市场因素的变化往往会导致内部资金转移到境外。腐败资金外逃则是腐败犯罪的衍生品，犯罪嫌疑人为了逃避惩罚、使犯罪利益最大化而将腐败违法所得转移到境外。腐败资金外逃涉及的核心问题是相关人员逃避正常金融监管，往往是将腐败资金“漂洗”到境外。虽然我国已经构建了健全而有效的事后惩治腐败犯罪国际刑事合作机制，但是如何构建预防腐败资金外逃的国际刑事合作机制，还是一个尚未深入探讨的问题。

基于对腐败资金外逃原理以及预防腐败重要性的认识，《联合国反腐败公约》专章规定了“预防措施”，详细规定了预防性反腐败指导性政策。《联合国反腐败公约》第14条有关预防洗钱的措施的规定，成为各缔约国开展预防腐败资金外逃合作可直接借鉴的政策和具体制度，具体包括对有洗钱嫌疑的机构或者个人监管制度、反洗钱执法机构间反洗钱情报的交流与共享机制、资金跨境监测和跟踪合作等。《联合国反腐败公约》第48条“执法合作”内容中也包含预防腐败资金外逃合作的内容。亚太经济合作组织反腐败执法合作网络则为预防腐败资金外逃国际合作提供了平台和一些操作程序、方法。二十国集团（G20）领导人还在2012年核准了反腐败工作组提交的《拒绝避风港高级原则》，确立了包括预防腐败资金入境的10条原则。2014年亚太经济合作组织反腐败工作组通过《北京反腐败宣言》，呼吁“竭力加强反腐败务实合作，拒绝国际腐败避风港”，其中“拒绝避风港”要求各个国家和地区采取预防措施拒绝腐败人员和资金入境。

---

* 王君祥，河南工业大学法学院教授。

综合上述，当前我国预防腐败资金外逃国际合作已经有国际公约和框架下的指导性措施，但是相关问题的研究还存在明显不足。一是国际公约和框架下的制度和措施仅仅是倡导性和原则性的内容，对缔约国缺乏约束性和强制性，需要国家间构建具体法律机制加以落实。二是从理论研究看，事后追究追缴腐败资金制度和程序的话题持续成为热点，但是现有研究成果很少涉及事前预防腐败资金外逃国际合作这一议题。预防腐败资金外逃国际合作涉及政治、经济、法律、教育和技术等各方面，而国际刑事法律预防合作是最具有强制性、保障力和国际公认性的措施。当跨境追缴腐败资金面临诸多困难时，我们应当基于腐败资金外逃的跨国洗钱这一本质特征，结合我国驻外机构人员腐败的特点，在反洗钱、海关对大额资金跨境流动监管以及预防驻外机构腐败等方面构建具体性预防国际执法合作的法律制度。

一、资金跨境转移成为我国腐败犯罪的“标配”

腐败犯罪是国际性犯罪，对国际社会的危害之一就在于伴随而生的大量腐败资金跨境转移。这削弱了资金转出国的经济实力，而资金流入国也因为大量赃款属于地下经济，从长期看，会造成本国经济数据失实，危害本国经济安全或者损害流入国国际形象。我国是腐败犯罪资金的流出国。中央纪委国家监委发布的数据显示，新增外逃党员和国家工作人员明显减少，从 2014 年 101 人降至 2015 年 31 人、2016 年 19 人、2017 年 4 人、2018 年 9 人、2019 年 4 人，有力遏制住了外逃蔓延势头。[①]这表明，我国在防范包括腐败犯罪在内的犯罪分子外逃方面取得了巨大成就。但是，从外逃资金看，情况并不乐观。根据中央纪委国家监委发布的数据，2023 年，我国集中力量查办跨境腐败案件，追赃挽损 102 亿元。[②] 这些被追回的巨额赃款并不意味着是等额的腐败资金被转移出去。除去腐败资金被挥霍、资金追缴法律障碍等因素外，这些能被追回的腐败资金应当仅占被转移资金很小的比例。这些情况足以表明我国腐败资金外逃的严重性。

从我国腐败犯罪特点看，向境外转移资金已经成为众多腐败犯罪的“标配”，也成为腐败犯罪的必要环节。透视近年来发生的有影响的重大腐败犯罪案件，这些犯罪分子无不是先在国内捞钱，然后通过各种手段将赃款转移至境外。例如，李某波伙同他人贪污公款 9400 万元，并在 2010 年 12 月 6 日、2011 年 1 月 13 日和 15 日转入新加坡个人账户共 18. 3 万新加坡元。又如，在乔某军案件中，其在 2011 年 11 月出逃之前，为自己和两个孩子取得美国绿卡，并与妻子赵某兰在 2011 年 6 月将赃款 2360 万元汇入指定账户，在 7 月将赃款 92. 5 万美元从我国香港转移到加拿大。

---

① 2020 年 8 月 10 日，国家监察委员会主任杨晓渡在第十三届全国人民代表大会常务委员会第二十一次会议上作的《国家监察委员会关于开展反腐败国际追逃追赃工作情况的报告》。

② 李鹏：《不松劲不停步　纵深推进追逃追赃》，载《中国纪检监察报》2024 年 3 月 21 日。

赵某兰在2012年携带大量现金到温哥华，在当地购买公司和房产，并将220万美元汇入自己的公司。[①]

由上可知，一方面，面对我国腐败犯罪资金外逃的情况，我们有必要扎紧国内各项制度口子，防范腐败资金的跨境转移，决不让外逃腐败分子在境外挥霍不义之财；另一方面，鉴于腐败资金流出的跨国性，如何从国际合作的视角构建防范腐败资金外逃机制也是我国执法机关亟待解决的问题。本文侧重从后者展开论述。

二、跨境追缴腐败资金国际合作面临诸多挑战

在现代网络金融技术和交易工具不断发展的情形下，腐败资金的跨境转移已经非常简单，但是要想从资金流入国追回资金却面临诸多挑战。《联合国反腐败公约》作为一项全球性的预防与惩治腐败的国际公约，在第五章规定了“直接追回财产的措施”和“通过没收事宜的国际合作追回资金的机制”。《联合国反腐败公约》是全球签署国家最多、适用最为广泛的公约，为腐败资金追回国际合作提供了重要的法律依据。但是，当腐败资金流出境外，想在事后开展跨境追缴要面临诸多困难。这些困难和障碍既有来自国内追赃法律制度的不完善，也有来自追赃国际合作法律制度层面的问题。主要分析如下：

第一，腐败资金查证难。资金追缴的基本前提是执法机关或者司法机关证明某项财产来源于腐败犯罪。但是，腐败资金的流出往往通过极为隐蔽的手段来完成。在转移腐败资金过程中，很多犯罪分子本人是从事金融管理的专业人士，或者他们委托专业金融人士，通过洗钱或者其他形式切断资金流转链条，将腐败资金经过多个银行、多个账户跳转，在某个环节改变腐败资金流向，或者混淆腐败资金的性质，从而使腐败资金流向成为谜团。另外，腐败资金的流转很容易通过技术手段非法清除和掩盖，这给司法机关追赃工作带来相当大的挑战。[②]

第二，腐败资金追缴难。总体上看，针对携款潜逃的腐败人员，《联合国反腐败公约》设定了民事诉讼方式和未经定罪没收制度作为资金追缴手段。通过民事诉讼追回腐败资金可能会在确定诉讼主体、民事法官有限审查范围、举证、诉讼成本和判决执行等诸多方面存在法律障碍。[③] 而对于未经定罪没收制度来说，腐败资金没收取决于资金流入国的法律，资金流出国不能决定腐败资金没收的成功与否。进一步讲，腐败资金的成功追缴包含资金的没收和被没收资金的返还。《联合国反腐败公约》第57条规定了被没收资金返还的原则。根据该条规定，被没收资金的返

---

① 林雪标：《腐败犯罪境外追赃研究》，福建人民出版社2016年版，第36页。

② 赵晨光：《论我国腐败犯罪境外追赃机制存在的问题及其完善》，载《法学杂志》2019年第3期。

③ 黄风：《资金追回问题比较研究》，北京大学出版社2010年版，第24-33页。

还要根据《联合国反腐败公约》的规定和本国法律予以处置。本国法律就是指资金流入国（实施没收行为的国家）的法律。而对于资金流入国，被没收的资金被想当然地归为国有财产。特别是对于那些通过洗钱等犯罪，没有具体的被害人的案件来说，这些被没收的腐败资金究竟能否返还资金流出国或者返还多少，都取决于资金流入国的裁量。因此，资金流出国在腐败资金的追缴上是较为被动的。

第三，国内追赃法律缺乏适用配套国际合作的制度。为了强化反腐败，我国《刑事诉讼法》新增了刑事缺席审判程序，与违法所得没收特别程序构成跨境追赃的两个重要法律制度。刑事缺席审判固然能针对外逃被告人作出包括腐败资金没收内容的有罪判决，但是启动缺席审判程序和执行判决均面临诸多困难。首先，我国双边刑事司法协助条约规定，如果是向被告人送达出庭审判的文书，被请求方不负有执行送达的义务，所以，文书送达将成为启动腐败犯罪案件缺席审判程序很大的障碍，导致腐败资金追缴的长期拖延甚至永久搁置。其次，执行刑事缺席审判判决中腐败资金没收部分是非常困难的。一些英美法系国家认为缺席审判违反“正当程序”原则，不承认刑事缺席审判。在承认与执行外国没收裁决问题上，《美国法典》第2467条要求请求国官员出具宣誓书保证：没收程序是依照正当程序原则进行的。[①] 违法所得没收程序虽然是专为逃匿犯罪人赃款没收而设计的程序，但是目前适用效果欠佳，很少有成功适用境外腐败资金追缴的案例。其中，非常重要的原因在于，违法所得没收程序缺少国际合作方面的配套规定。[②] 因此，我国法律设计的两种跨境腐败资金追缴制度适用都面临国际合作的障碍。

另外，其他法律外的因素，如两国政治关系好坏、资金流入国实施的吸引外资政策等，也会制约腐败资金的追缴。因此，一旦腐败资金流出国境，再想追缴回来会面临很多困难。

三、构建预防腐败资金外逃国际执法合作机制的必要性

预防腐败资金外逃国际合作是立足于腐败资金跨境转移这一特性，完善我国跨境追逃追赃机制的需要，是进一步深化腐败犯罪治理的需要。具体分析如下：

第一，有效预防腐败资金外逃是升级和丰富反腐败国际合作框架内容的要求。从近年来中央反腐败工作精神分析，我国在惩治腐败犯罪、防止人员外逃的同时，开始将反腐败重心转向防止赃款向境外转移。我国积极主导和参与反腐败国际治理，强化在联合国、G20集团、亚太经合组织以及国际反洗钱机构等国际组织的合作，推动全球反腐败新秩序的建立，这是构筑追缴和预防腐败资金外逃工作机制的重要

---

① 黄风：《刑事缺席审判与特别没收程序关系辨析》，载《法律适用》2018年第23期。

② 2020年8月10日，国家监察委员会主任杨晓渡在第十三届全国人民代表大会常务委员会第二十一次会议上作的《国家监察委员会关于开展反腐败国际追逃追赃工作情况的报告》。

途径。毕竟，构建和完善国际组织能降低反腐败国际合作成本与风险，增加合作收益。[①] 可以说，我国倡导建立反腐败国际合作新秩序成效显著，为未来反腐败国际合作内容的转变提供了便利，而未来反腐败国际合作就是加强共同防范，以防逃追逃为核心，这也是国际反腐败新秩序的升级版。

第二，有效预防腐败资金外逃国际合作是完善我国反腐败国际追逃追赃体系的必要环节。党的十八大以来，我国开辟了反腐败海外战场，跨境追逃追赃已经取得阶段性成果，基本上形成了一套有效的反腐败跨境追逃追赃国际合作机制。但是，总体上看，我国反腐败追逃追赃工作并不平衡，需要将追逃、追赃和防逃一体推进，形成“追防一体化”长效机制，既能有效追逃追赃，又能有效防范犯罪分子外逃、转移腐败资金。[②] 中纪委国家监委反腐败工作一直强调要扎实开展重点个案攻坚，完善防逃制度机制，一体推进追逃防逃追赃工作，坚持追逃防逃追赃整体并进。对于腐败资金外逃来说，我们不能只满足于现阶段将转移的境外赃款找到追回，更要建立一套防范腐败资金外逃的长效机制，把我国反腐败国际追逃追赃体系的短板补齐。

第三，构建防范腐败资金外逃国际合作机制是为了更好地巩固我国跨境追逃成效的需要。人员的外逃和资金的转移是国际反腐败合作中一个问题的不同侧面。腐败犯罪的目的就是获得不义之财，而推动其外逃的动力就是要挥霍这笔不义之财。因此，反腐败预防的国际合作，不仅要防范腐败分子外逃，更要堵截住腐败资金的外逃。只有斩断腐败分子经济挥霍的源头，腐败分子才不能将贪腐资金转移到境外，他们外逃的推动力才会大大减弱。近些年来，我国开展的“天网行动”“猎狐行动”“百名红通”等措施，在加大缉捕潜逃腐败分子的同时，也特别注重追缴腐败资金，有效遏制了腐败分子和资金外逃的趋势。当腐败分子认识到自己转移到境外的腐败资金并不能为己所用，且随时面临被扣押和冻结乃至没收的风险，就失去了对抗跨境追逃的动力，从而容易接受劝返或被引渡回国。因此，防范腐败资本外逃是进一步深化反腐败斗争和巩固跨境追逃成果的需要。

第四，构建预防腐败资金外逃国际合作机制是降低跨境追逃追赃成本的需要。一旦腐败资金流出，跨境追缴腐败资金就面临诸多法律和非法律因素的制约。因此，堵住腐败资金流出的源头是最经济的惩治腐败犯罪的手段。一般来说，预防犯罪的成本要远远小于惩治犯罪的成本。众所周知，每个跨境追逃成功的案件所花费的司法资源都是非常大的，而且，跨境追赃的投入和成本要远远高于追逃；同时，腐败资金有可能会被挥霍，或者因为资金分享制度等情况导致执法投入和法律效益差距

---

① 张丽华、王博文：《全球化背景下反腐败国际合作分析》，载《学习与探索》2018 年第 4 期。

② 彭新林：《我国反腐败国际追逃追赃面临的挑战与对策》，载《江西社会科学》2019 年第 9 期。

很大。这些因素使得世界各国在开展追赃的国际合作方面比起追逃来说更为艰难。如果世界各国能在防范腐败分子和资金外逃方面构建有效的国际合作网络，就能大大降低打击腐败犯罪的司法成本。

四、预防腐败资金外逃国际执法合作机制的建立

（一）进一步优化反洗钱国际执法合作机制

1. 完善金融情报机构信息共享机制

反洗钱国际执法合作是一个很宽泛的问题，包括风险理解、监管措施、资金申报、公众人物、刑事打击、资金追缴方面的内容。从这几个工作机制的关系来讲，反洗钱的关键任务是以金融情报机构为主导的信息交互过程。金融情报机构有三个核心职能，从金融部门收集可疑的与洗钱活动相关的交易信息，分析和深入研究所收集的信息，与执法部门、司法部门和国外金融情报机构共享信息。[①] 反洗钱国际执法合作是在整合反洗钱政策制定者、金融情报机构、执法部门和监管部门信息的基础上梳理出可疑情报，在国家反洗钱执法部门之间共享，并采取相应措施。我国历经多年的反洗钱情报国际合作实践，截至 2023 年年底，已与 61 家境外金融情报机构正式确立反洗钱金融情报交流合作关系。2023 年，接收 30 个国家和地区的金融情报 416 份；向境外金融情报机构发出国际协查 139 份，同比增长 45%；收到境外反馈 134 份，并为中央追逃追赃等专项工作提供金融情报支持。[②]

当前，我国金融情报机构国际合作机制还存在一定问题，在一定程度上不利于反洗钱国际合作的开展。按照埃格蒙特集团关于金融情报机构的定义，其信息功能必须具备四个维度，即“金融机构”“执法”“行政”和“国际合作”。目前，我国反洗钱中心的信息功能实际只实现了一个纬度，即对金融机构的情报接受，而且，在双轨体制下，反洗钱中心的这一个纬度也不完整。[③] 因此，要想在反洗钱国际合作中发现腐败资金转移线索，就需要金融情报机构职能和运行机制进一步完善。我们需要建立完善的可疑金融交易报告制度，金融情报机构要能完整、全面获取金融交易的信息；金融情报机构要和执法部门有流畅的信息交换机制；在国际合作方面，金融情报机构之间要对可能涉及对方国家人员或者金融监管的可疑金融交易情报进

---

① ［英］理查德·普拉特：《反洗钱与反恐融资指南》，王燕之审校，中国金融出版社 2008 年版，第 18 页。

② 参见《2023 年中国反洗钱报告》，载中国人民银行网站，http://www.pbc.gov.cn/fanxiqianju/135153/135282/index.html，2025 年 5 月 29 日访问。

③ 侯合心、冯乾：《我国参与国际反洗钱金融情报合作问题研究——基于 FATF 关于中国反洗钱评估报告的分析》，载《金融监管研究》2016 年第 2 期。

行共享、分析、研判；金融情报机构将研判可能涉嫌洗钱的犯罪线索移交给有关执法机关，为执法机关采取进一步行动提供线索。

2. 强化对特定非金融部门反洗钱义务的监管

长期以来，我国反洗钱工作主要限于金融机构内。虽然《反洗钱法》第 6 条也明确了特定非金融机构的反洗钱义务，但是，如何对特定非金融机构监管，金融情报机构如何从这些机构获取情报用于反洗钱等问题，没有明确规定。为此，中国人民银行通过单独或会同相关行业主管部门制定特定非金融部门反洗钱管理办法，在某些领域，针对某些特定部门和机构提出了反洗钱任务的要求。例如，2017 年 11 月，中国人民银行和民政部联合发布了《社会组织反洗钱和反恐怖融资管理办法》，其中第 20 条明确规定，中国人民银行及其分支机构、民政部门依法获取的社会组织相关信息，可以用于反洗钱和反恐怖融资国际合作。《社会组织反洗钱和反恐怖融资管理办法》将反洗钱义务主体扩大到了在中国境内不同等级的社会团体、基金会、社会服务机构和外国商会，这些社会组织应当对内部控制制度的有效实施及资金的合法使用负责。又如，2017 年 9 月，住房和城乡建设部会同中国人民银行、银监会联合印发《关于规范购房融资和加强反洗钱工作的通知》，明确要求房地产开发企业、房地产中介机构积极履行反洗钱义务。

虽然我国不断强化特定非金融机构反洗钱义务，但是从我国反洗钱案件的情况看，大量腐败犯罪所得正是通过特定非金融机构被转移到境外的。正如 2019 年金融行动特别工作组（FATF）第三十届第二次全会审议通过的《中国反洗钱和反恐怖融资互评估报告》指出，中国特定非金融行业相关监管尚未实质性开展，特定非金融机构尚未认识到其面临的洗钱和恐怖融资风险，以及需要承担的反洗钱和反恐怖融资义务，未实施有效的风险控制程序和措施，可疑交易报告数量极少，相应拉低了中国反洗钱和反恐怖融资预防措施的整体成效。① 为此，我国强化特定非金融机构反洗钱义务需要从以下几个方面着手：

第一，明确特定非金融机构的范围。我国可以将金融行动特别工作组《40 条建议》中特定非金融机构范围移植过来。我国现有的特定非金融机构范围还比较狭窄，《反洗钱法》有必要将反洗钱义务主体全面化，明确反洗钱监管主体可以对任何涉嫌洗钱的组织和个人采取法律措施的权力。

第二，建立对特定非金融机构反洗钱监管体系，加大监管力度，明确和落实特定非金融机构的反洗钱义务。现有的对特定非金融机构反洗钱监管的法律位阶较低，属于中国人民银行与其他部门联合下发的部门规章，而《关于规范购房融资和加强

---

① 《专家解读〈中国反洗钱和反恐怖融资互评估报告〉：继续推动中国反洗钱和反恐怖融资工作向纵深发展》，载中国金融新闻网，https：//www.financialnews.com.cn/gc/sd/201904/t20190419_ 158505.html，2024 年 9 月 21 日访问。

反洗钱工作的通知》还很难被视为部门规章，只能算是住房和城乡建设部内部政策性规定。因此，建立完善的特定非金融机构反洗钱监管法律体系就显得非常必要。

第三，为了从源头上切断腐败资金的漂白行为，法律应当特别将公民个人纳入反洗钱义务主体，明确当其知道或者有合理理由怀疑某项财产是腐败犯罪所得或者用于腐败犯罪，就有义务向反洗钱监管机构或者有关个人报告。只有金融情报机构能全面和完整收集洗钱信息，才能更有效开展国际合作，为执法部门提供更准确的腐败犯罪线索。

3. 赋予反洗钱主体预防腐败资金外逃的职责

需要注意的是，任何一个国家反洗钱职能部门并不具有天然的预防腐败资金外逃的任务。预防腐败资金外逃仅仅是反洗钱国际执法合作的衍生品。从我国反洗钱工作机制看，中国人民银行下设的中国反洗钱监测中心往往协同其他部门调查、会商，或者其他机构派驻反洗钱监测中心开展工作。反洗钱职能部门并不承担反腐败的职责，而反洗钱职能部门是最有可能发现腐败犯罪线索的部门，也是对腐败资金的转移能最早预警的部门。当反洗钱职能部门缺乏反腐败职责，在预防腐败资金外逃的任务中就会显得被动，缺乏积极性。

鉴于我国腐败犯罪环节的特殊性，增加反洗钱职能部门反腐败职责就非常必要。从预防腐败资金外逃任务出发，反洗钱机构应当受领反腐败执法机构的任务。这一方面需要我国《反洗钱法》或者未来的反腐败立法中明确反洗钱主体的职责；另一方面，需要现有的反洗钱职能部门与执法机构的密切合作，就腐败资金外逃案件的查处和移交等问题有较为具体的规定。《40 条建议》第 31 条规定，各国应确保政策制定者、金融情报机构、执法部门和监管部门之间具有有效的、适当的合作机制，以使其在发展、执行反洗钱和反恐融资的国内政策时相互协调。就我国来说，中国人民银行反洗钱中心等反洗钱职能部门应当与公安机关、国家安全机关、海关、税务、工商、纪委监委等部门就腐败犯罪案件发现和移交开展合作，明确反洗钱职能部门的反腐败职责。中央纪委国家监委作为我国反腐败的领导机关，需要自上而下建立密切配合的工作机制，就配合细节性操作性流程作出规定，就反洗钱职能部门的反腐败职责加以明确。

（二）强化海关国际执法合作，有效监管大额资金跨境流动

从腐败资金外逃手段看，虚假投资向境外转移资金是重要的手段。建立国内和国际层面的防范非法资金跨境流动、加强现金和票据出入境管理是反洗钱国际合作的重要内容。2005 年 1 月，我国发布的《建立健全教育、制度、监督并重的惩治和预防腐败体系实施纲要》，建立了对大额资金外流有效监控的预警机制和金融信息共享制度。此外，还制定和颁布了《金融机构反洗钱规定》《金融机构大额交易和

可疑交易报告管理办法》等一系列规范性法律文件，成立了中国反洗钱中心等专业反洗钱机构。但是，距离《建立健全教育、制度、监督并重的惩治和预防腐败体系实施纲要》提出的目标还有很大的距离，主要表现为：一是大额资金有效监控预警机制和金融信息共享是对金融监管业务方面的要求。通过非金融机构洗钱占据比例非常大，对这类资金外流如何有效监控则并不明确。二是从监控对象看，大额资金是否包含票据等并不明确。三是对大额资金有效监控预警机制实施机构是哪些也有待拓展，依靠传统的反洗钱机构并不能完全有效完成这项任务。大额资金和票据外流发生地很多是海关，有必要完善海关出境人员大额资金外流的监管国际合作制度。

1. 构建以海关国际执法合作为核心的进出口货物流向监测制度，防止虚假交易

"海关国际执法合作"是各国（地区）海关为确保海关法规的有效实施，依据双边或多边互助合作协议，或在非协议框架下以"互惠互利"为原则，通过情报交换、案件协查、技术合作和开展联合行动等方式在各自的职权范围内开展的国际（地区）间互助合作活动。[①]《反洗钱法》第 18 条规定，海关发现个人出入境携带的现金、无记名支付凭证等超过规定金额的，应当及时向反洗钱行政主管部门通报。因此，海关在各国反洗钱工作机制中占有重要地位。我国可以依托世界海关组织、亚太情报联络中心等多边框架，与其他国家海关开展跨境物品流动监测，运输工具查验、报关单据的审核，防范腐败分子利用虚假贸易进行洗钱。海关总署是我国反洗钱工作部际联席会议成员单位。海关执法部门通过对进出口贸易过程中货物和运输工具的查验，加强报关单据的审核和管理，可防止犯罪分子利用虚假进出口贸易进行洗钱活动；通过打击和防范犯罪分子实施走私和违反海关监管行为等违法犯罪活动，也可防止犯罪分子进行洗钱活动。[②] 从成效看，2022 年，海关总署立案侦办走私关联洗钱犯罪案件 49 起，涉案资金 102.22 亿元；全国海关缉私部门办理国际协查往来 195 份，接收和发出情报线索 800 余份；与 18 个境外执法部门合作，开展情报交换 43 次，境外执法部门抓获犯罪嫌疑人 18 人。[③]

2. 构建跨境企业兼并和购买资金审查制度

近些年来，随着我国企业经济实力发展，一些企业走上了跨境并购之路，在境外进行了大量的投资，国家也对企业海外并购制定了若干政策，特别是随着"一带一路"倡议的开展，一些腐败分子利用企业海外并购契机开始转移腐败资金。我国境外投资监管部门陆续出台多个文件，对投资项目、重点领域进行了严格管控。要防范腐败资金利用跨境企业并购途径转移，需要与有关国家开展以下执法合作：

---

① 《海关国际执法合作活动开展顺利》，载中国政府网，http：//www.gov.cn/ztzl/djzs/content_ 476259.htm，2024 年 9 月 21 日访问。

② 参见《2017 年中国反洗钱报告》。

③ 参见《2022 年中国反洗钱报告》。

第一，落实境外投资监管部门反洗钱审查职责。如上文所述，我国反洗钱义务主体较窄，鉴于腐败资金流出的重要途径是以投资名义实施的，因此，赋予海外投资监管部门反洗钱职责很有必要。海外投资监管部门应当积极加入中国人民银行、国家外汇局等反洗钱监管部门与腐败资金流出国国家反洗钱监管部门之间建立的反洗钱跨境监管合作机制，特别是注重在反洗钱信息交换和重大投资监管活动通报等方面开展合作。

第二，建立重点人物投资审查国际执法合作制度。《联合国反腐败公约》第52条第1款规定，各缔约国均应当采取必要的措施，对正在或者曾经担任重要公职的个人及其家庭成员和与其关系密切的人或者这些人的代理人所要求开立或者保持的账户进行强化审查。第5款也规定，各缔约国均应当根据本国法律对有关公职人员确立有效的财产申报制度，并应当对不遵守制度的情形规定适当的制裁。据此，我国在审查跨境企业并购制度时，需要对“政治人物”“公众人物”及其关系人账户进行全面监督。我国在反洗钱实践中，对腐败高风险人群的监管还存在一定的不足。从腐败犯罪转移资金实践看，这些人员往往并不以自己的名义开设账户，而是通过近亲属、关系密切的人在境外开设账户，利用专业的洗钱组织逃避监管，以投资名义向开设的账户转移资金。我国《反洗钱法》并未对上述情形加以规定。因此，我国应当将重点政治人物的特定关系人纳入监管范围，并在《反洗钱法》中予以明确。

（三）建立对驻境外机构及相关人员的反腐败监管合作机制

我国腐败人员和资金外逃环节中，不仅存在国内腐败人员和资金跨境外逃，还有大量的国有企业、金融机构等境外分支机构人员腐败情况，可以说，这种腐败人员和资金的外逃有着“近水楼台先得月”的优势。这些年来，随着我国改革开放的深入，一大批企业走出去，中国的企业正走向全球，很多国有企业在海外建立研发中心、在海外建厂、购置海外资产。特别是大量的中央企业境外资金呈现急剧增长趋势，截至2021年，中央企业在海外的资产大约有8万亿元人民币。[①] 面对如此庞大的资金总额，如何管理和监管这些巨额资金、防范腐败犯罪的发生是个难题。

境外企业和人员腐败问题正日益成为企业运营成本和风险防控必须面对的问题。在大力推进的“一带一路”倡议建设过程中，沿线国家的腐败风险是我国企业海外投资运营风险防控的重要环节。我国企业在投资决策、招投标、产权交易、项目运营等方面要面对“一带一路”沿线国家腐败风险的挑战。

我国海外企业在经营管理过程中，由于投资风险过高、违规经营等原因而导致

---

① 《国务院新闻办就国企改革发展情况举行发布会》，载中央人民政府网站，https：//www. gov. cn/xinwen/2021-02/24/content_ 5588623. htm，2025年5月29日访问。

腐败案件频发，出现了部分管理人员非法侵占海外国有资金的情况，一旦有风吹草动他们就会携款潜逃，从而造成惩治此类犯罪的困境。赴我国香港特别行政区就任的某银行董事长金某琴，就是利用相关监管漏洞，将国家给银行的备用金存到自己的私人账户上，个人得利3932万港币、159万美元。某集团总公司前董事长兼总经理朱某华，被不法商人拉拢，违规批贷大笔资金，使国家蒙受了巨大损失。①

预防境外企业人员腐败犯罪后携款隐匿，除国有资金管理部门、审计部门和其他执法部门强化对企业的制约监督机制外，也有必要和企业驻地国开展执法合作，防范和惩治这类人员携款逃匿。

第一，驻外企业需要严格遵守和依据当地国家的法律，建立完善的企业廉洁合规制度。境外企业有必要自动积极地就企业经营涉及的法律问题向当地国家执法部门咨询，主动将自己的经营活动置于其监督之下，将企业廉洁合规建设与当地执法部门的反腐败要求对标。国内执法部门应当建立企业海外投资反腐败尽职调查的监管机制，督促相关企业在境外投资之前，对投资目的地国家反腐败合规制度、廉政制度、企业可能存在的法律风险进行详尽的调查。国内执法部门应当向境外企业驻地的国家执法部门就企业投资反腐败尽职调查所需资料和信息进行充分沟通，特别是针对当地在相关资金支付、企业管理合规准则等方面的问题寻求帮助和支持。

第二，与境外企业驻地国家反洗钱执法部门合作，建立监测企业资金流向的机制。境外企业在进行投资合作、资金支付环节，主动接受当地反洗钱执法部门的监督，防范洗钱事件。我国反洗钱执法部门应当借助现有的反洗钱执法合作网络，对境外企业投资合作等经营和运营环节中资金流向强化监督监管，和境外企业所在地国家反洗钱执法部门就重大投资和企业运营中的资金流动进行监管合作。

第三，建立境外企业和人员腐败犯罪预警机制。国内执法部门有必要和境外执法部门就境外企业在高风险领域、重点人物腐败风险识别、重大资金流向等方面保持常态化执法信息联络，对腐败犯罪的发生保持警戒状态。对企业日常经营行为，如资金支付、招投标行为、供应和销售行为等，可能发生的腐败行为保持警惕。

第四，就企业中期和年度报告、资金募集等过程中需要披露的经营信息开展监管合作。国内执法部门除强化信息披露的法律制度建设外，还需要和企业所在地国家的有关部门就该问题进行密切沟通，在信息披露内容、披露时间、披露方式等方面进行日常监督，对违规披露信息的行为进行处罚。

（四）开展海外税务金融账户信息交换合作获取国内腐败犯罪线索

预防腐败分子潜逃的关键是在腐败分子潜伏期就能发现犯罪线索，从而启动侦

① 谢顺利、乔海曙：《金融腐败呈三大新特点　内外监督体制尚不完善》，载搜狐网，https：//business. sohu. com/20070104/n247422167. shtml，2024年9月20日访问。

查措施，及时防止其外逃。一般情况下，腐败犯罪的线索可以由执法机关根据日常工作情况搜集。同时，鉴于腐败分子的外逃程序和环节具有特殊性，欲外逃的腐败分子往往是窝案，他们事先安排配偶、子女或者其他特定关系人出国，在国外获得居住身份，本人在国内继续捞钱并向境外转移腐败资产，等时机成熟再进行外逃。因此，即使国内执法机关一时没有发现其财产变化情况，但是其转移到境外存放在特定关系人名下的财产情况也是执法工作的一个突破口。如果我们能够通过在与外国开展的税务、金融账户信息交换过程中掌握国内公职人员及其特定关系人在境外的财产变化状况，可以为国内执法机关尽早发现相关人员腐败线索提供捷径，从而尽早采取有效措施预防腐败分子外逃。

2014 年 7 月，经济合作与发展组织（OECD）发布了金融账户涉税信息自动交换标准，从而为“共同申报准则”（Common Reporting Standard，CRS）信息的自动交换提供了国际法律依据。“共同申报准则”倡导国家间金融账户信息分享制度。当前，有 100 多个国家参加了“共同申报准则”，其规定了应交换的账户信息、申报金融机构的范围、申报账户的种类及申报金融机构应遵循的尽职调查程序。2015 年 12 月 16 日，中国签署了《金融账户涉税信息自动交换多边主管当局间协议》，承诺遵守该协议规定的“共同申报准则”；2017 年 5 月 19 日，国家税务总局、财政部、中国人民银行、银保监会、证监会发布正式共同申报准则立法。2017 年 9 月开始，中国个人及其控制的公司在 100 个国家（地区）开设的银行账户信息（截至 2016 年年底的信息）将会主动呈报于中国税务机关；2018 年 9 月后，中国开始与“共同申报准则”其他成员国（地区）进行首次信息交换。① 国家税收情报交换手段在防范打击跨境逃避税工作中的应用不断强化，2022 年累计处理专项情报交换请求 358 件，并与 106 个国家（地区）开展金融账户涉税信息自动交换。②

开展金融账户涉税信息在全球的自动交换，旨在通过启动国家（地区）间金融账户涉税信息自动交换，共同打击离岸金融账户逃税行为。“共同申报准则”客观上能让国内执法机关掌握有关人员涉嫌腐败犯罪线索，能为执法机关尽早采取防范腐败犯罪人员外逃提供帮助。这主要体现在：

第一，“共同申报准则”要求彼此交换在对方国家居住的本国人纳税账户人的信息，在互惠的条件下彼此提供本国境内的账户持有者的姓名、纳税识别号、账号、

---

① 参见王偕林：《共同申报准则下，个人海外资产配置的重要性日趋凸显》，载中国自动化网，http：//www. alf. com. cn/news_ detail/newsId = 127. html。需要指出的是，作为我国腐败分子主要外逃目的地的美国，并不是“共同申报准则”的参加国，美国自己制定了《美国海外账户税收合规法案》，但是，美国通过与相关国家签署双边合作协议来解决税务和金融账户的信息交换问题。2014 年 6 月 27 日，中美两国就《美国海外账户税收合规法案》的实施达成一项初步协议，互换彼此海外公民的账户信息。

② 参见《2022 年中国反洗钱报告》。

储蓄账户利息及其他收入总额。这就使得腐败分子及其关系人在海外金融账户信息透明化。

第二，如果国内公职人员及其关系人的海外财产来源于贪腐犯罪，必然是通过洗钱方式转移，各国通过所掌握和监管的海外公民、企业资金获取和转移的情况，能够查清犯罪所得及其收益转移的情况，从中发现某些犯罪线索。因此，税务金融账户信息交换对于防范和打击洗钱犯罪及其上游犯罪具有独特的功能。

第三，国内税务部门如果在金融账户信息交换过程中发现和掌握了国内公职人员及其关系人在海外财产收入异常变化，将会开展必要的初步调查，并将这一异常情况反馈给纪委监察机关，由其做进一步识别和判断工作。

第四，国内纪委监察机关根据税务部门提供的线索，通过分析、比较可疑公职人员的合法财产与现有财产，能了解公职人员以及特定关系人的收入变化，从而对这些人员是否涉嫌腐败犯罪展开调查。

第五，国内纪委监察机关在查证相关人员涉嫌腐败犯罪过程中，可以依职权对这些人员的出境和财产转移采取限制措施，从而实现预防腐败犯罪人员和资金外逃的结果。

综上所述，虽然国家间金融账户信息分享制度实际上是为强化海外账户偷逃税行为进行监管而制定的，但是，金融账户信息分享制度客观上却对防范和打击贪腐、洗钱等犯罪有一定好处。需要强调的是，海外税务和金融账户信息的作用仅仅限于为国内执法机关查处腐败犯罪提供线索。执法机关应当根据国内相关法律规定对线索的真伪进行查证，并视情况采取刑事立案、侦查等措施。从国家刑事司法合作的要求看，这些线索信息并不能作为国内司法机关证明有关人员涉嫌犯罪的证据。司法机关要想将这些线索信息作为证据证明嫌疑人构成犯罪，必须通过严格刑事司法协助程序向外国提出开展调查取证合作的请求。

五、余论

当前，我国已经建立了卓有成效的惩治腐败犯罪人员和资金外逃的国际刑事合作体系。但是，反腐败预防性国际合作机制一直是个短板。一般来说，反腐败工作包含事后惩治腐败和事前预防腐败两个必要环节。事后惩治腐败是反腐败的治标之策，能在一定时期内有效遏制腐败行为的发生；而事前预防腐败更关注腐败治理之本，基于“预防优先，防控结合”的理念，从发生机制上寻求遏制腐败产生的根源。刑事合作是反腐败跨境追逃追赃的基本原则，以后，我国在继续加大惩治腐败犯罪，强化跨境追逃追赃的同时，应当将反腐败重点放在防范腐败资金外逃机制的构建上。反洗钱国际执法、大额资金跨境监管以及驻外机构反腐败监管等国际执法合作机制是有效的预防腐败资金外逃机制，能有效堵住腐败资金外逃的源头。如何保障这些执法合作机制的有效性是未来研究工作的方向，可以考虑以下几个方面：第一，深化对我国腐败资金外逃国家，如美国、加拿大、澳大利亚等，反腐败法律制度和相关案例研究，总结和掌握这些国家在惩治和预防腐败方面的规律，特别是相关国家执法人员在处理腐败资金案件时的态度和一贯做法。只有知人所知、想人所想，才可以有针对性地提出反腐败执法合作策略并在实践中完善发展。第二，及时跟踪和跟进腐败资金外逃技术手段，制定相应的防范措施。随着当前网络金融的发展，腐败资金流转往往通过数字方式完成，区块链、虚拟货币等技术成为跨境转移腐败资金的新手段。因此，预防腐败资金外逃国际合作应当跟上这些犯罪手段的更新，要强化对新技术的研究，制定具有前瞻性的应对措施。第三，积极合理协调国家间利益关系，为预防腐败资金国际执法合作机制的落实创设辅助性条件，如增加反腐败执法人员培训、研讨交流等合作，提升执法机构技术和能力建设等。总之，预防腐败资金外逃国际执法合作应当是我国未来反腐败工作的优先方向，堵住腐败资金外逃的口子，就切断了腐败人员外逃的经济利益动力，可以从源头上有效治理腐败。

反腐败境外追赃法律机制的实践困境与规范因应*

商浩文**

反腐败境外追逃追赃工作是我国反腐败战略的重要组成部分，是反腐败零容忍政策的实现途径和重要体现，对于挤压腐败犯罪生存空间、震慑潜在的腐败分子等具有重要意义。① 实践中，成功追赃对于追逃至关重要，可以彻底摧毁外逃人员在境外生存的物质基础和意志基础，促使其早日归案。② 党的二十大报告中也提出："深化反腐败国际合作，一体构建追逃防逃追赃机制。"

随着全球一体化进程的推进，各国之间经贸往来日益频繁，资产跨国流动手续日渐简易，资金跨境转移具有极强的隐蔽性和流动性，犯罪分子能够轻易将犯罪所得进行转移和洗白，从而增加了境外追赃的困难。较之境外追逃而言，境外追赃在实践中面临更多、更复杂的法律困难。③ 近些年，我国高度重视境外追赃法律制度的建设，从腐败资产跨境转移监测、外逃人员境外违法所得的没收到跨境资产的返还等方面，初步建立了境外追赃法律体系。这些法律制度相互配合，服务于境外追赃工作的现实需要，构成了境外追赃法律机制。但是，相关法律制度在实践中面临现实困境，制约了境外追赃工作的深入开展。因此，有必要进一步促进相关法律制度的完善，推动境外追赃法律机制的实施成效。

一、反腐败境外追赃法律机制的实践目标

法律的生命力在于实施。反腐败境外追赃法律机制不是静态法律规范，应通过相关法律制度的实施实现有效追回境外赃款赃物的规范目的，推动建立境外追赃的

---

* 本文系“中央高校基本科研业务费专项资金资助”（编号：1233300004）的阶段性成果。

** 商浩文，北京师范大学法学院暨刑事法律科学研究院副教授、博士生导师，G20 反腐败追逃追赃研究中心研究员。

① 商浩文：《境外追赃中的犯罪资产分享制度研究》，载《中国法学》2022 年第 5 期。

② 陈雷：《加强反腐败国际合作应把握四点》，载《检察日报》2014 年 12 月 17 日第 3 版。

③ 黄风：《协助外国追缴违法所得的条件与程序》，载《法学杂志》2019 年第 6 期。

长效法律机制。

（一）反腐败境外追赃法律机制的实效性

法律规范的实效性，是指制定法在社会生活中被执行、适用、遵守的实际情况。[①] 任何社会规则均是将一般性目标设定在发挥效力以期对其调整的社会关系和社会组织成员的行为进行有效规制。规则的实效性极大地影响着规则的效力。法律规范的实效性是法律规范实践运行的基本目标。[②] 因此，这就要求法律规范在实践运行过程中具备实效性，只有这样才能够实现立法的预设目标。即使法律规范规定得宏伟壮观，但是在法律实践中如果无法实现规范预期目标，也只是一种形式的宣告。[③]

就境外追赃法律机制而言，立法者制定相关法律制度有其规范的预期目标。总体而言，境外追赃法律机制的预期性体现在通过法律制度的实践运行有效追回腐败分子转移到境外的犯罪资产，这就需要相关法律制度在境外追赃执法和司法活动中发挥实效性。具体到不同的法律制度，有其微观的法律实施目标。例如，反洗钱法律制度在于跟踪、识别犯罪资产，违法所得没收程序的设立在于通过没收裁决实现我国对境外犯罪资产的司法管辖，等等。但是，法律制度的预期目标是否实现取决于法律制度的实效性，而法律规范实效性依赖于法律规范内容的合理性、法律制度整体的有效性以及其他相关社会因素。[④]

因此，发挥境外追赃的法律机制的实效性，至少需要具备以下条件：其一，法律制度在规范内容上具有合理性。法律规范不仅需要在逻辑体系、立法技术等方面具有合理性，而且在立法内容上也应能因应境外追赃的现实需求。例如，近些年来，境外资产转移的手段多样，方式隐蔽，加之各国之间法律制度存在较大差异，给我国的境外追赃工作带来了法律挑战。因此，有关反洗钱的法律制度若需要发挥其实效性，就应当能够应对洗钱犯罪的最新动向和趋势，实现对犯罪资产追踪、识别的立法目的。其二，法律制度整体上应当具有协调性，也即相关境外追赃的法律制度应当是统一、协调、相互配套的。境外追赃工作涉及刑事案件侦查、起诉、审判和执行等刑事诉讼程序各个阶段以及对外开展国际司法合作等活动，单独依靠某一部门或者某一部法律是无法实现境外追赃目的的。这就需要法律制度在整体上具有协调性，以发挥相关法律制度的合力。因此，境外追赃法律机制的实效性依赖于相关法律制度的配套支持。

---

① 张文显：《法理学》，高等教育出版社 2006 年版，第 230 页。

② 陆俊杰：《法治视阈大学内部规范的实效性》，载《复旦教育论坛》2015 年第 5 期。

③ 谢晖：《论法律预期目的及其规范预设》，载《东方法学》2022 年第 5 期。

④ 张文显：《法理学》，高等教育出版社 2006 年版，第 231 页。

（二）反腐败境外追赃法律机制的长效性

境外追赃法律机制作用的发挥不仅仅依靠国内法律规范实施，由于其还涉及境外追赃的国际合作，相关法律机制作用的发挥在一定程度上还需要提供国际合作主体的积极配合。在境外追赃的过程中，国际合作的双方有时是两个法律传统、社会制度、法律理念都存在巨大差异的国家，如果没有推动法律制度正常运行的“动力源”，相关境外追赃法律机制无法实现其法律规范目标，或者是相关法律制度在不同国家或不同个案中，实施效果差别很大。因此，这就需要反腐败境外追赃法律机制具有长效性，以保证境外追赃工作具有持续性。

国际社会上经过实践检验、得到多数国家认可的境外追赃方式和方法，由于能够最大限度地凝聚国际合作共识，因而能够较大程度上得到相关国家的支持和认可。例如，资产分享制度作为境外追赃中的经济激励机制，对于鼓励和促进各国开展资产追缴合作、共同打击跨国犯罪，有效解决被没收犯罪资产的处置问题具有不可替代的重要作用，资产分享目前已经成为世界范围内境外追赃的惯常做法。① 美国、英国、加拿大、澳大利亚等国建立起了较为成熟的资产分享规则。② 如果我国法律制度不能符合国际发展趋势，不能建立相对应的境外追赃规则，会在一定程度上影响赃款赃物没收与返还的国际合作。因此，建立追赃长效机制需要构建起符合国际社会规则的法律制度。

如果能够将相关国际惯行的追赃方式予以法治化，一方面，由于遵循相关国际规则，能够较大程度上得到相关国家的承认，促进追赃的顺利进行；另一方面，也能够促进国与国之间的法治信任，为境外追赃的良性循环奠定基础。在办理境外追赃案件过程中，相关凝聚国际共识的法律机制的建立能够增强办案人员的法治意识和规则意识，对外遵守国际惯例和他国法律，对内依法调查取证、严格依法处置，促进追赃工作法治化、规范化、专业化发展。这样不仅使国际合作被请求国感受到我国开展国际合作的强烈意愿和诚意，而且能够建立起对我国法治的高度信任，那么，追赃国际合作就较为容易实现。③ 经过数次或者长时间的合作以后，将彻底赢得对方对于我国刑事法治的信任和尊重，这种信任和尊重对于以后我国开展境外追赃以及其他各类司法合作具有重要示范意义，从而为双方的长期合作奠定坚实的基

---

① Asset Forfeiture and Money Laundering Section of Criminal Division of United States Department of justice：Asset Forfeiture Policy Manual 2023，载司法部网站，https：//www. justice. gov/criminal-afmls/file/839521/downloadpp，2023 年 6 月 26 日访问。

② 商浩文：《境外追赃中的犯罪资产分享制度研究》，载《中国法学》2022 年第 5 期。

③ 张磊：《道义与信任：新时代反腐败追逃追赃的精神意蕴》，载《法学杂志》2019 年第 4 期。

础，推动境外追赃工作的良性循环。因此，我国在发展境外追赃法律机制的过程中，在立足于我国现实问题的同时，也应吸收借鉴国际社会境外追赃的共识性制度，着眼于长效法律机制的建立。

二、反腐败境外追赃法律机制的实践困境

近年来，我国积极推进境外追赃的法治化建设，建立了相对完善的境外追赃法律机制。但是，反腐败境外追赃相关法律制度的实施效果不尽如人意，难以有效应对境外追赃的现实挑战，长效法律机制作用的发挥也受到限制。

（一）跨境资产转移监测法律制度的实效性不足

对非法资产转移的有效监测，不仅是阻断赃款赃物外流的有效途径，也是开展境外追赃工作的基础条件。目前，我国相关法律中初步建立了资产转移监测的制度规范。我国《反洗钱法》等法律，《管理外汇条例》《个人存款账户实名制规定》等金融监管行政法规，《金融机构大额交易和可疑交易报告管理办法》等行政规章，对跨境资产转移监测都有相应规定，构成了我国资产跨境转移监测的法律规范体系。但是，从目前相关规范的实施效果来看，相关跨境资产转移监测法律规范的实效性存在不足，这主要体现在以下两个方面：

其一，跨境反洗钱资金监测主要集中在金融机构，对特定非金融机构的资金跨境转移监测的力度不够，难以符合资金跨境转移的新趋向。随着我国金融体系的发展，非金融机构在我国金融体制中发挥着重要作用。一些犯罪分子逐步将洗钱活动由传统的金融系统转向房地产公司、律师事务所、会计师事务所、贵重金属交易等特定非金融行业和职业，进一步增加了反洗钱工作的难度。[①] 虽然我国《反洗钱法》第 6 条[②]将特定非金融机构也作为反洗钱的义务主体，但是由于对非金融机构的范围、法律责任等缺少明确规定，导致在实践中对非金融机构的反洗钱监测的关注度不高。在既往较长时间内，我国倾向于重视对金融机构的反洗钱工作，出台了《金融机构大额交易和可疑交易报告管理办法》《关于进一步严格大额交易和可疑交易报告填报要求的通知》等法律规范，其适用主体主要为金融机构，针对非金融机构的资金监测制度尚未有效建立。2019 年 4 月 17 日，金融行动特别工作组（FATF）

---

① 商浩文、叶威：《论中国企业反洗钱刑事合规风险及其防控》，载《河南社会科学》2020 年第 6 期。

② 《反洗钱法》第 6 条规定：“在中华人民共和国境内（以下简称境内）设立的金融机构和依照本法规定应当履行反洗钱义务的特定非金融机构，应当依法采取预防、监控措施，建立健全反洗钱内部控制制度，履行客户尽职调查、客户身份资料和交易记录保存、大额交易和可疑交易报告、反洗钱特别预防措施等反洗钱义务。”

公布的《中国反洗钱和反恐怖融资互评估报告》中就明确指出，特定非金融行业（如房地产、律师、会计师等行业）反洗钱监管缺失，特定非金融机构普遍缺乏对洗钱风险及反洗钱义务的认识。[①] 2022 年 11 月，金融行动特别工作组（FATF）发布的《中国反洗钱和反恐怖融资第三次后续报告》再次指出，我国在实施特定非金融机构和职业客户尽职调查和可疑交易报告方面依然不合规。[②]

其二，我国向境外国家提起的反洗钱情报协查请求数量偏少。在反腐败境外追赃方面，需要外国反洗钱情报机构提供协作，才能精准跟踪和掌握境外涉腐资产的流向。[③] 我国《反洗钱法》第五章"反洗钱国际合作"专章规定了包括交换有关的信息和资料等反洗钱国际合作事宜。迄今为止，我国已与 60 余家境外反洗钱情报机构签署了反洗钱情报合作协议。[④] 但是，从 2019—2023 年我国向境外国家提起的反洗钱情报协查情况来看，请求数量偏少且不成比例。中国人民银行发布的年度《反洗钱报告》披露：2023 年，我国接收了 30 个国家和地区金融情报机构发来的情报信息 416 份，向境外对口金融情报机构发起的国际协查有 139 份，同比增长 45%[⑤]；2022 年，我国接收了 31 个国家和地区金融情报机构发来的情报信息 430 份，向境外对口金融情报机构发起国际协查数量较上年增长 37%[⑥]；2021 年，我国反洗钱机构接收了 36 个国家和地区金融情报机构发来的情报信息 425 份，而向境外对口机构发起的国际协查只有 70 份[⑦]；2020 年，我国反洗钱机构接收了 39 个国家和地区金融情报机构发来的情报信息 413 份，而向境外对口机构发起的国际协查只有 45 份[⑧]；2019 年，接收了 35 个国家和地区金融情报机构发来的情报信息 604 份，而向境外

① 冯怡：《做好特定非金融行业和职业反洗钱工作的政策建议》，载《黑龙江金融》2022 年第 6 期。

② FATF（2021）：Anti-money laundering and counter-terrorist financing measures-People's Republic of China，2nd Enhanced Follow-up Report & Technical Compliance Re-Rating，载金融行动特别工作组网站，http：//www. fatf - gafi. org/publications/mutualevaluations/documents/fur - china - 2021. htm，2023 年 6 月 18 日访问。

③ 廖明、贺维元：《基于反洗钱情报的腐败资产追缴》，载《云南师范大学学报（哲学社会科学版）》2023 年第 3 期。

④ 参见《中国反洗钱报告 2021》，载中国人民银行网站，http：//www. pbc. gov. cn/fanxiqianju/resource/cms/2023/02/2023020114280231831. pdf，2023 年 6 月 25 日访问。

⑤ 参见《中国反洗钱报告 2023》，载中国人民银行网站，http：//www. pbc. gov. cn/fanxiqianju/resource/cms/2025/04/2025040914154223843. pdf，2025 年 3 月 30 日访问。

⑥ 参见《中国反洗钱报告 2022》，载中国人民银行网站，http：//www. pbc. gov. cn/fanxiqianju/resource/cms/2024/07/2024070115492924117. pdf，2025 年 3 月 30 日访问。

⑦ 参见《中国反洗钱报告 2021》，载中国人民银行网站，http：//www. pbc. gov. cn/fanxiqianju/resource/cms/2023/02/2023020114280231831. pdf，2023 年 6 月 25 日访问。

⑧ 参见《中国反洗钱报告 2020》，载中国人民银行网站，http：//www. pbc. gov. cn/fanxiqianju/resource/cms/2021/12/2021122309125230038. pdf，2023 年 6 月 25 日访问。

对口机构发起的国际协查只有 30 份[①]。可见，我国向境外机构发出的反洗钱情报协查请求的数量偏少，且明显低于接收的协查请求，存在协助外国调查多、请求外国调查少的现象。而针对转移到境外资产的跟踪和识别，需要资产所在国提供协查，反洗钱情报协查数量偏少会在一定程度上削弱我国境外资产转移监测的实际效果。

（二）境外承认与执行我国违法所得没收裁决的实践效果不佳

我国《刑事诉讼法》于 2012 年修订时，在第五编“特别程序”中增设了“犯罪嫌疑人、被告人逃匿、死亡案件违法所得的没收程序”。[②] 该程序的重要立法目的之一在于，解决外逃腐败犯罪人员的犯罪资产追缴问题。[③] 在立法中确立不以定罪为前提的违法所得没收程序，就外逃人员涉及的赃款赃物进行审理，有助于及时切断外逃人员赖以生存的“营养源”，积极开展国际刑事司法合作，追回转移到境外的腐败资产。违法所得没收程序是我国目前开展境外追赃工作的主要法律依据。但是，在境外追赃过程中，涉案资产毕竟在境外，基于司法主权的原则，我国无法在境外直接执行我国司法机关作出的相关没收裁决，因此，违法所得没收程序发挥境外追赃功能的核心在于，没收裁决能够在境外得到承认与执行。然而，从实践效果来看，境外国家承认与执行我国违法所得没收裁决的效果并不理想，违法所得没收程序的境外追赃功能并未完全发挥。

违法所得没收程序确立多年以来，各地司法机关对于违法所得没收申请的案件，特别是提起境外申请执行没收裁决的案件，在案件的申请、审理，法律文书的制作，以及没收裁决的境外执行方面，缺乏实践经验指引和规范指导。[④] 迄今为止，世界上相关国家承认与执行我国没收裁决的数量较少。相关最高司法机关披露，我国违法所得没收程序确立 10 余年来，违法所得没收裁决在境外得到承认与执行的案件主要有两起：江西省上饶市中级人民法院审理的犯罪嫌疑人李某波贪污违法所得没收申请案，这是我国第一起请求境外国家承认和执行违法所得没收裁定的案件；湖南

① 参见《中国反洗钱报告 2019》，载中国人民银行网站，http：//www. pbc. gov. cn/fanxiqian-ju/resource/cms/2020/12/2020122918425737536. pdf，2023 年 6 月 25 日访问。

② 《刑事诉讼法》第 298 条第 1 款规定：“对于贪污贿赂犯罪、恐怖活动犯罪等重大犯罪案件，犯罪嫌疑人、被告人逃匿，在通缉一年后不能到案，或者犯罪嫌疑人、被告人死亡，依照刑法规定应当追缴其违法所得及其他涉案财产的，人民检察院可以向人民法院提出没收违法所得的申请。”

③ 王兆国：《关于〈中华人民共和国刑事诉讼法修正案（草案）〉的说明——2012 年 3 月 8 日在第十一届全国人民代表大会第五次会议上》，载中国政府网，http：//www. gov. cn/2012lh/content_ 2086875. htm，2023 年 6 月 20 日访问。

④ 参见裴显鼎、王晓东、刘晓虎：《〈关于犯罪嫌疑人、被告人逃匿、死亡案件适用违法所得没收程序若干问题的规定〉的理解与适用》，载《人民司法》2017 年第 16 期。

省岳阳市中级人民法院审理的犯罪嫌疑人彭某峰受贿，贾某语受贿、洗钱违法所得没收申请案，这是我国第一起向多国请求承认和执行违法所得没收裁定的案件。[①]这说明在长达10余年的时间里，境外国家承认与执行我国生效的违法所得没收裁判的实践效果并不显著。

纵观相关国家的立法，对于外国没收裁决的承认与执行方式主要有判决方式和登记方式。例如，意大利、美国等国家就是通过作出判决的方式赋予被请求国没收裁决在本国境内执行的法律效力[②]，英国、澳大利亚等国家通过登记的方式直接赋予请求国没收裁决在本国境内执行的法律效力[③]。然而，无论是采取登记方式的国家，还是采取判决方式的国家，没收裁决承认与执行属于国际合作事宜，前提条件是请求国和被请求国之间签订有条约或者有良好的互惠合作关系。但是，由于我国《刑法》第10条[④]对外国刑事裁判消极不承认，法律规范中长期缺乏承认与执行外国刑事裁判的规定，因此，即使我国依据违法所得没收程序对转移到境外的犯罪资产作出了相关的裁决，其承认与执行情况也会因为各国法律的不同以及互惠原则的贯彻实施而有所区别。

（三）跨境资产返还中资产分享激励作用不明显

在境外追赃过程中，由于犯罪资产已经被转移到境外，基于司法管辖权的地域性，我国无法直接在资产所在国进行执法和司法。有效追回犯罪资产的首要前提是，需要和资产所在国开展针对涉案资产的冻结、扣押、查封和没收等国际合作。例如，美国相关法律规定可向外国政府提供协助，帮助外国司法管辖区查找和识别位于美国的在外国国内发生的欺诈犯罪的收益；《加拿大刑事司法协助法》规定，司法部长可以授权加拿大总检察长或者财产所在地的省检察长依据外国的请求作出冻结、扣押位于加拿大境内的犯罪所得财产的命令。[⑤]

但是，在资产所在国提供相关国际合作时，需要投入大量的人力、物力、财力，

---

① 参见裴显鼎：《追逃追赃案件疑难问题及程序指引》，人民法院出版社2022年版，第363页。

② 参见黄风：《国际刑事司法协助国内法规则概览》，中国方正出版社2012年版，第257页。

③ 司法部司法协助与外事司：《国际刑事司法协助立法资料汇编（一）》，法律出版社2011年版，第31–32页。

④ 《刑法》第10条规定："凡在中华人民共和国领域外犯罪，依照本法应当负刑事责任的，虽然经过外国审判，仍然可以依照本法追究，但是在外国已经受过刑罚处罚的，可以免除或者减轻处罚。"

⑤ 参见黄风：《国际刑事司法协助国内法规则概览》，中国方正出版社2012年版，第216页。

有的国家会因此而对他国的请求持消极态度，不愿意为挽回别国的损失而付出资源代价。[①] 在相关制度中确认和保障提供刑事司法合作主体的物质利益，是鼓励和促进相关国家积极开展国际司法合作的重要动力。尤其是在一些案件中，行为人跨境转移犯罪资产的行为在资产所在地国也会构成犯罪，符合国际刑事司法合作中的双重犯罪原则。犯罪资产所在国对涉嫌犯罪人员的有关事项具有管辖权，可以依照其国内法律开展诉讼活动并作出有关的没收财物的裁决。在此种情况下，事实上被没收的财物在权属上已经属于犯罪资产所在国。如果没有建立良性循环的国际司法合作关系，很难将已经没收的犯罪资产无条件地返还给资产流出国。

为了提高资产追缴的效率，实现资产流入国与资产流出国双方利益的最大化，国际上普遍在境外资产返还中适用资产分享制度，以提高资产流入国协助资产流出国实施资产追缴的积极性。[②] 但是，到目前为止，我国法律中仅有《禁毒法》第 57 条[③]和《国际刑事司法协助法》第 49 条[④]对此有概括性规定，相关规定过于原则化，缺乏资产分享的主体、原则、程序以及财产管理等详细规定。我国法律中也没有任何法律授权任何部门有权对外做出资产分享的权限，即使不考虑该行为缺乏明确的法律依据，对于那些由外事部门承诺对外分享的资产，如何具体对追缴的资产进行分享也是一件难事。[⑤] 在既往的资产追缴国际合作实践中，由于双方没有就没收的犯罪收益分享问题达成共识，导致前期已经有效开展的犯罪收益调查和追缴工作功亏一篑。例如，在赖某星遣返案中，加拿大曾经和我国商谈赃款分享协议，但是我国很难接受，从而影响了该案中资产的追缴。[⑥] 我国缺乏明确的跨境追赃资产分享机制会打击资产所在国提供跨境资产没收与返还刑事司法合作的积极性，影响境外追赃工作的成效。

三、反腐败境外追赃法律机制实践困境的成因分析

相关法律机制在实践中面临现实困境，其中，既有涉案资产跨境转移的特点影响的，也有我国国内法律制度和域外法治缺乏协调性以及资产流入国法律制度差异

---

① 参见黄风：《建立境外追逃追赃长效机制的几个法律问题》，载《法学》2015 年第 3 期。

② 张磊：《腐败犯罪境外追逃追赃的反思与对策》，载《当代法学》2015 年第 3 期。

③ 《禁毒法》第 57 条规定："通过禁毒国际合作破获毒品犯罪案件的，中华人民共和国政府可以与有关国家分享查获的非法所得、由非法所得获得的收益以及供毒品犯罪使用的财物或者财物变卖所得的款项。"

④ 《国际刑事司法协助法》第 49 条第 2 款规定："对于请求外国协助没收、返还违法所得及其他涉案财物，外国提出分享请求的，分享的数额或者比例，由对外联系机关会同主管机关与外国协商确定。"

⑤ 参见程新友：《境外追逃追赃的法律挑战》，载《检察风云》2014 年第 22 期。

⑥ 张磊：《法治反腐与境外追赃》，中国法制出版社 2018 年版，第 211 页。

等因素导致的。

（一）腐败资产跨境转移追踪难、识别难

随着我国社会经济各方面数字化、信息化和网络化程度越来越高，近年来，各种贪污受贿手段名目繁多、不断翻新，行为越来越隐秘，披着合法外衣形式的腐败犯罪越来越普遍，如通过市场化交易、民间借贷、兼职、入股、合作经营、特定关系人共同受贿等方式实施腐败的行为，无疑会给腐败犯罪的查处带来困难。而为了非法占有赃款赃物和逃避法律惩处，犯罪分子通过洗钱的方式向境外转移腐败资产的方式也是多种多样。犯罪分子通过虚假的贸易和金融交易或者地下钱庄和境外赌场等手段秘密向海外转移资金，企图打乱资金转移的链条，同时还通过在海外的经营或者买卖活动改变资产的形态并赋予其合法的形式，大大增加了我们甄别和证明非法资产非法来源的难度。同时，犯罪分子还利用一些国家的银行保密制度同我国在政治、法律方面的差异抵抗相关案件的查处，这使得查处腐败犯罪、追踪赃款赃物变得愈加困难。

而在开展境外追赃工作的过程中，无论是开展没收裁决的承认与执行的国际合作，还是犯罪资产的没收与返还的国际合作，前提都是要请求国证明相关资产系犯罪资产及其收益。例如，在承认和执行外国没收令问题上，澳大利亚《刑事司法协助法》中就强调没收令针对的财物是与犯罪有关的财产；新西兰《刑事司法协助修正法》中也规定没收令没收的财产系“从外国重大犯罪活动中非法收益的财产”。①因此，如果不能追踪和识别相关资产和腐败犯罪所得及其收益的关联性，我们就无法向资产所在国请求启动违法所得没收等国际合作。正是由于境外涉案资产追踪难、识别难，一定程度上制约了我国相关执法和司法机关深入开展境外追赃国际合作，影响了境外追赃法律制度的实施效果。

（二）我国国内法律制度和域外法治缺乏协调性

境外追赃工作属于涉外法治工作，工作成效很大程度上依赖于国际司法合作。因此，国内相关法律制度的实施成效，需要境外法律制度的积极配合。如果国内的境外追赃法律制度和域外相关国家的法律制度存在龃龉，将会影响相关法律机制的实效性，这就需要在境外追赃国际合作中统筹推进国内法治和涉外法治。只有国内法治与涉外法治的概念规范和机制配合接洽，彼此密切协调②，方能实现境外追赃法律机制的实效。

目前我国境外追赃法律机制在实践中之所以存在困境，其中一个重要的因素就

---

① 黄风：《刑事没收与资产追缴》，中国民主法制出版社 2017 年版，第 15 页。

② 何志鹏：《统筹推进国内法治和涉外法治》，载《国家治理》2022 年第 16 期。

是相关法律机制和域外法治缺乏协调性，影响了相关法律制度规范目标的实现。例如，依据我国《反洗钱法》《中国人民银行法》等法律的规定，反洗钱监测分析中心是中国人民银行直属、为中国人民银行履行组织协调国家反洗钱工作职责而设立的负责大额交易和可疑交易报告的接收、分析和提供反洗钱情报的专门机构。但是，按照《金融行动特别工作组四十项建议（2012）》对反洗钱情报机构的要求，反洗钱情报机构应当是具备国家级别的唯一机构。[①] 在实践中，各国之间在反洗钱情报共享方面也需要对等身份开展。由于我国法律并未赋予反洗钱监测分析中心“国家级”地位，影响了其有效开展资金跨境转移监测国际合作。又如，以没收和返还转移到境外的犯罪资产为例，虽然在国际刑事司法合作条约中，相关国家法律中很少对扣押或冻结的相关主体和程序作出明确规定，但是在国内法上，大多数英美法系国家的财产扣押令或冻结令只能由法院作出，因而也只接受请求国的法院作出的扣押令或冻结令。[②] 但是，依据我国《刑事诉讼法》的有关规定，公安机关、人民法院和人民检察院均可以作出扣押或冻结的决定。这就有可能使得我国在请求资产所在国承认和执行我国公安机关或检察机关作出的扣押令或冻结令时，会因为作出冻结、扣押和没收的主体不符合其规定而导致相关司法合作的请求不能得到接受，从而给我国境外追赃带来一定困难。

（三）腐败资产流入国法律制度差异等其他因素

在世界范围内，财产权受到各国法律以及国际法的特别保护，各国法律在冻结、扣押和没收自然人或法人资产问题上都规定了严格的条件、程序以及证据标准。而现有的国际条约均强调有关国际合作须在资产流入国“法律允许的范围内”进行，因此，开展境外资产追缴需要严格按照资产流入国的法律进行。

但是，不同国家由于法律制度存在差异，会影响境外追赃法律机制的实践效果。例如，由于追赃涉及的国家可能属于不同的法律体系，对证据的要求和标准也不一样，关于资产追缴的请求材料及其支持文件中的漏洞，甚至形式要件瑕疵，都有可能导致相关请求被搁置乃至拒绝。如果我国在提供支持资产追缴国际合作请求的证据材料方面不得要领，不能形成符合被请求国法律要求的证据材料，将会严重影响资产追缴工作的顺利进行。另外，境外追缴资产还可能牵扯诸如财产的归属、转让、分割、第三人权利保护等复杂的民商事法律关系和问题，相关的民事诉讼往往旷日持久、耗神耗资。在有关诉讼没有确定的前提下，相关涉案资产的没收与返还的国

① 参见廖明、贺维元：《基于反洗钱情报的腐败资产追缴》，载《云南师范大学学报（哲学社会科学版）》2023 年第 3 期。

② 参见裴显鼎、王晓东、刘晓虎：《违法所得没收程序重点疑难问题解读》，载《法律适用》2017 年第 13 期。

际合作也是无法进行的。例如，德国《国际刑事司法协助法》第 66 条规定，在移交财产时，要保证不影响第三方的权利并遵守有关保留的规定。[①] 这些法律制度的差异也会影响境外追赃法律机制作用的发挥。

另外，各国都欢迎境外资金的流入且希望这些资金能够稳定地保留在其境内发挥效益，因此，资金流入国有时候可能因本国经济利益而不那么情愿满足资金流出国提出的追缴和返还请求。正如学者所言，“境外追赃难，主要是转移资产更加隐秘或者形成合法财产受到各国法律以及国际法的特别保护，所有国家的经济政策通常都欢迎资金流入”[②]。因此，如果没有在犯罪资产分享等配套制度中明确和保障提供刑事司法合作主体的物质利益，是会影响到境外追赃国际合作成效的。

四、反腐败境外追赃法律机制实践困境的规范因应

针对上述我国境外追赃法律机制在实践中面临的现实困境，有必要立足于境外追赃法律机制的实效性和长效性，进一步强化腐败资产跨境转移监测法律制度的适用力度，拓展境外承认与执行违法所得没收裁决的规范依据，健全我国的资产分享制度。

（一）强化资产跨境转移监测法律的适用力度

跨境洗钱已经成为腐败分子向境外转移资产的重要手段。对此，我们必须加大对腐败资产跨境转移监测法律制度的适用，筑起境外追赃的前沿关口，以防止腐败分子将犯罪所得转移至境外。针对资金跨境转移监测法律制度实效性不足的问题，有必要强化特定非金融机构的反洗钱法律实施力度，加强资产转移监测的针对性，以提升相关法律制度的实效性。

其一，强化特定非金融机构的反洗钱法律实施力度。从公开披露的重大腐败案件看，随着金融领域反洗钱力度的加大，腐败分子倾向于选择利用特定非金融机构向境外转移资产。[③] 虽然《反洗钱法》修订前我国相关的法律法规对特定非金融机构的反洗钱义务有笼统规定，但是对于反洗钱的主体范围、反洗钱义务、履职内容和法律责任等内容尚未明确规定，影响了法律实施的效果。“没有法律预期，就没有法律目的和法律实践。有了从规则到行为、再到利益和责任的法律预期，法律目的才能从观念世界化为实践形态。”[④] 2024 年 11 月，全国人大常委会通过的修订后

---

① 参见张士金：《资产追回国际法律合作问题研究》，中国人民公安大学出版社 2010 年版，第 128 页。

② 黄风：《资产追回问题比较研究》，北京师范大学出版社 2010 年版，第 1-2 页。

③ 参见黄风：《建立境外追逃追赃长效机制的几个法律问题》，载《法学》2015 年第 3 期。

④ 谢晖：《论法律预期目的及其规范预设》，载《东方法学》2022 年第 5 期。

的《反洗钱法》增强了相关规定的可操作性，特别关注特定非金融机构的反洗钱法律义务以及相关的法律责任。但是，在设定特定非金融机构的反洗钱法律义务方面，应当考虑到特定非金融机构的类型多样性，要依据不同的非金融机构的行业性质确定不同性质主体之间的反洗钱义务的差别化，促进特定非金融机构及其从业人员积极履行反洗钱义务，进而强化特定非金融反洗钱相关法律的实施效果。

其二，加强资金跨境转移监测法律适用的针对性。坚持“风险为本”原则，将有限的执法和司法资源集中配置在高风险领域和行业，以改善整体监测方法，加强资产转移监测的针对性。在监测方向上，可以将重点放在“非法获取资产”和“向境外转移资产”两个阶段上，充分收集国内各金融机构和非金融机构报送的大额、可疑资金交易数据，组成大额交易和可疑交易报告数据库，对相关交易数据进行分析，甄别洗钱犯罪线索。在监测对象上，加强对金融业、垄断国企以及交通、土地管理、建筑、贸易、投资等敏感行业主要负责人收入和资金转移情况的监测。在监测资金流向上，加强我国与以往资产非法转移主要目的地或者中转地之间资金流动的监测，如遇作为目的地的美国、加拿大、澳大利亚、泰国等国家，以及作为中转地的我国香港、澳门等地区之间的资金流动①，则应重点关注，必要时应向相关国家和地区启动反洗钱情报协查请求，以便精准掌握资产跨境转移的具体流向。

（二）拓展境外承认与执行违法所得没收裁决的规范依据

违法所得没收程序是近年来我国通过完善法律制度而创设的追赃利器，但具体实施效果还不尽如人意。适用违法所得没收程序追回转移到境外的犯罪资产，最为关键的问题在于生效的没收裁决的境外承认与执行。2018 年的《国际刑事司法协助法》第七章第一节对我国请求外国没收、返还违法所得及其他涉案财物的请求书及相关程序作了规定。最高人民法院、最高人民检察院《关于适用犯罪嫌疑人、被告人逃匿、死亡案件违法所得没收程序若干问题的规定》第 23 条②对我国请求外国协助执行违法所得没收裁定适用的规范依据进行了规定。依据该规定，没收裁决的承认与执行要依据双边条约、多边公约，或者按照对等互惠原则，向资产所在国提起。但是，由于双边条约的签署较为复杂和烦琐，条约的签订需要双方经过长期的磋商谈判，而且由于我国在法律中长期缺乏承认与执行外国刑事裁判的规定，双边条约

---

① 参见王冉：《贪污外逃现象分析及防控机制建构》，载《人民论坛》2016 年第 11 期。

② 《关于适用犯罪嫌疑人、被告人逃匿、死亡案件违法所得没收程序若干问题的规定》第 23 条第 1 款规定：“违法所得或者其他涉案财产在境外，受理没收违法所得申请案件的人民法院经审理裁定没收的，应当制作没收令以及协助执行没收令的请求函，层报最高人民法院后，由最高人民法院依照刑事司法协助条约、多边公约，或者按照对等互惠原则，向违法所得或者其他涉案财产所在地国（区）的主管机关请求协助执行。”

中也很难涉及裁判承认与执行的内容，因此，双边条约的签署不会一蹴而就。故而，在积极开展双边条约签署的同时，我国应积极探索利用好已经签署的国际公约请求他国承认与执行我国的违法所得没收裁决。

我国已批准加入的《联合国反腐败公约》[①]《联合国打击跨国有组织犯罪公约》[②] 等公约，均设有缔约国执行没收令的条款。这些公约缔约国众多，得到了国际社会的高度认可和接受，也给我国提供了与其他没有双边条约亦未依据互惠原则的国家开展执行违法所得没收裁决合作的规范依据。因此，在实践中，我们应当充分发挥已经签订的多边公约的利用效率，尤其是充分利用好《联合国反腐败公约》，促进相关没收裁决的承认与执行。例如，我国与新加坡虽然没有签订关于涉案财物没收的刑事司法协助的条约，但是《联合国反腐败公约》第55条对没收事宜的国际合作作了规定，我国和新加坡作为《联合国反腐败公约》缔约国，可以在《联合国反腐败公约》框架内提出协助请求。实践中，我国已经有依据《联合国反腐败公约》请求境外国家承认和执行我国法院违法所得没收裁定的案例。例如，江西省上饶市中级人民法院审理的李某波贪污违法所得没收申请案中，由于我国没有和新加坡签订关于刑事司法协助的条约，我国主要是依据《联合国反腐败公约》向新加坡提出协助执行没收裁定的请求；湖南省岳阳市中级人民法院审理的犯罪嫌疑人彭某峰受贿和贾某语受贿、洗钱违法所得没收申请案中，虽然我国和塞浦路斯签订了双边刑事司法协助条约，但是由于协议范围有限，没有对此作出规定，也是依据《联合国反腐败公约》提出协助执行没收裁定的请求的。[③]

（三）建立健全境外追赃资产分享机制

在资产分享已成为国际社会追缴犯罪所得通常做法的情形下，若能承认资产所在国在资产追缴中的贡献，开展资产分享，无疑会激励相关国家提供协助的积极性，

---

① 《联合国反腐败公约》第55条规定，缔约国在收到拥有管辖权的另一缔约国的协助请求后，应当在本国法律制度的范围内尽最大可能将请求缔约国领域内的法院发出的没收令提交本国主管机关，以便按请求范围予以执行。第57条规定，各缔约国均应当根据本国法律的基本原则，采取必要的立法和其他措施，在保护第三人合法权益的情况下，根据《联合国反腐败公约》返还没收的财产。

② 《联合国打击跨国有组织犯罪公约》第13条第1款规定："缔约国在收到对本公约所涵盖的一项犯罪拥有管辖权的另一缔约国关于没收本公约第十二条第一款所述的、位于被请求国领土内的犯罪所得、财产、设备或其他工具的请求后，应在本国国内法律制度的范围内尽最大可能：……（二）将请求缔约国领土内的法院根据本公约第十二条第一款签发的没收令提交主管当局，以便按请求的范围予以执行，只要该没收令涉及第十二条第一款所述的、位于被请求缔约国领土内的犯罪所得、财产、设备或其他工具。"

③ 参见裴显鼎：《追逃追赃案件疑难问题及程序指引》，人民法院出版社2022年版，第364-366页。

提高境外追赃的成效。在我国相关法律已经确立资产分享制度的现实情况下，进一步建立健全相关的适用条件，有助于提高资产分享在实践中的适用效果，而建立健全资产分享适用条件的关键在于确定合理的资产分享模式和资产分享比例。

从域外相关国家关于资产分享的模式来看，主要有固定协议模式和个案协作模式。在固定协议模式中，资产分享主要是依据双方签订的双边条约开展；在个案协定模式中，虽然双方未签订资产分享的双边条约，但是可以就具体案件开展资产分享合作。固定协议模式将资产分享作为一种权利义务机制发挥作用；个案协定模式较为灵活，主要就具体案件中的资产分享问题进行协商。双边条约由于具有制度化、规范化的特点，对于相关国家开展资产分享的指导性较强。但是，双边条约签订程序较为复杂、耗时较长，对于不同案件的处理有时也会较为滞后。在我国与主要资产流入国未签订有关资产分享的双边条约的情况下，当下我国的犯罪资产分享模式可考虑以个案协定模式为主，在长期的个案协作模式的运作下，逐步对资产分享的相关法律问题进行提炼总结，尤其是对境外追赃的主管机关和联系机关、资产分享程序等问题进行探索，最终形成合理的适用路径。然后，在条件成熟时，依据条约签订的难易程度，分阶段、分步骤推动我国犯罪资产分享双边条约的签订。

无论是依据固定协议模式还是个案协作模式来开展资产分享，都需要着力解决的一个核心问题是确定资产分享比例。在境外追赃中，犯罪资产分享比例的确定是资产分享的关键环节。目前，国际上的通行做法是根据被请求国在司法合作中作出的贡献大小确定分享的比例。例如，美国根据外国提供的协助程度确定了实质帮助（Essential Assistance）、主要帮助（Major Assistance）和便利帮助（Facilitating Assistance）等三种类型，并确定了三种类型下对应的 50%~100%、40%~50%、小于40%的分享比例范围。[①] 加拿大《被没收财产分享规定》中也规定了依据相关国家贡献的大小确定资产分享的比例，最高为 90%，最低为 10%。[②] 澳大利亚根据个案中请求国在执法合作中作出的贡献程度来确定合理的资产分享比例。瑞士一般是与资产分享请求国平均分配被没收的犯罪资产。但是，也可考虑犯罪的性质、请求国受损害的大小、请求国参与调查的程度以及相关国际因素等重大理由返还全部犯罪资产。[③]

资产分享的本质是因资产分享请求国提供各项司法协助或其他相关行为而导致

① Karyn Kenny. International Asset Sharing: A Multipurpose Tool for Development [J]. World Bank Legal Review, 2013 (4).

② 参见高秀东：《国际刑事司法合作框架下的资产分享研究》，载《刑法论丛》2014 年第 4 期。

③ Rita Adam. Innovation in Asset Recovery: The Swiss Perspective [J]. World Bank Legal Review, 2013 (4).

的利益分摊，直接意义在于鼓励和支持刑事司法协助和配合。因此，在构建我国资产分享制度的相关设计中，参照资产分享制度的实质特点，参考域外法治的有益做法、贡献大小作为确定没收资产分享比例的基本依据，符合该制度设置的初衷，也有利于今后各国间刑事司法合作与犯罪资产的追回。具体案件中相关贡献的大小，可从提供信息的性质和重要性、提供证据的分量、参与调查的程度等方面进行综合评价。但是，在具体案件中，其他影响资产追回效果的因素，如相关国家参与调查的积极性、犯罪行为的性质等，也应考虑在内。①

五、结语

境外追赃对于一体构建追逃防逃追赃机制、遏制腐败违法行为的发生具有重要意义，我国应不断完善反腐法治，积极开展追赃国际合作，充分发挥制度优势，持续凝聚境外追赃强大合力。但是，我们也必须清醒地看到，我国相关境外追赃法律制度的实施效果并不明显，影响了我国境外追赃工作的有效开展。因此，需要在探寻境外追赃法律制度实施效果影响因素的基础上，破解境外追赃法律机制的实践困境。同时，需要注意到境外追赃法律制度的实效性高度依赖国际合作，因此，以境外追赃的实际需要为出发点，需要统筹推进国内法治和涉外法治，积极完善与境外追赃有关的法律机制，提升相关法律制度在境外追赃中的实际效能。

① 商浩文：《境外追赃中的犯罪资产分享制度研究》，载《中国法学》2022年第5期。

中编
新型腐败、隐性腐败的惩治与防范

新时代我国反腐败立法的发展与成效*

王秀梅**

党的十八大以来，我国在反腐败领域进行了大规模的立法和制度建设。习近平总书记在十八届中央纪委二次全会上强调，“要善于用法治思维和法治方式反对腐败；加强反腐败国家立法，加强反腐倡廉党内法规制度建设，让法律制度刚性运行”。党的十八届四中全会通过了《中共中央关于全面推进依法治国若干重大问题的决定》，党的十九大对推进反腐败国家立法作出部署，党的二十大报告明确提出“深化标本兼治，推进反腐败国家立法”。我国反腐败立法经历了从有到优、从简略到细密严谨、从注重惩治腐败到预防型反腐败标本兼治、从打击国内腐败犯罪到推进跨境腐败治理和反腐败国际合作的过程，并将规范化、法治化惩治腐败融入国家治理、社会治理和构建国际反腐败新秩序的实践中。

一、我国反腐败立法不断深化发展

《刑法》是我国惩治腐败犯罪的核心和基础，但不是唯一。涉及腐败问题治理的法律条款集中在《刑法》《刑事诉讼法》《监察法》《反洗钱法》《国际刑事司法协助法》《公职人员政务处分法》等法律，以及与上述法律相配套的司法解释、实施条例、实施细则等规范性文件中，从而密织了惩治腐败的法网。

（一）惩治腐败犯罪刑事立法的发展

新中国成立之初，《惩治贪污条例》明确了贪污贿赂犯罪的定义、处罚、预防措施和监督机制。从 1979 年《刑法》到 1997 年《刑法》的发展过程中，我国明确了对贪污罪、挪用公款罪、受贿罪、单位受贿罪、行贿罪、对单位行贿罪、介绍贿赂罪、单位行贿罪、巨额财产来源不明罪等犯罪的个人和法人腐败犯罪的惩治，并在此基础上，通过刑法修正案、《刑事诉讼法》的修改等措施，不断完善惩治腐败

---

* 本文原载于《中国纪检监察》2024 年第 19 期。

** 王秀梅，北京师范大学刑事法律科学研究院副院长、教授、博士生导师，G20 反腐败追逃追赃研究中心主任。

犯罪的刑事立法。特别是党的十八大后，惩治腐败犯罪的刑事立法得到进一步健全完善。

2015年8月，十二届全国人大常委会第十六次会议通过《刑法修正案（九）》，将贪污受贿犯罪的定罪量刑标准由单纯的“数额”标准修改为“数额+情节”标准，将法定最高刑调整为相对确定的死刑，增设不得减刑、假释的终身监禁制度。与此同时，为改变司法实践中“重受贿轻行贿”的现象，《刑法修正案（九）》增设对有影响力的人行贿罪并加大对行贿犯罪的处罚力度，严密惩治行贿犯罪的法网，为惩贪肃腐提供了锐利的刑法武器。随后，为使《刑法修正案（九）》的规定更具操作性，2016年4月，最高人民法院、最高人民检察院颁布了《关于办理贪污贿赂刑事案件适用法律若干问题的解释》（以下简称《解释》），将贪污、受贿罪起刑点数额调高至3万元，并同时规定了贪污、受贿数额在1万元以上不满3万元但有其他较重情节的，根据《解释》仍然可以追究刑事责任，体现了从严治理、从严惩处腐败的立法精神。同时，《解释》对贪污罪、受贿罪的死刑适用作出了原则性规定，为《刑法修正案（九）》终身监禁的适用从实体和程序两个方面予以明确。

2020年12月，十三届全国人大常委会第二十四次会议通过了《刑法修正案（十一）》。《刑法修正案（十一）》加大了对民营企业内部发生的侵害民营企业财产的犯罪的惩治力度，将非国家工作人员受贿罪、职务侵占罪的法定最高刑由15年有期徒刑提高至无期徒刑，挪用资金罪的法定最高刑从10年有期徒刑提高到15年有期徒刑，落实对民营经济平等保护的原则。鉴于涉腐洗钱的高发态势，《刑法修正案（十一）》对洗钱罪犯罪的构成作出修改，将“自洗钱”行为单独入罪，删除“明知”这一术语，在洗钱罪的第三种行为方式“转账或者其他结算方式”中增加以“支付”方式转移资金的犯罪行为，从而对地下钱庄洗钱中使用最广泛的非法跨境汇兑问题进行有效规制。此外，将跨境转移不法资产纳入洗钱罪的行为方式，为国家有效预防、惩治洗钱违法犯罪以及境外追逃追赃提供充足法律保障。在洗钱罪的量刑方面，《刑法修正案（十一）》取消了限额罚金刑，并对单位犯罪中直接责任人员的处罚增加了罚金刑。

2023年12月，十四届全国人大常委会第七次会议审议通过了《刑法修正案（十二）》，将行贿罪的量刑分界线从5年修正为3年，改变了自《刑法修正案（九）》颁布后受贿罪与行贿罪在前两档法定刑上的量刑轻重倒挂现象。同时，在行贿罪中增设7种自然人行贿从重处罚的情形，平衡了行贿罪与受贿罪的刑罚设置，整体提升了惩治行贿犯罪的刑罚力度。

从上述立法发展过程可见，惩治腐败犯罪的刑事立法在体现法治精神的同时，也彰显了立法因时因需，“于法周延、于事有效”的时代性。

（二）建立健全惩治腐败的监察法律法规体系

2018年，伴随着《宪法修正案》和《监察法》的通过，我国依法惩治腐败犯罪进入新阶段。《监察法》明确规定了监察机关及其职责、监察范围和管辖、监察权限、监察程序、反腐败国际合作等内容，成为我国打击腐败犯罪制度创新的重要里程碑。2020年6月通过的《公职人员政务处分法》具体落实《监察法》中的原则性、制度性规定，加强了对所有行使公权力的公职人员的监督，为实现公职人员依法履行职责、公正行使职权、清廉从事政务和坚持道德规范提供了坚实的法律支撑。2021年8月通过的《监察官法》坚持“责任法”的定位，着重规范和促进监察官履职尽责，是又一部深化国家监察体制改革的立法。2025年6月，《监察法实施条例》修订，对于促进监察工作有法可依、有章可循，在法治轨道上惩治腐败具有重要意义。

此外，我国还陆续出台了一系列法律法规，为纪检监察机关惩治腐败提供了规范和助力。例如，中央纪委国家监委印发的《监察机关监督执法工作规定》，明确了监察机关的职责、执法程序和报批程序等，确保国家监察权的规范行使。又如，国家监委、最高人民法院、最高人民检察院、公安部联合印发的《关于加强和完善监察执法与刑事司法衔接机制的意见（试行）》，进一步促进监察机关、司法机关与执法机关在办理职务犯罪案件中相互配合、相互制约，推进监察执法与刑事司法的贯通融合。

（三）反腐败境外追逃追赃立法的完善

党中央高度重视涉外腐败案件的查处与反腐败国际追逃追赃工作，并将其作为党和国家反腐败总体战略布局、新型国际关系、依法治国方略的重要组成部分。

除了《监察法》中规定的境外追逃追赃国际司法协助内容，2018年10月，全国人大常委会通过了新修改的《刑事诉讼法》和《国际刑事司法协助法》。修改后的《刑事诉讼法》增加了违法所得没收和缺席审判两个特别程序，形成了反腐败追逃追赃的闭环，使无论逃犯还是赃款都无处遁形。2021年，我国首次适用缺席审判程序对外逃贪官程某昌依法作出判决，既有力震慑了外逃贪官，又彰显了我国反腐败追逃追赃的坚定决心。《国际刑事司法协助法》的制定和实施，为推进反腐败国际合作构建了基础性、指导性的法律架构，促进了国际追逃追赃工作，完善了跨境腐败治理。

二、新时代我国反腐败法律法规制度建设的特点

反腐败法律法规制度建立在对反腐败斗争实践的深刻总结之上，又对不断深化

反腐败斗争起着重要的指导和推动作用。党的十八大以来，坚持无禁区、全覆盖、零容忍，加强纪法贯通、法法衔接，坚持标本兼治、系统治理，一体推进不敢腐、不能腐、不想腐，坚持受贿行贿一起查、国内国际同发力，成为我国加强反腐败法律法规制度建设的显著特征。

（一）立法理念由注重惩处到标本兼治

理念的升级和完善是立法战略思路转变的先导和动力。长期以来，我国反腐败立法基本以惩处为主，主要依托《刑法》《刑事诉讼法》等刑事法治理腐败问题，当腐败行为造成严重危害后果时才“被动防御”。如今标本兼治理念在反腐败法律法规制度体系中愈发凸显，治理腐败的思路逐渐由注重惩处转变为标本兼治。例如，2017 年，中共中央办公厅、国务院办公厅发布了《领导干部报告个人有关事项的规定》和《领导干部个人有关事项报告查核结果处理办法》，对领导干部的财产报告制度作出了更为细致的规定，要求特定范围内的领导干部对个人收入，个人、配偶及共同生活的子女所持有的股票、基金、不动产等进行个人财产事项报告，对于隐瞒不报的行为，将视情节轻重追究纪律责任。领导干部强制执行个人财产事项报告制度，强化了领导干部的自我约束，增强了领导干部政治生活的透明度，体现了从源头上防治腐败的理念和要求。

（二）党纪国法双管齐下治理腐败

依法治国和依规治党是有机统一的。坚持纪严于法、纪在法前、纪法分开，同时促进纪法贯通、法法衔接，是党的十八大以来我国反腐败法律法规制度建设的又一特点。具体体现为坚持依法反腐与依规反腐的有机统一，反腐败党规党纪与反腐败国家法律法规双向发力，形成协调配合、相辅相成、良性互动的格局，使反腐败法律法规制度体系的整体效能呈现出“1+1>2”的效果。例如，《公职人员政务处分法》规定对实施了违法行为的公职人员予以政务处分，彰显了党内法规与国家法律的有机协调。又如，《关于办理贪污贿赂刑事案件适用法律若干问题的解释》将贪污罪、受贿罪入罪的数额标准从 5000 元提高至 3 万元，除人均收入水平提高的因素外，另一个重要原因便是在刑罚之前还有党规党纪，对于贪污、受贿不满 3 万元且无其他较重情节的腐败行为，可予以党纪、政务处分，充分体现了纪在法前、纪严于法、纪法衔接的良性互动关系。

（三）国际司法执法合作成为惩治腐败的重要一环

我国坚持在《联合国反腐败公约》《联合国打击跨国有组织犯罪公约》等联合国机制和多边框架下，积极搭建追逃追赃国际合作平台，加强国际司法和执法合作。

2014 年 6 月，经党中央批准，中央反腐败协调小组建立了追逃追赃工作协调机制，设立了国际追逃追赃工作办公室。反腐败国际追逃追赃的“天网”和“猎狐”行动成为国内“打虎”“拍蝇”的延伸，内外联动，堵塞外逃漏洞，扎紧防逃篱笆，实现追逃、追赃和防逃三者联动互补、一体推进，形成“追防一体化”长效机制。通过“一国一策、一案一策”的工作方针，采取引渡、遣返、劝返和境外追诉等方式，加之缺席审判和违法所得没收特殊程序的适用，对企图外逃人员和隐匿的外逃人员形成了强大的震慑效应。实践证明，高效协同的追逃追赃工作协调机制，以及对国际规则、重点国家法律、重点个案的研究，提高了反腐败追逃追赃工作的针对性和有效性。数据显示，2014 年至 2023 年“天网”行动共追回“百名红通人员”62 人、外逃人员 10668 人，追回赃款 447.9 亿元。

三、积极参与反腐败国际规则制定

作为人类社会几千年历史中的一个痼疾，腐败至今仍是横亘在各个国家面前的难题。腐败损害各国的国家形象，侵蚀其公信力，对各国的经济增长造成危害，妨害公平竞争，阻碍投资，影响人类的可持续发展。特别是随着经济全球化，跨境腐败越来越猖獗，反腐败不再仅仅是某一国家或者地区面临的局部性问题，而成为国际社会的共同选择。

高举构建人类命运共同体旗帜，我国始终是全球反腐败治理的积极参与者和贡献者。党的十八大以来，我国在健全完善国内反腐败法律法规制度体系的同时，积极参与国际规则制定，在反腐败领域的国际话语权和规则制定权不断增强，为推动全球腐败治理发出了中国声音、贡献了中国方案。

2014 年，在我国政府的推动下，亚太经合组织（APEC）部长级会议通过并发表了《北京反腐败宣言》，成立了亚太经合组织反腐败执法合作网络。2016 年，在 G20 杭州峰会上，我国主动设置了反腐败国际合作议题，写入了《二十国集团领导人杭州峰会公报》，发布了反腐败国际文件《二十国集团反腐败追逃追赃高级原则》。2021 年，在联合国大会首次就反腐败问题召开的特别会议上，我国鲜明提出“坚持公平正义、惩恶扬善，坚持尊重差异、平等互鉴，坚持合作共赢、共商共建，坚持信守承诺、行动优先”四项主张。“四项主张”既与我国外交政策中提倡的新型国际关系一脉相承，也是近年来我国一系列反腐败国际合作理念和倡议的全面总结和升华拓展，体现了人间正道，成为反腐败国际合作的重要遵循。2022 年，金砖国家领导人第十四次会晤，通过了《金砖国家拒绝腐败避风港倡议》。特别是“一带一路”建设以来，在连续召开的三届“一带一路”高峰论坛廉洁丝绸之路分论坛上，先后推出了《廉洁丝绸之路北京倡议》《“一带一路”廉洁建设高级原则》等系列文件，在推动廉洁丝绸之路建设的同时，也展现了在国际反腐败合作领域的中国智慧和中国方案。

随着时代的发展，新型腐败层出不穷，反腐败斗争已经进入深水区。惩治腐败绝对不能回头、不能松懈、不能慈悲，必须持续发力、纵深推进，一体推进不敢腐、不能腐、不想腐，同时发力、同向发力、综合发力，不断铲除腐败滋生的土壤和条件。要进一步健全反腐败法规制度，一体推进不敢腐、不能腐、不想腐等基础性法规制度，加强对“一把手”和领导班子监督配套制度。持续推进反腐败国家立法，强化反腐败国家立法与党内法规的协同、监察法律法规与反腐败领域刑事法律法规的协同，完善金融监管制度，严惩涉腐洗钱行为。坚持统筹国际国内两个战场，积极参与国际规则制定，注重国际规则运用，推动构建高效务实的反腐败合作平台，促进反腐败国际合作向纵深发展，为构建国际反腐败新秩序发挥更加重要的作用。

一体化防治新型腐败和隐性腐败的对策

童德华*　张　锐**

目前，我国在反腐倡廉工作中面临诸多挑战，各类针对党员干部及公职人员的不当行为屡禁不止，新时期的反腐斗争任务依然艰巨。当前的腐败现象脱胎于传统腐败的表现形式，借助大数据、区块链及互联网等现代信息技术手段，使得腐败滋生的环境和条件日益复杂，迫切需要深化反腐斗争，加强党风廉政建设。习近平总书记在党的二十大报告中指出，“坚持受贿行贿一起查，惩治新型腐败和隐性腐败”。尽管反腐斗争已经取得了阶段性成果，但面临的形势依旧严峻复杂。新型腐败与隐性腐败的影响深远且危害巨大，其预警与治理已成为我国反腐败治理的关键议题。为了彻底铲除新型腐败与隐性腐败，必须坚定不移地贯彻“不能腐、不敢腐、不想腐”的综合治理理念，持续推动反腐败工作的常态化和长效化机制建设，形成多方协同、共同推进的工作格局。通过预防和惩治结合的方式，坚定推进反腐败斗争，确保能够赢得这场长期而艰巨的战役。

一、防治新型腐败和隐性腐败的三重困境

新型腐败与隐性腐败作为新时代对公职人员隐蔽而复杂的“围猎”策略，在表现形式、实施手段、参与主体及运作流程等方面都展现出显著的伪装性、迷惑性以及市场化特征。一方面，这些特性模糊了贪污腐败、正当交易与人际交往之间的界限；另一方面，这些特征在实践中给界定公职人员行为性质带来了极大挑战，亦使得对公职人员收入合法性的准确判断变得尤为困难。值得关注的是，新型腐败与隐性腐败的长期潜伏性与多重主体化，极大地增加了证据搜集工作的复杂性和难度。这种隐蔽性不仅削弱了证据的真实性与有效性基础，还往往导致证据链条难以闭合，为案件的定性与惩处设置了重重障碍，严重影响了对腐败行为的及时揭露与有效打击。针对此类腐败问题的防治，可以归纳为以下三大难题：

---

* 童德华，中南财经政法大学刑事司法学院教授、博士生导师，廉政研究院副院长。

** 张锐，中南财经政法大学博士生。

（一）新型腐败和隐性腐败的识别困境

不同于传统腐败，新型腐败和隐性腐败的运作模式已经从线性结构演变为网状结构。在传统的腐败模式中，参与腐败行为的各方多呈现线性关系，即行贿者与受贿者之间的联系通常是直接且单一维度的，并且这种关联往往遵循一种自外而内的层级顺序，形成了一个首尾相接的链条。然而，在新型腐败和隐性腐败的情境下，这种结构被打破并转变为更加复杂的网络形式。在这种网络化的腐败体系中，各个节点之间可能存在多重交叉连接，不再局限于单一线性的权力流动路径，从而增加了识别和打击腐败行为的难度。①

1. 腐败参与主体的广泛性

在探讨新型腐败与隐性腐败的复杂态势时，我们需深刻认识到其参与主体的多样性，这个特性显著提升了腐败案件揭露与查处的难度。与过去相比，现代的腐败者往往属于高智商的理性行为人。在实施腐败之前，腐败主体往往进行周密的计划制订和风险评估，只有在腐败行为安全系数极高时才会进行，而腐败行为链条的不断延伸是腐败隐蔽化的重要途径。这导致权力寻租的主体范围正在不断扩展，超出了传统的公职人员或公权力直接行使者的范围，涵盖了他们的利害关系人，如家属、秘书、司机等。这种现象在权力集中和资源丰富的领域变得更加明显。例如，在司法领域，司法工作人员已成为一种特殊的权力寻租主体，他们利用与公职人员的关系进行不正当利益交换，其中涉及的主体包括司法行政机关、诉讼参与人、利害第三人等。② 这表明，随着反腐败工作的深入，反腐败措施的调查对象，不能局限于传统的公职人员，需要扩展到更广泛的社会群体。

2. 腐败行为的多样性

新型腐败与隐性腐败在模式与手法上，相较于传统腐败，展现出极大的差异性与创新性。它们往往披上“市场化”的外衣，如通过投资、借贷等合法手段掩盖权力交易的非法本质，将非法所得伪装成合法收益。例如，在“高利转贷”现象中，公职人员利用职权之便获取低息贷款，再以远高于市场水平的利率转贷他人，实质上是公权私用的典型表现，严重破坏了金融秩序与公平竞争原则。具体而言，公职人员滥用职权、间接谋利的新型腐败和隐性腐败行为可细化为以下几类典型模式：（1）非直接干预式腐败，即通过设置障碍而非直接干预决策过程，使正常程序受阻，以谋取不正当利益。例如，在项目审批中故意拖延时间，增加审批难度，以此

---

① 参见毛昭晖、朱星宇：《新型腐败的特征与类型——警惕传统型腐败向新型腐败的嬗变》，载《理论与改革》2022 年第 4 期，第 88 页。

② 参见王旭：《新型腐败和隐性腐败的本质与惩治》，载《人民论坛》2023 年第 5 期，第 78 页。

作为获取非法利益的筹码。[1]（2）斡旋受贿型腐败，即利用个人社会关系网络中的朋友、同事等第三方力量，间接促成利益输送，形成更为复杂的腐败链条。此类行为不仅延长了利益传递的过程，也增加了腐败行为的隐蔽性和认定难度。(3) 间接影响式腐败，即采用诸如会面、聚餐等非直接行使权力的方式，对特定事项施加微妙影响，帮助实现利益交换，又或者将特定领域的保护消息提前告知或者违法告知他人。此类行为模糊了私人交往与权力滥用的界限，其腐败性质的认定需深入剖析行为背后的意图与实际效果。[2]（4）幕后操纵型腐败，即腐败主体隐藏于幕后，通过代理人实施腐败行为，使受贿所得转移至看似合法的商业经营活动中。在此模式下，腐败行为与个人利益直接关联的痕迹被极大削弱，导致正常商业活动与腐败行为的界限模糊不清，给查处工作带来巨大挑战。[3]

3. 腐败收益的权利化

在收受利益的行为模式上，新型腐败和隐性腐败具有变异性，这不仅挑战了传统反腐机制的边界，也促使反腐败斗争向更加智能化、专业化的方向迈进。传统意义上的财物型贿赂，如直接收受现金、高档奢侈品等，因易于追踪和证据确凿的特点，已不再是腐败分子的首选手段。相反，他们更倾向于采用更为复杂、难以察觉的权益型贿赂方式，以规避法律制裁和公众监督。具体而言，权益型贿赂通过构建复杂的利益链条，将腐败收益转换为无体化的权益，使腐败行为更加隐蔽且难以界定。公职人员通过间接持有企业股份、参与特定项目分红、享受隐性福利（如低息贷款、优先购房权等）等方式，获取长期且稳定的非法收益。更有甚者，利用亲属、朋友或第三方作为“白手套”，代为持有资产，从而实现利益输送的“隐形化”，使得腐败行为更加难以被直接揭露。

随着金融科技的迅猛发展，数字货币等新型金融工具为腐败行为提供了新的掩护方式。比特币、以太坊等加密货币，以去中心化、匿名性强的特点，成为腐败分子转移非法所得、逃避监管的有效途径。通过复杂的加密技术和跨国交易平台，腐败主体能够轻松实现资金的跨境流动和匿名转移，极大地增加了反腐败工作的难度。此外，泰坦币等新型虚拟货币的出现，使得腐败收益的追踪和确定更加复杂。与此同时，离岸公司、地下钱庄等非法金融渠道也成为腐败分子转移赃款的重要工具。这些机构往往位于监管薄弱的地区，利用法律漏洞和制度差异，为腐败分子提供资

---

① 参见《新型腐败手段更加隐蔽　创新反腐败思路治理新型腐败》，载《法治日报》2022年12月5日。

② 参见《斡旋受贿与利用影响力受贿定性辨析》，载中央纪委国家监委网站，https://www.ccdi.gov.cn/ywjt/202404/t20240410_340094_m.html，2024年4月10日访问。

③ 参见丁伟：《从四个维度有效识别新型腐败和隐性腐败》，载中央纪委国家监委网站，https://www.ccdi.gov.cn/hdjln/ywtt/202408/t20240830_372031.html，2024年8月15日访问。

金清洗、隐匿和转移的一站式服务。这不仅严重破坏了金融秩序，也极大地削弱了反腐败斗争的成效。

（二）新型腐败和隐性腐败的规范困境

受机械主义司法观的影响，法官在审理案件时往往倾向于严格遵循法律条文的形式正义，尽量避免进行超出法律文本范围的实质性价值判断。然而，这种做法虽然有助于维护法律的一致性和可预见性，却也可能因法律自身的滞后性而难以灵活应对社会现实中日益复杂多变的情况。[①] 法律的滞后性也导致这种机械性司法难以适应复杂多变的社会状况。我国司法在处理涉及新型腐败和隐性腐败案件时，就普遍存在规范依据不明确的现象，导致司法打击不积极，进而波及执法执纪环节，诱发预防工作不主动的问题。

1. 新型腐败和隐性腐败的监管规范不完善

针对新型腐败和隐性腐败的监管规范存在明显不足，这些问题在实际反腐败工作中愈发凸显，给治理工作带来了巨大挑战。一方面，这类腐败因隐蔽性和复杂性而难以被现有规则有效覆盖，特别是对于那些非直接干预式腐败以及幕后操纵型腐败案例；另一方面，由于这些腐败行为往往具有长期持续的特点，传统的以事后监管为主的反腐败机制显得力不从心。再加上腐败主体身份模糊、行为方式多变等因素，使得传统监管手段难以全面应对。值得注意的是，加密数字货币（如比特币）已经成为一种新的贿赂工具，这类货币不仅拥有较高的经济价值，而且其交易过程完全在线上匿名完成，这对司法部门现有的财产追踪与管理构成了前所未有的考验。传统以实体化、中心化财产为监管对象的反腐败监管规范难以适用。[②]

2. 新型腐败和隐性腐败的概念关联不清

概念思维是人类实践活动中不可或缺的方法，它通过构建和运用概念，将抽象的思考与具体的现实情境相联系，从而指导人们进行有效的实践活动。新型腐败和隐性腐败概念的界定不够明确，导致司法行政机关在实际操作中难以准确适用相关法律规范，从而影响了反腐败活动的有效开展。新型腐败和隐性腐败关联性的学说可以分为两种：一种是特殊类型说。该说指出，隐性腐败是新型腐败的特殊子类型，两者本质上都是权力滥用和越轨，属于新形势下对腐败手段的再加工与再升级。只是隐性腐败潜伏期长、发现难度大，不易被识别。[③] 另一种是交叉类型说。此说认

---

① 参见胡昌明：《论机械司法》，载《经贸法律评论》2023 年第 4 期，第 51 页。

② 参见程文浩：《新型腐败的识别要点和惩治策略》，载《人民论坛》2021 年第 17 期，第 47-48 页。

③ 参见梁超：《“三不腐”视域下新型腐败的表现形态、产生根源及治理机制》，载《中共郑州市委党校学报》2024 年第 1 期，第 36 页。

为，新型腐败是传统腐败的相对应概念，两者处于矛盾关系，非此即彼。而隐性腐败与新型腐败在概念上既有交叉又有不同。交叉之处在于，新型腐败之所以“新”，就是在于其主体、方式、手段呈现出更多的深层次性、隐蔽性，从而导致更加隐匿的腐败效果。不同之处则在于，传统腐败也可能是隐性腐败。在传统腐败中，公职人员也可能采取隐蔽手段不留痕迹地攫取利益，又或者经过故意掩饰后，传统腐败行为也难以发现，呈现出“隐性”特点。[①] 新型腐败和隐性腐败概念关联的不明确，不仅给纪检监察部门、司法机关在侦查与惩处相关行为时带来了挑战，也阻碍了反腐败斗争在新时代背景下的有效推进和发展方向。

（三）新型腐败和隐性腐败的调查困境

1. 证据层面治理难度大

在法治社会中，证据是确定违法违纪违规行为的唯一依据。证据不仅是进行诉讼活动的基础，也是实现公正司法的关键。随着刑事诉讼证据规则的不断完善，对证据的要求愈发严格，成功查处贪污犯罪案件，必须高度重视证据的收集、固定与审查工作。要对案件作出正确的处理，必须依靠证据来解决争议，作出科学合理的判断。针对腐败行为，尤其需要围绕定罪和量刑的证明对象来收集证据。调查人员需收集违纪违法事实方面的证据，以及审核影响案件处理情节方面的证据，确保形成相互印证、完整稳定的证据体系。

新型腐败和隐性腐败的权力行使与钱财获取往往不在同一时空发生，有时甚至跨越现实与网络两个层面。在实际操作中，对于此类腐败行为的确证，无疑需要强有力的证据支持。例如，借贷行为通常涉及大量资金流动和复杂的利益关系，涉案人员可能通过销毁证据或转移资金等方式逃避追责，这进一步加大了证据收集的难度。腐败证据的形式多样化，包括电子数据、网络通信记录、虚拟货币交易等多种形式，这增加了证据收集和鉴定的复杂性。此外，由于技术手段的复杂性，腐败行为中的证据链可能存在断裂的风险，影响案件的整体判断。[②]

2. 腐败所得追逃追缴困难

腐败行为对社会所造成的危害不仅是对我国政治、经济、社会秩序的冲击，还包括对国家和人民财产造成的巨大损失。特别是在新型腐败和隐性腐败现象中，这种危害尤为显著。腐败分子经过精心计划后，即便最终能够查处腐败分子，其非法所得往往也难以追回。这种现象不仅加剧了经济损失，还严重损害了政府的公信力

---

① 参见王旭：《新型腐败和隐性腐败的本质与惩治》，载《人民论坛》2023年第5期，第79页。

② 参见贾锟：《查办贿赂案件应注重收集三种证据》，载中央纪委国家监委网站，https://www.ccdi.gov.cn/hdjl/ywtt/202008/t20200827_224514.html，2020年8月27日访问。

和社会的公平正义。新型腐败和隐性腐败会导致更加巨大的经济损失。一方面，腐败行为人通过复杂的资金流转手段，将钱财通过合法与非法的多重途径转移，使得资金的去向难以追踪。即使在查处过程中发现了某些线索，但由于资金已经分散且经过多次转手，实际上很难完全追回。这种情况在实践中较为常见，成为反腐败工作的一大难点。另一方面，即使能够确定资金流向，但由于部分赃款可能流入了与我国尚未建立反腐败追逃追赃合作机制的国家或地区，同样也增加了追赃的难度。一些公职人员正是利用这一点，认为海外可以成为他们逃避法律制裁的避风港，从而更加肆无忌惮地从事违法违纪行为。这种跨境腐败行为不仅给追赃带来了巨大挑战，还使得整个反腐败斗争面临着国际化的新课题。①

反腐败斗争是中国共产党长期坚持的重大政治任务，也是国家治理体系和治理能力现代化的关键组成部分。尽管近年来通过一系列强有力的举措取得了显著成效，但当前反腐败斗争的形势依然严峻复杂。随着社会经济的发展和技术的进步，腐败行为也在不断演变，呈现出新的特点和趋势。特别是新型腐败和隐性腐败现象的出现，给反腐败工作带来了前所未有的挑战。这些新型腐败形式不仅更加隐蔽、难以察觉，而且往往涉及复杂的资金流转手段，使得追踪和追缴非法所得变得更加困难。为了巩固既有反腐成果，并进一步根除腐败滋生的土壤与条件，亟须制定更为全面、系统化的反腐败战略体系。这一战略体系应当立足于中国特色社会主义制度框架，结合国际先进经验，以科学的方法论为指导，构建起一个全方位、多层次、宽领域的防治腐败的一体化机制。

二、一体化防治：应对新型腐败和隐性腐败的现实选择

防治腐败一体化，作为当前应对腐败问题持续蔓延、隐蔽化趋势的关键策略，其核心不仅仅在于预防和惩治两个环节的紧密衔接与有机融合，更在于将整个反腐败工作链条中的所有部门、单位、规范程序及体制机制实现无缝对接，形成上下联动、左右协同的强大合力。反腐败已经进入另一个阶段，那就是由重点整治向系统整治的全面升级。也就是说，重点整治取得了明显成效，接下来，就是要全面撒网，系统整治腐败。在构建新型腐败和隐性腐败防治一体化策略时，具体法律法规与规范体系的完善，应严格遵循以下三重逻辑：

---

① 参见王卓：《切断腐败资产外流渠道》，载中央纪委国家监委网站，https://www.ccdi.gov.cn/toutiao/202102/t20210208_235611.html，2021 年 2 月 8 日访问。

（一）新型腐败和隐性腐败防治一体化的政治逻辑

1. 坚持“三不腐”一体推进

在深入推进反腐败斗争的进程中，我们要坚定不移地贯彻“不敢腐、不能腐、不想腐”一体推进的基本方针，这是全面从严治党的重要战略部署和反腐败斗争的根本遵循。“不敢腐”作为前提，其核心在于构建无死角、全覆盖、零容忍的强力震慑体系，确保腐败行为一旦发生，必将受到严厉惩处，从而显著提升腐败成本，使党员干部心存敬畏、行有所止。“不能腐”则是关键所在，它聚焦于权力运行的制度笼子构建，通过强化刚性约束和有效监督，消除腐败滋生的土壤和条件。针对重点领域体制机制改革滞后、制度规范不完善等问题，需加快完善制度体系，确保权力在阳光下运行，从根本上减少腐败机会。“不想腐”是根本目标，旨在通过思想教育引导，增强党员干部的廉洁自律意识，形成拒腐防变的思想自觉和行动自觉。这要求我们不仅要在党内加强理想信念教育和警示教育，还要动员全社会力量，营造风清气正的社会环境，让廉洁成为每个人的价值追求。①

此外，还应强化“全周期管理”思维，将“三不腐”贯穿于党员干部成长发展的全过程，加强对党员干部的日常监督和管理，及时发现并纠正苗头性、倾向性问题，防止小错酿成大错。同时，针对“期权式腐败”等新型腐败问题，要持续加大治理力度，完善相关法律法规和制度机制，确保反腐败斗争取得压倒性胜利并全面巩固。② 以健全的制度体系解决不能腐的问题，以案件查处解决不敢腐的问题，以廉洁文化解决不想腐的问题，为反腐败斗争提供坚强有力的保障。

2. 防治腐败的常态化、长效化

腐败防治需要实现常态化和长效化，常态化和长效化的政治要求可帮助保存反腐败成果，进一步根除腐败土壤和条件。常态化、长效化的反腐败机制构建仍然需要分层次、抓重点、讲策略。针对金融、医疗、体育、能源等资金密集、人民关注领域的腐败问题深化整治，坚决防止系统性、行业性的腐败风险，切实提升系统整治和全域治理水平，实现反腐败治理的长效化，不断拓展反腐败工作的深度与广度。③

实现腐败问题与作风问题同查同治，扩大综合惩治的效果，是防治常态化、长

---

① 参见苏江涛、舒绍福：《新型腐败：特征、诱因及惩治》，载《学术探索》2024 年第 3 期，第 54-56 页。

② 参见张鹏：《“期权式腐败”的特征、成因与治理》，载《人民论坛》2024 年第 12 期，第 53-54 页。

③ 参见王拥军：《常态化长效化防范和治理腐败问题》，载《支部建设》2024 年第 12 期，第 14-15 页。

效化机制建构的重要目的。通过常态化、长效化机制，加强对“关键少数”、新提拔干部、重要岗位干部以及年轻干部的教育培训，涵养公职人员克己奉公、清廉自守的精神境界，使纪律成为其内心的自觉遵循，让廉洁成为其行动的自觉选择。此外，通过对腐败行为进行常态化、长效化的防治，积极宣传廉洁理念与典型事迹，让廉洁文化深入人心，厚植廉洁奉公的文化基础，从而一体推进“不敢腐、不能腐、不想腐”。

（二）新型腐败和隐性腐败防治一体化的规范逻辑

1. “面”和“点”的规范性治理

新型腐败与隐性腐败在表现形式上均体现出间接性和模糊性。新型腐败通过中间人、代理人或复杂的金融交易实现利益输送，而隐性腐败则通过日常交往、人情往来等方式进行利益交换，使得腐败行为难以明确界定和识别。两者均强调隐蔽性和伪装性，力求规避纪检监察机关的查处。两者均倾向于将腐败行为包装成合法的市场交易或商业行为，如通过虚增交易环节、利用金融工具进行利益输送等方式来掩盖权钱交易的本质。同时，它们都注重实现长期利益而非短期利益，如新型腐败可能通过“期权变现”等方式将利益变现时机推迟到未来，隐性腐败则通过长期经营人际关系网络来获取持续的利益回报。

新型腐败与传统腐败相对应，隐性腐败与显性腐败相对应，尽管两者在规范上不处于同一层面，但其概念的提出是为了指导实践，帮助实践生效且有效。“惩治新型腐败和隐性腐败”的提出，实际上是对于“面”和“点”联系的关注。在“面”上指出新型腐败不同于传统腐败，具有新的特性与危害，指导实务中需要重点关注腐败行为的新面向；在“点”上，则指出当前腐败行为隐蔽性的特征和本质，纪检监察机构需要剥开腐败行为的“合法外衣”，探究其背后的非法性。新型腐败与隐性腐败之间存在着内在的关联性，这种关联不仅体现在本质上，还表现在呈现方式上的相似性。从表面现象来看，腐败行为似乎主要是一种“经济问题”，但实际上，其根源在于作风纪律和党性修养的缺失。[①] 因此，新型腐败和隐性腐败的实质趋同性，是实务中需要对其进行一体化防治的原因。

2. 法律规范中“行贿受贿一起查”的理念

防治一体化不仅涵盖了对腐败行为的过程性预防、控制和查处的一体化管理，还包括对腐败行为主体的综合防治，即需要对行贿人和受贿人进行统筹治理。长期以来，我国在反腐败斗争中侧重于对受贿人的惩处，对于行贿人的处理则相对宽松，特别是在依赖行贿人口供作为证据的调查模式下，这种偏向性导致了在惩处和审判

① 参见王岐山：《开启新时代　踏上新征程》，载《人民日报》2017年11月7日，第2版。

末端出现了“重受贿、轻行贿”的实践困境。随着新形势新任务的提出，打击贪污贿赂犯罪的理念、策略和方法也需要与时俱进，加大对行贿行为的惩处力度。2024年3月1日生效的《刑法修正案（十二）》通过调整罪名起刑点和提高刑罚力度等方式，明确了对行贿行为的重点查处。这一举措体现了国家对受贿行贿并重查处的决心，即在政治上同等重视受贿和行贿行为，在结果运用上则根据具体情况分类施策、宽严相济。[①]

在打击行贿行为方面，应聚焦重点人员，坚持提高打击的精准性和有效性。明确划定五类行贿重点人员，并依法依规坚决查处，特别是对那些向多人行贿、多次行贿、巨额行贿的行为要予以重点关注。同时，综合考虑行贿人的配合态度及情节严重程度等因素，区分对待、分类取证，并依规依法对其进行相应的处理。相关部门应及时向有关单位通报行贿人信息，做好对行贿人的组织处理、行政处罚及后续惩戒，推动建立跨区域行贿人联合惩戒机制。[②]《刑法修正案（十二）》还提高了单位行贿罪的刑罚力度，以解决实践中一些行贿人以单位名义行贿、试图规避处罚的问题。此外，《刑法修正案（十二）》对其他贿赂犯罪的刑罚也进行了相应调整，以确保《刑法》的整体平衡与协调。从实施效果来看，《刑法修正案（十二）》的施行将进一步强化对行贿受贿犯罪的打击力度，扭转以往“重受贿、轻行贿”的现象。通过加大对行贿所获得的不正当利益的追缴和纠正力度，将进一步遏制权钱交易等腐败行为的发生，推动反腐败斗争向纵深发展。

（三）新型腐败和隐性腐败防治一体化的运行逻辑

1. 事前预防、事中控制和事后惩治的衔接需要

在全面审视新型腐败与隐性腐败的独特特征与复杂态势后，可以深刻认识到，针对腐败犯罪的治理策略必须实现预防与惩治环节的紧密衔接与深度融合。鉴于新型腐败与隐性腐败所展现的高度隐蔽性与间接性特点，单纯寄希望于在腐败行为萌芽之初或实施过程中即能彻底根除，显然是不切实际的。这类腐败行为的非直观性与难以捕捉性，极大挑战了纪检监察机关在腐败行为初期乃至进行中的监测与识别能力，使得“防患于未然”的目标面临重重困难。因此，对于腐败行为采取纯粹的事前阻止策略，其现实可行性受到严重制约。一旦腐败行为得逞，其对社会公平正义的侵蚀、对公众信任基础的动摇以及对国家财产与民众利益的损害，往往已造成不可估量的后果。单纯依赖事后的严厉惩治，虽能彰显法律威严，却难以全面达成

---

① 参见肖瑞宁：《受贿行贿一起查的理论基础与现实意义》，载《中国纪检监察》2024年第3期，第23-24页。

② 参见李张光：《强化受贿行贿一起查》，载《中国纪检监察报》2024年7月30日，第7版。

“不敢腐、不能腐、不想腐”的综合治理目标，也无法有效构建腐败防治的常态化、长效化机制。

鉴于此，我们必须秉持防治并举、标本兼治的原则，采取防治一体化的综合策略，实现事前预防、事中控制和事后惩治的相互支撑。在事前预防方面，应尽可能压缩腐败滋生的空间与条件；在事中控制方面，需要系统运用体系机制来查处腐败行为；在事后惩治方面，则要坚持零容忍态度，依法依规严惩腐败分子，形成强大震慑力。

2. 大数据技术的现实性运用

在技术与权力结合的过程中，反腐败斗争也在不断演进，可通过技术创新来提高监管和打击腐败的能力。随着网络技术的发展，腐败形式呈现多样化趋势，从传统的权钱交易扩展到网络平台上的非法交易，腐败手段也在不断演变。① 随着大数据时代的到来，技术性腐败日益增多。为了有效应对这一挑战，必须跳出仅依靠制度的传统思维模式，适当引入技术手段。大数据技术的应用为腐败治理提供了强有力的技术支持。系统治理思维强调一体推进“不敢腐、不能腐、不想腐”的基本方针。大数据技术打破了时空限制，使得公众可以通过网络平台随时随地曝光腐败行为，增强了“不敢腐”的震慑作用。此外，大数据技术还可以嵌入反腐败制度体系，通过数据分析强化制度的刚性，推动“不能腐”的制度建设。运用大数据技术开展廉洁教育，可以实现教育的跨时空性、持续性和个性化。这种教育模式能够大幅提升公职人员“不想腐”的自觉性。大数据技术不仅能够识别潜在的腐败风险点，还能根据不同对象的特点提供定制化的教育内容，增强教育的实际效果。在腐败治理一体化策略中运用大数据技术等现代科技手段具有重要的意义和必要性。这不仅是反腐败斗争的现实需要，也是推动国家治理体系和治理能力现代化的重要举措。技术创新可以提高腐败治理的效率和精准度，形成全方位、多层次的防控体系，为构建风清气正的政治生态和社会环境提供坚实保障。

三、联动机制：一体化防治新型腐败和隐性腐败预警的保障

随着反腐败斗争的不断深化，我们注意到腐败行为的方式正在变得更加隐蔽和复杂。为了有效应对这一挑战，需要采取个案查处与系统性整治相结合的方法，这样不仅能够持续巩固已有的反腐成果，还能进一步扩大其影响范围，为从根本上解决腐败问题奠定坚实的基础。② 在此基础上，还需积极推动标本兼治、综合治理的

---

① 参见田玉珏：《丰富防治新型腐败和隐性腐败的有效办法》，载《学习时报》2024 年 8 月 16 日，第 1 版。

② 参见张福海：《着力铲除腐败滋生的土壤和条件》，载《人民日报》2024 年 9 月 5 日，第 13 版。

理念，不断提高反腐败工作的效率与成效，通过科学合理地分配权力资源、严格执行权力使用的规范，并且不断完善相关制度建设来强化监督制约机制的作用，从而建立新型腐败和隐性腐败预警惩治联动机制。

（一）腐败预警机制构建的模式

新型腐败和隐性腐败由于具有隐蔽性强、取证困难等特点，在证据收集以及收益追索等环节给反腐败工作带来了极大挑战。要从根本上铲除此类腐败现象产生的环境及其赖以生存的基础条件，关键在于建立健全事前预防体系。设立敏感度高且响应迅速的监测网络，能够及时捕捉到可能存在的腐败风险信号，并据此提前介入处理，力争将不法行为扼杀于萌芽状态，最大限度地减少腐败结果的出现。

1. 年轻干部首次腐败预警模型

年轻干部首次腐败预警模型针对的是腐败个体。该模型旨在通过分析年轻干部初次腐败的行为、动机和原因，采取措施防止其他年轻干部走上同样的道路，并通过对首次腐败行为的深入分析，探索有效方法来阻止年轻干部首次腐败后继续腐败。该模型认为首次腐败往往没有预警、发现、惩处和中止机制，导致腐败持续进行，并随着职务晋升而加剧。以经济建设为中心的发展模式助长了利益至上的文化，增加了年轻干部滥用权力的风险。监督机构在权威性、结构独立性方面存在缺陷，难以有效发挥监督作用。

为预警年轻干部腐败，该模型强调需要结合依法治国与依规治党原则，构建健全的监督体系；明确行为规范；强化纪律意识，为年轻干部设定明确的行为底线；优化纪检监察等监督机构的功能，提高年轻干部的独立性和权威性；利用科技手段提升监督效率，确保权力正当行使；强化对特定岗位权力使用的及时监督和规范，防止权力滥用；培养廉洁文化，营造良好的家庭环境，处理好家庭利益与公共利益的关系，防止亲情侵蚀公共利益；在学校教育中强调廉洁价值的重要性，培养学生正确的认知和信仰；加强社区层面的廉洁建设，培育廉洁城乡社区品牌，创造支持正直行为的社会环境。①

2. 国有企业腐败预警模型

国有企业腐败预警模型不仅注重对腐败风险的事前预测，还强调在腐败事件发生后应立即采取有效的报告、反馈及补救措施。该模型要求企业在整个腐败风险的警报与控制过程中，系统地收集、甄别并评价一系列相关指标，同时通过对大量且复杂的数据进行深入分析，以准确评估腐败风险的程度及其现状。为了实现这一目标，企业需建立一套腐败风险预警及评价机制，遵循快速发现问题、及时识别潜在

---

① 参见肖云忠、苏玉琼：《年轻干部首次腐败事件发生的情境诱因及其预警效应——基于16个典型案例的研究分析》，载《廉政文化研究》2023年第6期，第42-51页。

威胁以及迅速采取行动解决问题的原则来进行动态管理。为适应这种变化的需求，国有企业需要开发一个专门用于腐败风险预防的信息分析平台。此平台要能够高效处理海量数据，并通过科学的方法量化各项风险指标，从而为企业管理层提供更加直观的风险状况视图。此外，还需构建一套基于量化分析的腐败风险预警体系，用以定期审查企业的运营效率、廉洁文化建设情况及其长期发展趋势等方面的表现，力求达到更高的科学性、可度量性和准确性。纪检监察机构则可以根据各企业特有的风险预警指数来制定相应的监督策略，确保能够在最早阶段介入干预，防止小问题演变成大危机。[①] 实施这样全面而系统的反腐措施，可以大大增强国有企业的内部治理能力，促进其健康稳定发展。

3. 大数据腐败预警模型

大数据腐败预警模型旨在通过先进的数据分析技术，充分利用现有的腐败监察数据信息，建立一套有效的腐败预防指标体系，并构建标准化的数学模型，以实现对潜在腐败风险的早期预警。该模型的成功建设和有效运行依赖于以下两个基本前提。一方面是腐败现象的可监测性和可预测性。腐败行为必须表现出一定的规律性和可观察特征，才能够被系统地识别和分析。同时，通过对历史数据的深入挖掘，可以发现腐败行为的发展趋势，从而对未来可能发生的腐败事件进行预测。另一方面是基础性的数据采集和处理平台，需要有一个成熟且完善的数据采集、存储和处理系统，确保能够及时、准确地收集相关腐败监察信息，并对其进行有效的管理和分析。[②]

为了构建一个全面而高效的腐败评估预警信息系统，通常需要考虑四类基础性指标。第一是部门测评类指标，这类指标主要反映政府部门及其工作人员在执行公务过程中的表现情况，包括但不限于工作效率、服务质量、公众满意度等。第二是腐败感知类指标，这些指标侧重于衡量社会公众对腐败问题的认知程度以及他们对反腐败工作的信任度和支持率。例如，可以通过民意调查或舆情分析来获取这方面的信息。第三是业务性指标，此类指标直接关联到具体的行政管理活动，如财务透明度、采购流程合规性、工程项目审批效率等，它们有助于揭示潜在的腐败风险点。第四是结果性指标，此类指标反映的是腐败行为的实际影响及后果，如因腐败导致的资金损失额、涉及案件的数量及其严重程度等。综上所述，通过综合运用上述四类基础性指标，并依托可靠的数据支撑和技术手段，可以建立起一个科学合理的大数据腐败预警模型。这一模型不仅能够提高对腐败行为的预见能力，还能为制定更

---

① 参见师军惠：《探索国有企业腐败预警的处置机制》，载《辽宁经济》2018 年第 3 期，第 51-53 页。

② 参见周鲁耀：《政务大数据在腐败评估预警中的应用》，载《廉政文化研究》2017 年第 1 期，第 43-44 页。

加精准有效的反腐败策略提供强有力的支持。①

上述三类模型从不同角度探讨了如何对腐败行为进行预警。然而，面对新型腐败和隐性腐败的变异性、长期性和隐匿性，这些模型仍然面临诸多挑战。首先，在数据获取与质量方面，虽然这三类模型都强调了数据收集的重要性，但新型腐败和隐性腐败往往在表面上与正常的公务活动和个人生活行为极为相似，难以区分。这可能导致所收集的数据不够全面，无法涵盖所有相关信息点。此外，错误或误导性的信息也可能混杂其中，从而影响模型的准确性。其次，法律法规存在滞后现象。数据信息的收集依赖于健全的监管制度，当前我国监察机构可能存在权威不足、结构不够独立等问题，这限制了其监督效能的充分发挥。同时，针对大数据应用尤其是反腐领域的法律框架尚不完善，给实际操作带来了不确定性风险。最后，跨部门协作障碍也是不可忽视的问题。“数据孤岛”现象普遍存在，各政府部门之间缺乏有效的信息共享渠道，阻碍了全面而深入的数据整合与分析工作。

（二）腐败治理的细微化与专项化策略

新型腐败和隐性腐败防治一体化要求在以“预警”为主的前提下，兼顾“惩治”。这意味着在事中事后的治理过程中，仍然需要抓住重点，实现治理的高效化。党的二十大报告指出：“腐败是危害党的生命力和战斗力的最大毒瘤，反腐败是最彻底的自我革命。只要存在腐败问题产生的土壤和条件，反腐败斗争就一刻不能停，必须永远吹冲锋号。”同时还特别强调要“坚决惩治群众身边的‘蝇贪’”。

1. 微腐败的系统治理

微腐败，顾名思义，指的是那些规模较小、看似微不足道的腐败行为。从总体表现来看，微腐败通常具有涉案金额不大、社会直接危害性相对较低的特点，但其具有轻微性、隐蔽性和频发易发性等特征，因此也被视为隐性腐败的一种。针对微腐败的治理，关键在于强化相关制度和机制的建设，需要从个人心理层面与社会大环境两个角度出发，深挖并从根本上斩断微腐败产生的诱因，以期彻底遏制其蔓延。群众身边的腐败问题，即我们通常所说的基层微腐败问题，这类问题不仅败坏了社会风气，更严重割裂了党和人民群众之间的紧密联系。若对此类问题放任不管，任由其从小规模的腐败逐渐演变成大规模的腐败，最终必将“酿成大祸”，对社会造成不可估量的损害。因此，我们必须高度重视基层微腐败问题，采取有效措施加以治理，确保党和国家的长治久安。②

对此，一方面是强化纪律刚性约束。反腐败的核心在于制约和监督权力，必须

---

① 参见周鲁耀：《政务大数据在腐败评估预警中的应用》，载《廉政文化研究》2017年第1期，第45-47页。

② 参见程光安：《“微腐败”治理之策》，载《党政论坛》2024年第3期，第48页。

通过立法完善权力运行体系，确保权力在法治轨道上规范运行。只有在法律框架内查处腐败，才能实现反腐败工作的规范化、制度化。针对微腐败易发多发、难以遏制的情况，必须进一步强化纪律刚性约束，一旦发现干部存在微腐败行为，就要一查到底、决不姑息，绝不能让党纪党规成为“纸老虎”“稻草人”，要做到有案必查、有腐必惩，以零容忍的态度坚决纠正群众身边的不正之风，切实维护群众利益。另一方面是加大查处惩治力度。应将反微腐败工作常态化、制度化，加大查处惩治力度，形成有力震慑。要对涉及群众切身利益的行政事项进行定期普查，对干部作风问题进行常态化督查，对违法违纪违规问题一律严肃查处、绝不手软。对于微腐败行为，要坚持露头就打、快查快处，充分发挥“不敢腐”的震慑作用。同时，还应完善和规范微腐败责任追究工作，建立健全责任追究典型问题通报制度，通过问责常态化促进领导干部切实履行职责、严格执行党的纪律，推动形成风清气正的政治生态。①

2. 基层的政务信息公开与群众监督

构建政群信息互动机制，强化基层微腐败治理中的民众参与，是推进社会治理科学化的关键步骤。在此过程中，必须摒弃官本位思想与人治传统，实现从命令到协商、从单向到合作、从强制到引导的深刻转变。要确保群众的知情权、参与权、监督权得到充分保障，激发他们支持并积极参与社会治理的热情，在广泛征求民意、深入讨论沟通的基础上化解矛盾、凝聚共识。微腐败的滋生蔓延，与信息透明度不足、民众知情权与监督权受损紧密相关，因此，微腐败治理作为社会治理的重要一环，同样需要创新手段，完善政群信息互动机制，充分发挥民众在参与和监督中的积极作用。

第一，要加大政策与信息公开力度。信息公开制度是确保人民群众知情权得以实现的重要保障，其核心在于解决政治监督中的信息不对称问题，提升监督的精准性和有效性。各单位、各部门应建立健全信息公开制度，推进政务公开、村务公开、厂务公开，拓宽民众表达意见、反映诉求的渠道，切实保障民众的知情权、参与权和监督权。第二，要建立健全信访举报保护与激励机制。充分利用网络平台，构建便捷高效的信访举报体系。同时，建立举报奖励机制，鼓励民众积极参与微腐败监督，形成内外结合、上下联动的强大监督合力。第三，要加强基层自治制度的宣传推广，提升市民群众的权利意识、法治意识、责任意识和公德意识。教育引导能使民众逐步成长为监督微腐败的中坚力量，为基层微腐败治理奠定坚实的群众基础和

① 参见曹静：《“微腐败”治理路径探微》，载《领导科学论坛》2023 年第 8 期，第 70-71 页。

社会基础。[①]

（三）腐败预警惩治一体化的具体措施

构建基于“三不腐”一体推进原则的新型腐败和隐性腐败演变风险治理防线，关键在于将腐败风险预警与惩治框架深度融合于“三不”理论机制之中，从而构筑起针对新型腐败和隐性腐败风险事件的全过程自律与他律相结合的防御体系。此体系旨在形成一道坚固的过程防线，对新型腐败和隐性腐败风险事件实施“三不”一体策略下的事前预防、事中监控与事后严惩的全过程管控。

1. 党中央领导腐败防治的规范完善

从根本上说，强化党的领导是实现反腐败目标的核心。必须坚持党中央对反腐败斗争的集中统一领导，全面落实习近平总书记和党中央的各项部署，确保双重领导体制的具体化、程序化与制度化得以实施。同时，压实各级党委在反腐败工作中的主体责任，深入推进案件查处，保持高压反腐败态势。需要强化源头治理，构建“不敢腐、不能腐、不想腐”的机制，提升制度的指导性、前瞻性和实用性。应强化智能监督手段的应用，要针对关键领域、重点岗位及其领导人员，尤其是那些权力集中、资金密集、资源丰富的部门和行业。加强对领导干部及其家庭成员的监督，预防并制止任何利用职权或影响力从事违法违纪的行为。此外，还需规范政府行为，消除市场主体中存在的不当利益交换观念，优化营商环境，确保其公平透明。[②]

压实各级党委（党组）全面从严治党主体责任特别是“一把手”第一责任人责任，贯通落实相关职能部门监管职责，完善各负其责、统一协调的管党治党责任格局。要健全政治监督具体化、精准化、常态化机制，严明政治纪律和政治规矩。致力于推进政治监督的具体化、精准化与常态化，完善党中央领导下的反腐败工作机制，落实各级党组织从严治党的责任，确保反腐败工作在决策、资源整合与手段运用上的协同高效。需细致梳理职责清单，制定业务流程图表，并完善法规制度汇编，推动职责明确化、流程标准化、制度规范化。持续完善党内法规体系与反腐败斗争的相关法律法规，构建完整的纪检监察制度框架，确保制度的有效性和实用性，形成严密的制度防线。同时，建立健全分工明确、协调一致的责任机制。[③]

---

① 参见肖慧：《基层微腐败的基本特征、生成机理与治理路径》，载《廉政文化研究》2022年第2期，第84页。

② 参见周凯、马遥：《领导干部新型腐败的表现形式及防范对策——基于数字媒介视角》，载《领导科学》2021年13期，第109页。

③ 参见牛颖秀：《全面从严治党主体责任是重大政治责任》，载《中国纪检监察报》2021年11月11日，第8版。

2. 综合性和层次性监督机制完善

在大数据时代，腐败行为已不仅仅关乎个人道德，更是对国家、社会和公民利益的严重侵害。在腐败机制运行中，无论是个体因公职人员逼迫而行贿，还是企业主与公职人员勾结，都侵犯了第三方的合法权益。若存在公平、公正、透明的监管渠道，受不公平待遇的公民可通过此渠道揭露腐败，就可以终止腐败过程，保护国家利益。然而，现实中监管渠道不畅成为障碍，民众发现腐败线索时难以获得有效反馈。举报者即便勇敢站出来，也可能因渠道不畅或缺乏保护机制而面临被忽视和报复，这不仅削弱了公民反腐败的积极性，也助长了腐败滋生。

对此，应以党内监督为主导，落实党统一领导、全面覆盖、权威高效的总要求，完善党和国家监督体系。深化纪检监察体制改革，优化职能配置，完善垂直管理单位纪检监察体制，推进向中管企业全面派驻纪检监察组，健全巡视巡察机制，深化基层监督改革。腐败本质上是权力滥用，需完善权力配置和运行制约，反对特权，聚焦关键权力和重点领域深化改革，堵塞制度漏洞，规范自由裁量权，减少设租寻租。推进纪律监督、监察监督、派驻监督、巡视监督统筹衔接，形成监督合力。处理好监督、支持和保护关系，做实政治监督、深化日常监督、精准专项监督，既监督滥用权力，也监督失职行为，推动党员干部严于律己、严负其责。结合自我监督和人民监督，建立群众“点题”监督机制，促进“三不腐”有机统一。严厉打击行贿行为，完善“黑名单”和联合惩戒机制，加大追缴和纠正力度。[①] 贯通主体责任、监督责任和监管职责，健全党领导反腐败责任体系，完善反腐败协调小组职能，健全政治生态分析机制，与党的建设紧密衔接。健全纪检监察与其他监督贯通协调机制，促进执纪执法与刑事司法衔接，提升监督体系效能。完善基层监督体系，统筹县乡监督力量，加大基层办案力度，提升监督效能。通过这些措施，构建更加高效、系统的反腐败体系，保障国家、社会和公民利益。

3. 反腐败大数据体系的建立

在“不能腐”方面，坚持标本兼治，完善反腐败协调机制，推动各反腐败主体之间的信息共享和协同作战。同时，加强制度建设，特别是针对新型腐败特点，制定和完善相关法律法规，确保制度的有效执行和刚性约束。大数据库的建立不仅是指在事后建立行贿人数据库，从而帮助后续对于腐败行为的侦查，而是要贯彻防治一体化策略，将大数据库的建立贯彻在公职人员的方方面面，实现“全周期性”的管理，尤其对于领导干部，需要在普通数据库基础上，建立更为精细、专业的反腐败数据库。数据库的建立不仅能够帮助建立大数据腐败预警机制，而且在本质上能够大幅减少各行政部门的工作时间，从而提高侦查、查处腐败犯罪的效率，节约司

---

① 参见王拥军：《常态化长效化防范和治理腐败问题》，载《支部建设》2024 年第 12 期，第 14-15 页。

法行政资源。“此外，要加强对新型腐败和隐性腐败高发多发领域监督的信息化建设，完善数字化集采平台，打通公安、税务、金融、市场监管等部门之间的信息壁垒，将相关职能部门工作数据、重点领域公共权力信息数据纳入大数据监督系统。”① 对苗头性、倾向性问题和轻微违规违纪问题，准确运用批评教育、诫勉谈话、警示提醒等方式，防止小毛病演变成大问题。利用大数据手段建立监督模型算法，聚焦重点领域开发专项监督应用，创新搭建监察对象库，促进“四项监督”统筹衔接，为监督检查工作提供精准数据支撑。

4. 腐败行为追责追赃机制构建

新型腐败追责追赃一体化机制的构建，需要从证据收集和赃款收集两方面进行。在证据收集方面，鉴于现代腐败行为日益频繁地涉及电子数据，如电子邮件、即时通信记录以及虚拟货币交易等，亟须提高调查人员处理这类复杂信息的能力。这不仅仅要求他们学习并掌握相关技术，以便能够有效追踪并固定电子证据，而且还需通过构建和完善数据分析平台，充分利用大数据分析手段来发现潜在的关联模式或异常行为。例如，通过对银行账户之间不寻常的资金流转进行密切监控，可以极大地帮助识别出可疑活动。此外，为了更有效地打击跨国界的新型腐败，必须建立更为广泛的信息共享网络，特别是加强与其他国家执法机构的合作关系，从而获取跨境犯罪活动的关键情报支持。

在赃款追缴方面，仍需要加强对金融机构反洗钱工作的监督力度，明确要求其严格执行客户身份核实程序，并定期报告大额现金交易或可疑资金流动情况。在国际上，应积极参与联合国等多边框架下的反腐败公约谈判，争取更多国家的支持，并在此基础上推动签订双边或多边协议，以简化资产冻结、扣押乃至归还的复杂流程。此外，利用区块链技术提升资产透明度，以及运用人工智能算法预测可能的资金流向，能够迅速锁定目标财产所在位置，进一步提升追缴效率。为此，需要形成由纪检监察机关牵头，财政、税务、海关等多个部门共同参与的工作格局，实现资源共享、信息互通，合力攻坚克难。

四、结语

推动反腐败斗争取得压倒性胜利并全面巩固，为顺利实现第一个百年奋斗目标并向第二个百年奋斗目标迈进提供了坚实保障。腐败行为不仅污染了政治生态，破坏了公平正义，损害了营商环境，侵害了群众利益，还积累了风险隐患，成为中国式现代化道路上的“拦路虎”和“绊脚石”。在新的历史时期，反腐败斗争必须紧

---

① 参见彭新林：《惩治新型腐败和隐性腐败的动因与方略》，载《中国党政干部论坛》2024年第4期，第54-57页。

密围绕党和国家的中心任务，服务于高质量发展的大局，落实进一步全面深化改革的各项部署。从源头上着力，向治本方向深化，努力营造风清气正的政治生态和良好的发展环境，为推进中国式现代化清淤除障、保驾护航。针对上述问题，新时代新征程反腐败斗争必须对症下药、精准施治、多措并举。通过提高腐败成本、减少腐败机会、消除腐败动机，不断推进反腐败斗争向纵深发展，朝着从根本上解决腐败问题的目标不断前进。从政治、经济、文化等多维度审视，反腐败斗争依然面临多重挑战。总之，反腐败斗争是一项长期而艰巨的任务，需要全社会的共同努力。只有不断巩固和发展反腐败斗争成果，才能为实现中华民族伟大复兴的中国梦提供坚强的政治保证。

合作投资型受贿犯罪的司法认定研究

赵　卿[*]　李　娟[**]　刘亚茹[***]

引言

随着反腐败斗争的持续深入，各种新型、隐性腐败形式不断涌现，合作投资型受贿便是其中之一。合作投资型受贿与企业经营行为交织，表现形式更加多样复杂。其形式合法性和方法隐蔽性，给司法认定带来了诸多困难。2007 年，最高人民法院与最高人民检察院共同颁布了《关于办理受贿刑事案件适用法律若干问题的意见》（以下简称《受贿意见》），为打击合作投资型受贿提供了一定的法律支撑。然而，十几年过去了，在司法适用中关于受贿性质、数额认定等方面仍存在一些问题亟待解决。本文旨在通过案例解析的方式，深入探讨合作投资型受贿在司法认定中面临的难题，为打击新型、隐性腐败犯罪提供有益的思考和建议。

一、问题的提出

从立法层面上看，《受贿意见》第 3 条对合作投资型受贿作出了规定，罗列了“收受他人出资型受贿”和“直接获取利润型受贿”两种典型合作投资型受贿形式。这两种受贿情形，均是在国家工作人员未实际出资且未实际参与经营管理的情况下，凭借职务之便为请托人谋取利益、获取收益。这种以合作投资为名、行权钱交易之实的新型受贿行为被认定为受贿。然而，随着市场经济的发展，犯罪嫌疑人规避处罚的手段更为多样，越来越多的犯罪嫌疑人会进行一定的出资，参与一定的经营管理。这种行为在认定构成犯罪和确定犯罪数额方面缺乏明确的法律依据。同时，《受贿意见》对于“实际投资”和“参与管理经营”的内涵界定仍不够清晰，无法

---

* 赵卿，江苏省徐州市人民检察院法律政策研究室主任，四级高级检察官，江苏师范大学兼职硕士研究生导师。

** 李娟，江苏省徐州市泉山区人民检察院检察委员会专职委员，一级检察官。

*** 刘亚茹，江苏省徐州市泉山区人民检察院检察官助理。

区分国家工作人员利用职务行为与参与管理经营行为，在认定犯罪的过程中会出现不同的争议。

在司法实践中，合作投资型受贿犯罪呈现多样性和隐蔽性。对于这两种典型形态之外的合作投资型受贿行为，还有存在实际出资，适用现有《受贿意见》的相关规定予以认定，存在极大争议的情况。例如，对于无实际出资获利型受贿，虽然在定罪方面不存在争议，但是在受贿数额的认定上却存在不同观点。而对于实际出资获利型受贿，又可以进一步划分为出资参与管理型受贿和出资不参与管理型受贿。在出资参与管理型受贿中，如何准确地区分违规经商办企业的违纪行为与犯罪行为成为关键问题。国家工作人员在合作投资过程中，其行为可能既包含看似正常的经商办企业活动，又潜藏着利用职务便利为合作项目谋取不正当利益的成分。这就需要深入剖析其行为的本质特征，综合考虑各种因素，如出资的真实性、管理经营行为的合理性、利益获取的正当性等，以准确判断其行为究竟属于违纪还是犯罪。此外，在出资不参与管理型受贿中，国家工作人员是否超额获取收益是一个重要的考量点，需要明确哪一部分属于违纪行为、哪一部分构成犯罪行为，这需要对收益的来源、数额以及与职务行为的关联度进行深入分析。

此外，《受贿意见》第 2 条规定了收受干股型受贿。收受干股型受贿与合作投资型受贿存在一定的竞合。例如，国家工作人员为请托人谋取利益后，两人约定一起成立一个有限责任公司，请托人代国家工作人员缴纳 10%的出资额，并将 10%股权依法登记在国家工作人员名下，这种行为既符合收受干股型受贿又符合合作投资型受贿。在公司新设立之时，国家工作人员收受的出资额与收受干股型受贿往往是重合的。在受贿数额的认定方面，依据《受贿意见》第 2 条还是第 3 条还存在一定冲突。例如，行受贿双方为规避调查，事先约定注册成立“空壳公司”或者极小份额的股份，让所送的干股无股份价值，且股权由他人代持，并进行股权登记，待实现利益分红时，再将约定干股由“空”变“实”，按注册资本对应股比兑现股份价值或者超额进行分红。若仍按照《受贿意见》第 2 条的规定，仅将股份转让时的价值认定为受贿数额，而把分红作为受贿孳息来处理，这无疑会给犯罪嫌疑人留下可乘之机，进而放纵犯罪。

以上难题都是司法实践中亟待解决的重要课题，准确界定以合作投资名义受贿行为的本质，对于打击新型、隐性腐败犯罪具有至关重要的意义。

二、对合作投资型受贿的内涵解读

“利用职务上的便利为请托人谋取利益”是合作投资型受贿的必要前提条件。《受贿意见》第 3 条的两款内容均是针对国家工作人员既未实际出资也未参与管理经营的行为作出的规定。对于“合作投资”以及“参与管理经营”这些要素的理解，应当从其内在的实质意义上进行把握。

（一）利用职务上的便利为请托人谋取利益是合作投资型受贿的前提

1. 利用职务上的便利与国家工作人员的工作性质直接相关

《全国法院审理经济犯罪案件工作座谈会纪要》明确，利用职务上的便利，既包含利用本人主管、负责、承办某项公共事务的职权，又涵盖利用与自己存在隶属、制约关系的其他国家工作人员的职权。通俗来说，即借助特定职务范畴内的权力与地位以及由其产生的便利条件。

具体表现形式有审批权的运用不当、资源分配不公、监督权行使不当等。例如，在工程项目审批中，负责审批的国家工作人员可以加快审批流程、放宽审批条件，使请托人的项目能够顺利通过审批并尽快启动；拥有分配权的国家工作人员可以通过调整出让条件、指定出让对象等方式将土地等优质资源分配给请托人，使请托人能够以较低成本获得有较高开发价值的土地，从而获取巨额经济利益；具有市场监管、行业监管职责的国家工作人员，可以对请托人的企业放松监管力度，对其违规行为视而不见或从轻处理。

2. 为请托人谋取利益的包括为请托人获取好处或优势

《关于办理贪污贿赂刑事案件适用法律若干问题的解释》第 13 条第 1 款规定，存在下列情形之一的，应认定为“为他人谋取利益”：一是实际或承诺为他人谋取利益的；二是明知他人有具体请托事项的；三是履职时虽未被请托，但事后基于该履职事由收受他人财物的。

为请托人谋取利益的具体内容包括经济利益和非经济利益。经济利益包括直接的经济收益和间接的经济收益。直接的经济收益是通过合作投资使请托人获得高额的投资回报。例如，国家工作人员利用职务便利为合作项目提供各种便利条件，包括协调政府关系、解决项目难题，使项目顺利进行并获得丰厚利润等。间接的经济收益是为请托人降低经营成本，如通过减免税费、降低土地出让金、减少行政收费等方式，为请托人的企业节省大量资金，提高企业的经济效益。非经济利益包括提供业务机会和便利企业发展。提供业务机会包括为请托人争取重大项目的承包权、代理权等。便利企业发展包括为请托人的企业解决发展中的难题，如协调与其他部门的关系，解决企业的用地、用水、用电等问题，为企业的持续发展创造良好的外部环境等。

（二）国家工作人员参与合作投资的多维因素考量[1]

对于真实合作投资的判定，根本标准在于合作投资过程中是否存在权钱交易、

---

① 李怀胜：《合作投资型受贿若干问题探析》，载《人民检察》2016 年第 14 期。

权力因素是否介入经济投资活动。具体可从以下几个方面考量：

第一，国家工作人员投资的真实性。《受贿意见》第 3 条规定的两种受贿形态，国家工作人员均没有实际出资，包括“请托人代为出资”“先出资后抽逃出资”等情况。应审查投资资本是否为国家工作人员自有，若不是自有，则必然构成受贿犯罪。不过，即使投资资本是国家工作人员自有的，也不应绝对排除受贿犯罪的可能性。对于由请托人代为出资或者由请托人垫资，事后以“利润”“分红”等形式归还垫资的，一般应当认定为是虚假投资。例如，国家工作人员有意投资项目，但资金不足，此时，请托人主动为其垫资，国家工作人员未实际出资却在项目中占有股份，后国家工作人员以所谓的“分红”形式逐步归还请托人的垫资。这种行为实际上是一种变相的受贿，因为国家工作人员的投资行为从根本上就是不真实的，其目的并非基于正常的投资获利考量，而是企图通过职务便利谋取非法利益。

第二，合作是否属于民事法律关系。民事法律关系的本质在于人身关系和财产关系中所体现的平等人格关系，即具有平等人格的双方能够自由地支配自己的意志。如果国家工作人员与其他投资者之间所建立的合作关系是以利用职务便利谋取利益作为交换筹码，那么这种行为将会破坏双方在民事法律关系中原本应有的平等人格关系。在这种情形下，国家工作人员依靠职务权力形成优势地位，帮助公司在市场经济中占据有利位置，那么双方之间的合作已然脱离了民事法律关系的本质属性，超出了民事法律关系的调整范围。例如，国家工作人员在与企业合作过程中，利用职务之便为企业在项目审批、资源分配等方面提供特殊照顾，而企业则以合作的名义给予国家工作人员高额回报。这种所谓的“合作”，实际上是一种权力与利益的不正当交换，不再是基于双方平等协商、共同发展的民事合作，而是一种以权谋私的违法犯罪行为。

第三，投资主体是否“共享收益、共担风险”。现代企业制度的基本特征之一是权责明确。权责明确意味着股东按其出资额享有资产收益、重大决策等权利，同时承担相应的经营风险和运营损失。若国家工作人员只享受收益，却不承担风险，显然属于典型的只享受权利而不承担义务的情形，国家工作人员是基于身份才享有这种优势地位。[①] 在真实的合作投资中，投资双方需共同承担风险，理性的投资人会谨慎选择投资项目，使其符合经营规律，确保投资收益符合正常市场预期。因此，只享受收益而不承担风险的行为，既不符合现代企业制度的基本特征，也不能视为公司法意义上的股东。

---

① 师法起：《正确界定以合作投资名义受贿行为的本质》，载《中国检察官》2015 年第 6 期。

(三) 合作投资型受贿中参与管理、经营的行为评判

从经济学角度看，参与公司管理意味着对公司内部的各项事务进行决策和监督，包括战略规划、组织架构设计、财务管理等。参与公司经营主要涉及与公司外部环境的互动和价值创造活动，如产品或服务创新、市场开拓等。对此，可从真实性、独立性两个角度综合认定参与管理、经营。

一方面，参与管理、经营是基于股东身份的职权行为，而非一般的劳务活动。参与管理、经营活动源于投资者对投资项目的支配权和控制权，本质上属于职权行为。实践中，应区分参与管理、经营和无职权内容的劳务活动，一般劳务活动收益为劳务所得而非投资利润，如简单体力劳动或基础性辅助工作与投资项目决策等无直接关联。而在营利性组织中履行组织、领导、监督、管理等职责可认定为“参与经营、管理”。例如，在公司运营过程中，负责制定发展战略、组织生产经营活动、监督财务状况以及管理人力资源等行为，都体现了对公司的参与和管理，这些行为涉及对公司资源的调配和决策权力的行使，与单纯的劳务活动有着本质的区别。

另一方面，在参与管理、经营的过程中，不可利用国家工作人员身份所拥有的公权力便利。参与管理、经营是投资者的正当权益，理应得到法律的保护。在他人与国家工作人员进行合作投资的活动中，国家工作人员兼具公职人员与民事投资主体的双重身份，若国家工作人员在合作投资的过程中，凭借职务行为为“合作”投资者谋取商业机会或者其他便利条件，那么，这种所谓的“参与管理、经营”实际上是利用职务便利为他人谋取利益的行为，已然丧失了独立性，也不会为法律所认可。

三、无出资获利型受贿案件的司法认定

【案例】

2004年，被告人丁某利用担任某设计院院长，某股份有限公司党委书记、董事长等职务便利，为以前的同事姚某的建筑师事务所的成立及购买某设计院在上海徐汇区的一套房产提供便利。姚某许诺给丁某合伙企业某建筑师事务所10%的股份，并为丁某出资，同时找杨某代持股份，将股权登记在杨某名下。2005年春节至2010年，姚某以分红款和买断股权的名义先后6次送给被告人丁某共计人民币175万元。

丁某辩护人提出，丁某收受175万元并非受贿款，而是干股分红和回购股权，收受贿赂的金额应是公司当时注册资金100万元所对应的注册资本金10%，即10万元。针对此辩护意见，法院认为，丁某在未出资的情况下，收受姚某给予的由姚某出资10万元的某建筑师事务所10%的财产份额，并在未参与管理、经营的情况下，收取姚某以事务所分红、退股名义给予的175万元利益，应当以受贿论处，辩护人

的意见不符合案件事实及法律规定，因此不予采纳。①

（一）无出资获利型受贿案件的认定难点

第一，行为人是否收受了干股？

第二，收受干股型受贿中，如何认定股权实际转让？

第三，当收受干股型受贿与合作投资型受贿存在交叉时，如何认定？

第四，国家工作人员无实际出资，但是参与管理经营的，如何认定其行为？

（二）无出资获利型受贿案件的解决路径

1. 行为人收受干股的认定

《受贿意见》第 2 条规定了收受干股型受贿。干股是指实际没有出资而获得的股份。在受贿案件中，国家工作人员利用职务上的便利为请托人谋取利益，收受请托人提供的干股，本质上是一种以权力换取经济利益的权钱交易行为，严重违背了职务行为的廉洁性和公正性要求。认定干股可从干股的形式要件和本质特征进行考量。

（1）干股的形式要件。一是出资情况。干股的显著特征之一是未实际出资。二是股份载体。有观点认为只有在公司法意义下的有限责任公司和股份有限公司才存在股份，进而得出收受干股必定是收受公司股份的结论。笔者认为，不应以狭隘的视角去理解干股的含义，应从实质层面去领会《受贿意见》第 2 条的立法精神，不可因为企业形式的不同，就否定“合伙企业存在干股”的说法。否则，在司法实践中很可能会引发罪责刑不相适应的现象。

（2）干股的本质特征。一是与职务行为的关联。干股的本质特征之一是与职务行为紧密相连，通常是国家工作人员利用职务权力为他人谋取利益后获得不正当回报，充分体现了干股作为权钱交易工具的本质特征。二是利益获取方式。国家工作人员收受干股后，通常以股份分红名义获取利益。

在本案中，丁某收受了干股。丁某没有出资，而姚某为其在某建筑师事务所的10%股份出资，符合干股未实际出资而获得股份的形式要件。无论企业形式如何，只要国家工作人员未实际出资却获得了股份，就具备了收受干股的基本形式特征。丁某利用担任某设计院院长，某股份有限公司党委书记、董事长等职务便利，为姚某在某建筑师事务所的成立及购买房产时提供便利。随后，姚某给予丁某干股作为回报。这种行为显示了干股与职务行为之间的权钱交易本质。丁某在未参与管理、经营的情况下，收取了姚某以事务所分红、退股名义给予的 175 万元利益，进一步

① 参见江苏省徐州市泉山区人民法院（2019）0311 刑初 158 号刑事判决书。

证明了丁某获得的股份属于干股，其利益获取方式完全符合收受干股的本质特征。

2. 收受干股型受贿中股份实际转让的认定

根据《受贿意见》第 2 条的规定，股份转让存在登记转让和实际转让两种方式。实际转让不能单纯以当事人之间口头意思表示一致就认为是实际转让，需参照《刑法》上对财物控制的一般标准，按照受贿人是否实际享受、支配股份作为判断关键。同时，还需要通过补强证人证言，有无书面股权转让协议，其他股东是否知情，受贿人是否参与经营决策，股东会、分红记录、有无配置办公场所等因素进行实质判断。

在本案中，虽然姚某将丁某的股份以杨某的名义进行代持，并将股权登记在杨某的名下，但从以下方面可以看出股权并未实际转让给杨某：首先，杨某未能实际享受和支配股份，无法行使对股权的占有、使用、收益和处分权利；其次，股份代持人是姚某找来的，并且缺乏书面股权转让协议等实质性证据来证明股权转让的真实性；最后，其他股东并不知情，杨某也未参与经营决策。这些都表明股权转让只是形式上的，而非实质性的。

3. 既符合合作投资型受贿，又符合收受干股型受贿，行为人犯罪数额认定问题

《受贿意见》第 2 条明确了收受干股型受贿在股权已转让和未转让情况下不同的受贿数额计算方式，第 3 条规定了国家工作人员无出资、无管理经营情况下，受贿数额为获取的利润。但是，《受贿意见》又未明确两者的差异，致使同一案件在适用第 2 条还是第 3 条上存在分歧。原因在于，在均未实际参与经营管理的情况下，依据第 2 条，若国家工作人员已实际控制股权，受贿数额通常以股份转让时的价值认定，多数时候以登记的出资额为受贿数额；而依据第 3 条，受贿数额为国家工作人员获取的利润。若获利（利润或者分红）明显大于出资额，到底适用第 2 条还是第 3 条，司法实践中存在不同意见。

在本案中，丁某既符合合作投资型受贿，又符合收受干股型受贿。答应送 10% 干股是姚某给丁某作出的个人承诺，公司其他人不知情，丁某未参与任何经营、管理、决策行为，所获得的分红与其持有的股份不具有对应性，分红无计算依据，都是姚某个人决定的。如果仅将干股股金认定为受贿数额，可能会给行受贿双方提供规避法律的机会，因为双方商定的干股份额极小，但分红数额却极为庞大。在此情形下，仅认定干股数额为受贿显然不利于打击犯罪。因此，依据《受贿意见》第 3 条第 2 款，国家工作人员以合作投资的名义收取利润，既没有实际出资，也未参与管理、经营，丁某的行为构成受贿罪，受贿数额为 175 万元。

4. 国家工作人员无出资，但参与管理经营获利的行为分析

在国家工作人员与请托人合作开办公司或进行其他合作投资的情形中，如果国家工作人员没有实际出资，而是由请托人代为出资，并且国家工作人员参与了后续

的经营、管理工作，这种行为在本质上属于受贿行为。对于这种情况在认定国家工作人员的犯罪数额时，务必采取谨慎且科学的方式。应当将请托人为其代为出资额认定为受贿数额。而其通过参与管理经营所获得的经营利润应被认定为受贿行为所产生的孳息。然而，国家工作人员在实际过程中确实参与了经营管理，那么在对孳息的认定上，可以根据具体情况适当扣减其应当获取的合理劳动报酬。这是因为虽然国家工作人员的行为构成了受贿，但考虑到其在经营管理过程中可能确实付出了一定的劳动，为了确保认定的准确性和公正性，在认定孳息时给予一定程度的扣减是合理且必要的。这种认定方式既能够严肃打击党政领导干部的受贿行为，又能在具体认定过程中充分考虑各种实际因素，做到不枉不纵，维护法律的权威性和公正性。①

四、有出资获利型受贿案件的司法认定

【案例一】

党员领导干部甲利用职务之便，为辖区内某矿山公司成功竞得采矿权给予帮助。之后，该公司欲以现金表示感谢，甲因担心现金易暴露而未收受。于是，甲提出投资入股500万元的想法，公司表示同意。随后，甲与乙、丙三人共同筹集500万元投入该公司，其中甲出资100万元，乙、丙各出资200万元，且以乙的名义签订了投资协议，约定共同参与公司管理经营、分享收益、承担风险，并按持股比例分红。公司经营持续盈利，在此期间，三人多次分红共计50万元（未超出公司正常分红比例），甲分得15万元。②

【案例二】

2004年，某县住建局原副局长张某在任县建设委员会副主任期间，与开发商王某某、合肥商人孙某发等人商议共同投资房地产开发项目。他们以某公司名义竞得某县旧城改造土地，竞买中张某向县国土局土地储备中心主任杨某打招呼，使不具备竞拍资格的某公司在杨某关照下凭借某经济适用房公司和王某某出具的证明获得竞拍资格。竞得土地后，张某又向城建局规划科科长刘某某、办证科科长王某华打招呼，顺利办理规划许可证。随后，张某等人签订合伙投资开发协议书，在某县注册成立某公司某分公司，约定首期投资约1000万元，张某以胞弟名义入股。后张某实际投资139万余元后表示无法继续投资，王某某等人因开发需张某关照，决定不再让其投资但仍按20%分红，其他人同意。2008年年底，张某等人收回投资本金后，以门面房作为利润分成，并按20%的比例分到价值650万余元的门面房。之后，

---

① 参见《刑事审判参考》第1490号指导案例。

② 段海龙：《合作投资型受贿与违规从事营利活动之辩》，载《中国纪检监察报》2021年8月18日，第6版。

按实际投资占比 15.51%计算，张某应得利润 504 万余元，获超额利润 146 万余元。

一审法院判决，张某为合作投资人谋取利益，获取明显高于投资比例应得收益的 146 万余元，构成受贿罪，判处有期徒刑 11 年，并处没收个人财产 10 万元。张某上诉后，二审法院认为一审法院关于张某受贿数额的事实认定有误，应扣除张某妻子修建售楼部的 20 万元出资，改判张某有期徒刑 4 年，并处罚金人民币 40 万元，对其违法所得予以追缴。①

在实践中，国家工作人员常出现与他人合作开办公司的情况，若国家工作人员确实进行了真实出资，那么，此行为是违规经商办企业的违纪行为还是借合作之名行权钱交易之实的行受贿行为，需根据具体情形进行具体分析。

（一）有出资获利型受贿案件的认定难点

第一，在行为人有实际出资的情形下，其与他人合作开办公司的行为构成违规经商办企业的违纪行为还是受贿犯罪？

第二，若行为人构成受贿罪，那么，受贿数额应如何进行认定？

（二）有出资获利型受贿案件的解决路径

1. 区分合作投资型受贿和违规经商办企业的界限

国家工作人员违规经商办企业与合作投资型受贿罪在实践中易被混淆，但二者在本质上存在显著差异。可从法益侵害、行为特征和主观故意等方面进行区分：

（1）法益侵害的本质差异

合作投资型受贿罪侵害的是国家法益，具体表现为国家工作人员职务和职务行为的不可交易性。国家工作人员以合作投资为名，行受贿之实，将公权力作为与他人请托利益交易的筹码，以出卖职权或者职务行为为对价而获取他人财物，严重破坏了职务行为的廉洁性和公正性。违规经商办企业主要侵害的是党纪政纪规定的行为规范。虽然这种行为也存在不当之处，但并不涉及利用职务之便为他人谋取特定利益的权钱交易行为。其目的主要是获取经济利益，这种利益的获取通常是基于一定的商业经营活动和市场风险，与特定的职务行为没有直接的因果关系。

（2）行为特征的区别

第一，投资的真实性与合理性不同。合作投资型受贿罪中的投资往往是虚假的或象征性的，缺乏真实的商业投资意图和合理性。国家工作人员在未实际出资或仅进行象征性出资的情况下，却获得高额回报，与正常的商业投资逻辑相悖。回报并非基于正常的市场投资风险与收益关系，而是请托人对国家工作人员职务行为的回

① 参见《刑事审判参考》第 113 辑。

报，是一种明显的利益输送行为。违规经商办企业中的投资通常具有一定的真实性和合理性，国家工作人员确实投入了资金、时间和精力。虽然这种行为违反了党纪政纪规定，但在投资方面具有一定的实际性，经济利益更多是基于商业经营活动本身的成果。

第二，职务行为与经济利益的关联程度不同。在合作投资型受贿中，国家工作人员获得的经济利益与职务行为紧密相连，是职务行为的直接回报。国家工作人员利用职务上的便利为请托人谋取利益，然后以合作投资的名义获取高额回报，这种回报是权钱交易的直接结果。

在违规经商办企业中，经济利益虽然可能与国家工作人员的身份有一定关联，但更多是基于商业经营活动本身的成果，且国家工作人员参与经营管理，经济利益的获取主要是通过正常的商业经营行为，而非利用职务之便为他人谋取利益。可从以下三个方面判断是否属于利用职权进行非法获利：一是在公司实际经营并盈利的情况下，给国家工作人员分配的利润超出其应得收益；二是在公司本身没有实际经营或者盈利的情况下，仍给国家工作人员分配利润；三是在公司未给其他股东分配利润的情况下，只给国家工作人员分配利润。

（3）主观故意的不同

国家工作人员具有明显的受贿故意，即明知他人给予的利益是对其职务行为的回报而予以接受。在合作投资型受贿中，国家工作人员清楚地认识到自己的行为是利用职务之便进行权钱交易，以获取非法利益。违规经商办企业的国家工作人员虽然存在违规行为，但主观上更多是出于商业利益的追求，而非受贿的故意。他们的目的是通过商业经营活动获取经济利益，虽然违反了党纪政纪规定，但并没有利用职务之便为他人谋取特定利益的主观意图。

在案例一中，甲行为属于违纪。从法益侵害角度看，甲主要违反党纪政纪规定，未侵害国家法益中职务和职务行为的不可交易性。其以自有资金出资，投入 100 万元占投资公司总投资的 20%并按此比例分红，经济利益主要源于商业经营活动成果，与特定职务行为无直接因果关系。在行为特征方面，甲投资真实合理，且与其他投资者“共享收益、共担风险”，参与了管理经营行为，符合商业投资逻辑，经济利益通过正常商业经营获得，职务行为与经济利益关联程度低。主观上，甲前期拒收现金贿赂，后续投资出于商业利益追求，并非受贿故意，其行为属国家工作人员违反规定从事营利活动。

在案例二中，张某的行为构成合作投资型受贿犯罪。在法益侵害方面，张某身为县建设局副局长，利用职务便利为项目推进打招呼，以合作投资为名行受贿之实，破坏了职务行为的廉洁性和公正性，侵害了国家法益中职务和职务行为的不可交易性。在行为特征上，张某投资虽有一定实际性但并非完全基于真实商业意图和合理性。张某占少量股份却按约定比例而非实际出资比例分红，与正常商业逻辑相悖，回报是请托人对其职务行为的回报，属于利益输送。同时，张某获得的经济利益与职务行为紧密相连，是权钱交易的直接结果。在主观上，张某清楚自己在利用职务之便进行权钱交易以获取非法利益，具有明显受贿故意，其他股东因看重其职务便利让渡利润，张某的分红款是权钱交易的必然结果，属于“超额获利型受贿”，符合合作投资型受贿犯罪构成要件。

2. 受贿数额的认定

依据《公司法》的相关规定，股东有权按出资比例参与分红，这种基于出资获得的收益具有明确法律依据，充分体现了“谁投资，谁受益”的理念，并非权钱交易的产物。但国家工作人员有实际出资却收取超出出资比例的分红时，超出部分无疑是国家工作人员利用职务之便为合办公司谋利的对价，明确属于权钱交易范畴。这部分超出比例的利润，本质上是公司其他股东为感激国家工作人员利用职务之便为公司带来利益而让渡的红利。在案例二中，国家工作人员实际履行了出资义务，不论其是否亲自参与项目日常经营管理，均可认定其合法投资者身份。在此情况下，其从经营活动中获取的利润在符合出资比例时应被视为正当收益，而非受贿所得。当当事人有实际出资行为时，对于此类情况，可参照交易型受贿的数额认定方式，即受贿数额=实际收益-出资额-出资应得收益。在案例二中，张某未足额投资，但其他股东因依赖其职务帮助而同意其按约定比例分红。由此可见，张某实际获得的分红款中包含了其他股东因感谢其职务帮助而让渡的利润，这并非基于平等自愿的意思自治，而是权钱交易的直接结果。“超额获利型受贿”表明，国家工作人员虽有实际出资行为，但若所获收益显著超出出资比例，或者在取得实际出资比例分红之外还额外获取分红，那么，额外获得的分红数额就应认定为受贿金额。综上所述，张某获取的 146 万余元超额分红为受贿犯罪的犯罪数额。①

① 韩亚栋：《严查以合作投资为名受贿》，载《中国纪检监察报》2024 年 3 月 17 日，第 4 版。

反跨境腐败犯罪域外管辖权的立法比较及经验启示*

梁　田**

一、跨境腐败犯罪域外管辖权比较研究的必要性

（一）完善跨境腐败的域外管辖制度意义重大

在全球化时代，腐败犯罪相关人员、资金、利益可以轻易跨越国（边）境在全世界蔓延，反跨境腐败成为打击腐败犯罪工作的重要议题。所谓跨境腐败犯罪，是指主体、行为或结果具有跨越国（边）境性质的腐败犯罪。值得注意的是，根据《联合国反腐败公约》第21条和第22条对私营部门内腐败的规定，跨境腐败犯罪不仅包括我国《刑法》“分则”第八章规定的贪污贿赂罪等与公职人员相关的腐败行为，也包括经济、金融或商业活动中与私营部门相关的腐败行为。2024年3月中央反腐败协调小组国际追逃追赃和跨境腐败治理工作办公室召开会议，研究部署2024年反腐败国际追逃追赃和跨境腐败治理工作，启动“天网2024”行动，要求“不断深化跨境腐败治理”①。这说明跨境腐败治理仍旧是我国当前反腐败工作的紧要重心，是我国敢于担当负责任大国的使命、勇于践行人类命运共同体理念的重要体现。

为推进跨境腐败治理法治化，学者们提出要“完善反腐败涉外法律，全方位堵

* 本文系作者主持的中央高校基本科研业务费专项资金项目“总体国家安全观视阈下网络犯罪的域外管辖规则研究”（项目编号：2572024BR10）的阶段性成果。

** 梁田，东北林业大学文法学院副教授。

① 新华社：《纵深推进追逃追赃和跨境腐败治理“天网2024”行动正式启动》，载中国政府网，https：//www.gov.cn/yaowen/liebiao/202403/content_6940222.htm，浏览时间：2024年9月2日。

塞制度漏洞”[①]。党的二十届三中全会更是作出了“出台反跨境腐败法”的明确要求[②]，域外管辖权的制度构建正是其中的基础环节。换言之，跨境腐败犯罪规制中域外管辖权的完善是根基性的制度性突破，对跨境腐败治理成效的切实提高有重大意义。例如，我国较为典型的跨境腐败行为，包括中国公职人员贪污受贿后妨害国（边）境管理逃往域外或通过涉腐洗钱行为将资产向域外转移，中国人向外国公职人员、国际公共组织官员行贿，中国公职人员或派驻机构人员在域外实施贪污受贿行为，行为人采用跨国贿赂手段，中国海外企业违法经营等，对其进行规制的合法性和正当性来源都难以限制在绝对的领土管辖即域内管辖之内。经济合作与发展组织《关于打击国际商业交易中贿赂外国公职人员行为的公约》第19条中指出，管辖权和其他基本法律原则是各主体进行共享信息、提供证据、引渡等司法合作的依据。[③] 进而言之，打击跨境腐败犯罪的路径之中，无论是我国反腐败范围和国际公约的接轨，还是反腐败国际合作的推进，其正当性都来源于实体性法律基础，即域外管辖权的相关规定。事实上，国（边）境的存在不但难以阻挡腐败犯罪行为和结果的发生，反而为腐败犯罪规制带来了难题，而域外管辖权问题正是突破这一藩篱的一大关键。

在打击跨境犯罪对完善域外管辖权制度的整体呼唤中，跨境腐败犯罪的需求具有特殊性。首先，跨境腐败犯罪的法益侵害程度更为严重。一方面，跨境腐败犯罪在严重侵犯职务行为的廉洁性、不可收买性、公正性[④]的同时，也对我国的国际形象和法律威信产生负面影响，同时威胁国家经济安全，尤其是危害我国急速扩张的海外利益，阻碍“一带一路”倡议的推进。其次，对跨境腐败犯罪进行域外管辖的难度更大。一是因为跨境腐败的规制中除经济因素外还涉及深刻的政治因素；二是其中包含的行为手段多样且具有隐蔽性，如通过子公司或专业的中介、注册离岸公司等[⑤]实施腐败行为，使得案件的侦查和取证都较为困难。最后，纵观世界各国在域外管辖方面的立法进程，贪污腐败领域的域外管辖权立法始终处于先锋地位，美英等国纷纷以海外腐败作为突破口向外扩张管辖权，对我国具有借鉴意义。

总而言之，完善针对跨境腐败犯罪域外管辖权相关立法，是为治理跨境腐败构筑关键保障，更是我国刑事管辖权理论的发展乃至法域外适用推进的重要路径，也是促进我国涉外法治建设的有力抓手。

---

① 陈磊：《织紧织密反腐败涉外“法”网》，载《法治日报》2022年3月9日，第004版。

② 吴建雄：《依法推进跨境腐败治理》，载《学习时报》2024年9月25日，第003版。

③ OECD：Recommendation of the Council for Further Combating Bribery of Foreign Public Officials in International Business Transactions ［EB/OL］. https：//legalinstruments. oecd. org/en/instruments/OECD-LEGAL-0378，2022-06-10.

④ 张明楷：《刑法学》（第六版），法律出版社2021年版，第1554页。

⑤ 参见石玉英：《反海外腐败国家立法研究》，湖南大学2019年博士学位论文。

（二）我国跨境腐败的域外管辖制度尚有不足

域外管辖权，是指根据主权国家立法确定的法律责任的空间维度向域外方向的扩张，和法在空间上的域外适用互为表里、相辅相成。刑法的域外管辖权并不是一种独立的管辖权类别，而是主权国家行使属地管辖、属人管辖、保护管辖和普遍管辖这四种刑事管辖权的具体方式。[①] 域外之“域”非是法域，而是在空间上指代《刑法》第6条“属地管辖权”规定中的“领域”，亦即“管辖领域”，是指包括我国领土以及我国毗连区、专属经济区、大陆架等海域在内的领域。[②] 有学者将域外管辖分为域外立法管辖、域外司法管辖和域外执法管辖，粗略与立法权、司法权和行政权这三种国家基本权力相对应。[③] 综合各国实践，这三种权力在跨境腐败犯罪治理中都呈现出积极扩张的态势，其中通过具有域外效力的立法实现刑事管辖权的确定是基础。跨境腐败犯罪中域外管辖的“域外”，既是指腐败犯罪整体事实的性质，即腐败犯罪行为或结果的一部分发生在域外，也是指动态的管辖过程的运行范围，如域外调查取证、完成引渡等，在立法管辖中“域外”更聚焦前者。跨境腐败犯罪中域外管辖范围的厘清需要借助域内管辖的定义。域内管辖是与域外管辖相对应的概念，当被管辖的整体腐败行为和结果或全部涉腐法律关系都位于本国领土之上，那么此时管辖的地域范围与领土边界完全一致，这种管辖便是域内管辖，一种绝对排他的、纯粹意义上的领土管辖。而“域外管辖”可被理解为“超出‘域内管辖’的管辖”[④]，因此，反跨境腐败中超出域内管辖的部分，便是域外管辖的范围。由于跨境腐败犯罪的跨境性，对其进行的管辖绝大部分属于域外管辖，其中既包括主客观领土管辖，也包括完全的域外管辖。由于域内管辖极少发生并且争议不大，所以不作为本文研究的重点。

目前，我国对跨境腐败行使域外管辖权的效力依据主要包括《刑法》“总则”中第6条至第9条中关于属地管辖权、属人管辖权、保护管辖权、普遍管辖权等规定和“分则”中的涉腐犯罪，如破坏金融管理秩序罪中的部分个罪、贪污贿赂罪等。通过对以上条文的梳理研究，可以发现我国当前跨境腐败域外管辖权立法中存在以下问题：

首先，立法形式单一，缺乏针对性规定。我国反跨境腐败域外管辖的现行立法

---

① 参见廖诗评：《国内法域外适用及其应对——以美国法域外适用措施为例》，载《环球法律评论》2019年第3期。

② 张明楷：《刑法学（上）》，法律出版社2016年版，第69页。

③ 宋晓：《域外管辖的体系构造：立法管辖与司法管辖之界分》，载《法学研究》2021年第3期。

④ 参见吴培琦：《何为“域外管辖”：溯源、正名与理论调适》，载《南大法学》2022年第1期。

主要通过《刑法》和行政法规实现，缺乏专门的反跨境腐败法来全面规制域外管辖的具体情形。尽管《刑法》第 6 条至第 9 条的规定涉及属地管辖权、属人管辖权、保护管辖权及普遍管辖权，但对跨境腐败案件的具体管辖操作、程序性保障仍缺乏细化规定。这导致在实际司法操作中，涉腐案件域外管辖的适用标准不够明确，形成法律适用上的空白。相比之下，美国《反海外腐败法》和英国《2010 反贿赂法案》等立法通过专门法案确立了具体的域外管辖标准，赋予执法机构充分权力进行国际合作与调查取证，避免了立法上的模糊性和操作中的不确定性。① 因此，我国亟须更加全面且具有针对性的法律形式，以填补反腐败法律中的漏洞。

其次，我国法律对跨境腐败中的单位犯罪涉及较少，尤其在单位行贿、贿赂外国公职人员等方面，法律的适用存在较大空缺。由于跨境腐败往往涉及企业通过境外子公司、离岸公司或其他法律实体实施复杂操作，实际操作中对单位的责任认定难度较大，导致许多公司通过设立境外机构规避法律责任。而美国和英国的立法则明确对法人主体进行域外管辖，特别是对企业腐败的责任和惩罚措施，使得跨境腐败治理中的企业合规制度得以更好落实。② 因此，我国未来的立法需要加强对单位犯罪的规制，特别是在属人管辖和保护管辖上强化域外管辖的适用，从而有效预防和惩治单位犯罪，避免企业通过境外结构逃避法律责任。

再次，国际司法协作的制度保障不完善。跨境腐败案件的特点决定了我国在行使域外管辖权时必须依赖国际合作，包括执法合作、信息交换、引渡以及跨境证据的调取等。然而，我国在相关制度建设上尚不完备，尤其是在信息共享、跨境证据收集等方面缺乏具体的法律依据，限制了跨境腐败打击的有效性。例如，在《联合国反腐败公约》和经济合作与发展组织（OECD）的国际合作框架下，各成员国在司法协助、信息共享方面有严格的程序性要求，而我国在这些方面的合作机制和制度支持仍然不足。因此，有必要通过立法完善国际合作的程序和保障机制，赋予司法部门跨境协作的法定依据，提高跨境腐败案件处理的效率和规范性。

最后，缺乏对管辖权冲突的明确处理机制。对于跨境腐败案件，多个国家的法律可能会同时适用，这使得冲突和重复管辖成为普遍现象。现行法律仅在个别条文中提及“互惠”原则，但在处理管辖权冲突时缺乏具体的应对机制，导致司法合作过程中出现实际困难。而其他国家的立法实践，如美国《反海外腐败法》设立的豁

① 参见冉刚：《司法实践视角下的跨国商业贿赂域外管辖——兼论我国域外管辖制度的完善》，载《国际法研究》2020 年第 6 期。

② 参见宋伟、周磊：《反海外腐败的法律与制度：国际比较与中国方案》，载《行政管理改革》2020 年第 1 期。

免条款和双重追诉规则，有助于在跨境腐败案件中解决管辖权冲突问题。[①]《联合国反腐败公约》等国际条约对于管辖权冲突的情形也有相关规定。我国可以借鉴这些成熟的国际经验，通过引入管辖权冲突解决的机制，在坚持主权的前提下增强与他国司法系统的协同性。

（三）立足国情进行国际比较和借鉴必不可少

在反跨境腐败的法律建设中，我国应当重视国际经验的借鉴，特别是《联合国反腐败公约》等国际条约和美国、英国等典型国家的法律制度，这些经验对完善我国域外管辖制度具有现实意义。

当前《联合国反腐败公约》、经济与合作发展组织《关于打击国际商业交易中贿赂外国公职人员行为的公约》、《欧盟 1999 年反腐败刑法公约》、《欧盟 2003 年私营领域反腐框架决定》、《美洲 1996 年反腐败公约》等国际公约已经有很多，可以为我国反跨境腐败方面的域外管辖规范完善提供借鉴。例如，《联合国反腐败公约》作为首个全球反腐败领域的多边国际条约，在跨境腐败的预防、调查、起诉及跨境资产的返还等方面为我国提供了全面的指导框架。《联合国反腐败公约》不仅要求缔约国立法对跨境腐败行为实施刑事追责，还在管辖权、国际合作等方面提供了多项指引。《联合国反腐败公约》第 42 条规定了属地管辖、属人管辖及普遍管辖的适用情形，要求各国通过立法明确相关管辖权，以利于各国间的引渡和司法合作。对我国而言，《联合国反腐败公约》的相关规定能够为立法提供直接的参考，避免闭门造车，保障我国反腐败立法能够在国际层面获得更广泛的认同。

就他国立法而言，美国的《反海外腐败法》和英国的《2010 反贿赂法案》等在跨境腐败领域的域外管辖权方面有显著的创新。这些法律不仅明确规定了属地管辖、属人管辖的条件，还通过设立境外调查权等措施保障了域外管辖的实际操作。例如，美国的《反海外腐败法》规定了对在境外向外国公职人员行贿的美国企业和个人进行追责，即便行为发生在美国境外，美国法院也具有管辖权；英国的《2010 反贿赂法案》则进一步提出“企业合规责任”原则，要求在英国有业务的所有企业必须采取有效的内部措施防止行贿行为的发生，否则企业可能面临高额罚款和刑事责任。这种“合规防范”理念对我国的立法极具借鉴意义，有助于在打击跨境腐败的同时促使企业建立完善的防范机制，避免事后追责的局限性。

在构建我国反跨境腐败的域外管辖体系时，需要在我国国情的基础上结合国际法治的经验和标准，避免“水土不服”现象的出现。尤其在反腐败的域外管辖中，域外执法的规范性和透明度至关重要，遵循国际惯例既能提升我国法律的执行力，

---

① 参见陈宇：《从 Petrobras 案看美国〈反海外腐败法〉的域外管辖问题》，载《河北法学》2020 年第 5 期。

也能减少国际社会对我国域外管辖的疑虑。同时，学习借鉴国际条约和他国经验，不仅能保证我国立法与国际法治体系的接轨，还能在全球反腐败合作中展现我国的法律治理能力。[①] 因此，我国在制定反跨境腐败法律制度时，应注重对国外立法的合理吸收，避免简单复制或完全独立设定规则，以实现最佳的法律效果。

总之，通过系统的国际比较和经验借鉴，我国可以在国际法治秩序的基础上进一步完善自身的反跨境腐败制度，打造符合我国实际情况的域外管辖体系，推动我国法治建设向更加规范化和国际化的方向发展。

二、规制跨境腐败犯罪域外管辖权的国际比较

在全球反腐败合作背景下，很多国家和国际组织都对腐败犯罪制定了相应的管辖规则，其中尤以属地管辖、属人管辖和保护管辖为基础。下文将从国际组织和主要国家的相关立法入手，对各主体如何规定跨境腐败行为的域外管辖权进行剖析。

（一）属地管辖：基于行为或结果在本国发生的管辖方式

属地管辖作为国家司法管辖的基本形式，是各国在应对跨境腐败犯罪中的重要手段，旨在对本国境内发生的腐败行为或其结果予以法律追责。为有效遏制跨境腐败，国际组织和主要国家的立法都明确了属地管辖的范围和适用条件。

1. 国际组织对属地管辖的立法框架

国际组织在属地管辖上的规定主要基于“行为发生地”原则，强调国家对在其领土内发生的腐败行为拥有优先管辖权。通过制定反腐败公约，国际组织为属地管辖的普遍适用奠定了法律基础。

《联合国反腐败公约》第 42 条第 1 款指出，缔约国应在腐败犯罪行为发生在本国领土内或悬挂本国国旗的船只、航空器内时，确立属地管辖权。这一规定不仅凸显了属地管辖作为国家主权的重要性，还推动缔约国在处理跨境腐败案件时确保本国司法管辖的合法性和有效性。联合国在制定该条款时意图在维护各国主权的前提下鼓励国际合作，特别是针对腐败行为频发的跨境领域，赋予各国对本国领域内的腐败行为进行直接管辖的权力。

经济与合作发展组织《关于打击国际商业交易中贿赂外国公职人员行为的公约》进一步明确了属地管辖的适用条件，要求缔约国对在本国境内部分或全部发生的贿赂行为行使管辖权。[②] 经济合作与发展组织的立法要求更加强调跨国企业的责

---

① 参见陈禹衡、尹航：《预防商业机构贿赂失职罪的中国化进路——基于英国〈反贿赂法〉的分析》，载《廉政文化研究》2021 年第 5 期。

② 参见经济与合作发展组织《关于打击国际商业交易中贿赂外国公职人员行为的公约》第 4 条第 1 款。

任，意在通过属地管辖对跨国商业活动进行有效监督，打击其在成员国间的跨境行贿行为。经济合作与发展组织的属地管辖规定不仅要求缔约国确保腐败行为在境内无处遁形，还强调了在反腐败领域中的协作必要性，以减少司法资源浪费。

回溯前源，1999 年的《欧盟反腐败刑法公约》旨在强化成员国对属地管辖的义务。该公约第 17 条第 1 款 a 项要求各成员国对在其领土内发生的腐败行为进行追诉，意在建立一个欧盟范围内的反腐败法律框架。欧盟的属地管辖政策主要基于内部一体化和执法统一性的需求，通过成员国司法合作减少腐败行为在欧盟内的流动性。

2. 典型国家在属地管辖上的立法实践

在国际公约的基础上，多个国家在属地管辖上进行了扩展，以适应全球化下跨境腐败行为的复杂性。以美国、英国和加拿大为代表的典型国家在属地管辖上拓展了适用范围，以确保跨境腐败行为在本国领域内得以有效遏制。

美国的《反海外腐败法》是属地管辖的重要立法范例。美国《反海外腐败法》规定，凡是涉及美国企业或个人的贿赂行为，若行为的任何一部分发生在美国境内，美国法院即可依据《反海外腐败法》进行追诉。值得注意的是，美国《反海外腐败法》还引入了“跨国商业工具”条款，规定凡是通过美国金融系统或通信工具实施的腐败行为，即便行为主体在境外，美国法院也具备属地管辖权。[①] 这种对属地管辖的灵活扩展，使得美国在打击跨境腐败时具有极强的执法能力，有效震慑了依赖全球化便利条件的腐败行为。

英国的《2010 反贿赂法案》也体现出广泛的属地管辖适用。英国《2010 反贿赂法案》第 12 条第 1 款、第 5 款、第 6 款规定，若腐败行为的任一部分在英国境内发生，英国法院即可对行为人追责。英国在属地管辖上的立法理念强调腐败行为的跨国性特点，对行为发生地的定义相对宽泛，目的在于堵塞跨国贿赂行为的法律漏洞。此规定允许英国对在本国境内的跨国企业和外国人行使属地管辖，通过扩大法律覆盖范围，保障本国商业市场的公正性与透明性。

加拿大的《反外国公职人员腐败法》则强调属地管辖中的行为或结果发生地的作用。加拿大法律规定，只要腐败行为的一部分发生在加拿大境内，无论行为主体是否为加拿大人，加拿大法院即可启动属地管辖。[②] 这种对属地管辖的严格适用，使加拿大在跨境腐败案件中具有较强的主动权，同时也表明加拿大在全球反腐败合作中的立场。通过广泛适用属地管辖，加拿大有效保障了其在国际市场的竞争力，有助于避免境外腐败行为对本国市场的负面影响。

---

① 参见肖扬宇:《美国〈反海外腐败法〉的新动向及我国国内法表述》2020 年第 2 期。

② 参见加拿大《反外国公职人员犯罪法（2017 年修订）》第 5 条第 1 款。

3. 反跨境腐败域外立法中属地管辖权的特点

通过比较上述国际组织和各国的属地管辖立法实践，可以看出反跨境腐败域外管辖权的立法中存在下列特点：

首先，各国和国际组织均强调属地管辖作为打击跨境腐败的基础。无论是《联合国反腐败公约》还是经济与合作发展组织《关于打击国际商业交易中贿赂外国公职人员行为的公约》，均将属地管辖作为确保腐败犯罪打击有效性的核心，要求缔约国确立对于发生在本国域内的腐败行为的管辖权。这一普遍适用的法律框架增强了国际合作的力度，有助于促进各国在腐败犯罪治理上的协同合作。

其次，典型国家的立法显示出对属地管辖适用范围的延展和细化。美国通过《反海外腐败法》引入跨国商业工具概念，将属地管辖延伸至通过本国通信工具和金融系统进行的腐败行为，从而强化了对境外腐败行为的法律威慑力。英国和加拿大同样在其法律中赋予属地管辖更广泛的适用，确保只要腐败行为涉及本国境内，即可行使司法权。此类属地管辖的延展有效打击了依赖跨国交易的腐败行为，有助于在全球化背景下遏制腐败犯罪的流动性。

最后，属地管辖的广泛适用带来了新的管辖冲突。多个国家在属地管辖中将本国企业和金融系统纳入管辖范围，容易产生管辖权重叠。各国在属地管辖的适用上不仅要考虑国家主权，还需在国际司法协作中保持平衡，以减少跨国案件中的法律摩擦。这种属地管辖的立法经验为全球反腐败合作提供了有益的参考，也为我国在应对跨境腐败时进一步完善属地管辖提供了重要借鉴。

（二）属人管辖：以犯罪者国籍为依据的跨境反腐权力

属人管辖是跨境腐败案件中重要的管辖依据，基于与行为主体（自然人或单位）之间的管辖，赋予国家对本国公民或企业在境外腐败犯罪进行追诉的权力。这一管辖权的设定有助于弥补属地管辖的不足，也在一定程度上扩大了国家反腐败的影响力。

1. 国际组织对属人管辖的立法框架

国际组织在属人管辖上的规定主要针对行为人的国籍属性，通过相关条款引导缔约国在跨国腐败案件中对本国国民的行为进行监管。

《联合国反腐败公约》第 42 条第 2 款第 2 项明确指出，当腐败犯罪行为由该国国民或在其领域内有惯常居所的无国籍人实施时，缔约国应在合理情况下确立属人管辖。这一规定确保了缔约国对其国民在境外的腐败行为具有追诉权，体现了属人管辖作为补充性管辖权的作用。《联合国反腐败公约》为缔约国在反腐败中的司法覆盖提供了清晰的标准和依据。特别是在商业活动频繁的跨境交易中，属人管辖使得国家能够在行为人离境后仍对其进行追责，从而增强了对腐败犯罪的威慑效果。

经济与合作发展组织《关于打击国际商业交易中贿赂外国公职人员行为的公约》同样要求缔约国在条件允许时对本国国民的境外腐败行为行使属人管辖。[①] 这一条款强调了国家在本国公民境外腐败案件中的司法责任，要求缔约国采取措施防止国民通过境外操作逃避法律责任。经济与合作发展组织《关于打击国际商业交易中贿赂外国公职人员行为的公约》的属人管辖规定防止了跨国公司通过在国外设立分支机构实施腐败行为，其中还强调了对跨国企业行为人的责任追究，以减少腐败犯罪的发生。[②] 这些国际组织的规定为各国在打击跨国腐败时提供了法律依据，推动各国政府在属人管辖上进行立法，尤其关注单位犯罪的管辖应用，以实现对跨国腐败的有效制约。

2. 典型国家在属人管辖中的立法实践

各国立法在属人管辖上的具体实施通常以犯罪人国籍或行为与国家的密切联系为依据，尤其是对企业的属人管辖适用，构建起较为完善的反腐败法律框架。

美国《反海外腐败法》是反跨境腐败中属人管辖权寻求扩张的典型案例。美国《反海外腐败法》规定美国对本国公民和企业在境外的行为具有管辖权，即无论腐败行为是否发生在美国境内，只要涉及美国公民或企业，美国法院即可根据《反海外腐败法》进行追责。这一法律不仅对自然人设立属人管辖，还明确规定了对跨国企业的属人管辖适用。特别是，《反海外腐败法》规定美国公司在境外的子公司或关联企业如涉及贿赂行为，母公司可在属人管辖范围内被追究责任。这一规定使得美国公司不能通过在境外的子公司逃避法律责任，为打击跨国企业的贿赂行为提供了有力的法律支持。

此外，美国还通过属人管辖扩展了对企业合规的要求。《反海外腐败法》要求美国公司在境外经营时需遵循合规原则，若企业管理层未采取必要的合规措施防止贿赂行为，母公司也可能面临属人管辖下的处罚。通过对企业合规的属人管辖约束，美国在跨国企业治理上取得了显著成效，使得跨国企业在进入美国市场时不得不采取严格的内部控制措施，以防止发生贿赂行为。

英国的《2010 反贿赂法案》在属人管辖的相关条文中规定了英国法院对英国公民或具有“密切联系”的行为人实施的境外贿赂行为具有管辖权。这一“密切联系”（a close connection）概念是英国属人管辖的一大特色，涵盖了英国公民、英国海外领土公民。英国海外领土国民，是指根据 1981 年《英国国籍法》成为英国公民的人。英国《2010 反贿赂法案》所指的人包括受英国保护的人、英国常住国民、

---

① 参见经济与合作发展组织《关于打击国际商业交易中贿赂外国公职人员行为的公约》第 4 条第 2 款。

② 参见经济与合作发展组织《关于打击国际商业交易中贿赂外国公职人员行为的公约》第 26 条。

根据英国任何地方的法律成立的机构、与苏格兰有伙伴关系的人。[①] 根据《2010 反贿赂法案》的规定，和英国具有"密切联系"的所有自然人和法人主体，无论其腐败行为发生在何地，都可在属人管辖下受到英国法律的追诉，这种扩张型属人管辖为英国打击跨境贿赂行为提供了强大的法律支持。此外，《2010 反贿赂法案》特别规定，企业如在海外贿赂行为中存在合规失职，即未采取有效措施防止贿赂行为的发生，也将受到属人管辖下的追责。[②] 这种对企业合规失职的惩处机制不仅提升了企业合规的责任意识，也有效防止了跨国企业利用境外子公司进行腐败活动。英国在反跨境腐败中的属人管辖规定在一定程度上对跨国企业形成了法律震慑，为企业在全球经营设立了严格的法律标准，使企业在境外活动中依然需要遵守本国的法律规范。

加拿大的《反外国公职人员腐败法》对属人管辖的规定也较为全面，只要贿赂行为的行为人是加拿大的公民或永久居民，即便犯罪行为发生在境外，加拿大法院亦可行使管辖权。[③] 此外，加拿大对企业犯罪同样适用属人管辖，要求根据加拿大或某个省的法律成立、组建或以其他方式组织的公共机构、企业、商号或合伙企业在境外活动中遵守加拿大的反腐败法规。[④] 这一属人管辖模式可以对本国企业形成约束，减少加拿大企业在国际市场中参与腐败行为的可能性。

3. 反跨境腐败域外立法中属人管辖权的特点

首先，国际组织通过公约形式为属人管辖提供了基本框架，各缔约国在此基础上逐步扩展属人管辖的适用范围，特别是在企业和单位犯罪中的属人管辖。在国际公约中，属人管辖一般作为属地管辖的补充性机制，保障了国家在跨境腐败案件中的司法覆盖率，避免行为人利用国籍间的差异逃避法律追责。

其次，各国在属人管辖上针对单位犯罪作出了广泛规定。美国《反海外腐败法》明确了对美国企业及其境外子公司的属人管辖，要求企业对其员工的贿赂行为承担责任，并采取合规措施防止腐败行为。英国则通过"密切联系"原则将属人管辖扩展至几乎所有和英国有联系的人在英国设立的企业，即便腐败行为发生在境外，只要涉及在英注册的企业或个人，英国法院均可行使属人管辖，同时防止跨国企业利用分支机构进行规避。加拿大的属人管辖则广泛适用于加拿大公民、居民和法人，单位的腐败行为也处于加拿大的司法管辖之下。

最后，属人管辖的扩展带来一定的管辖权冲突。在国际间，随着各国在属人管

① 参见英国《2010 反贿赂法案》第 12 条第 4 款。

② 参见宋伟、周磊：《反海外腐败的法律与制度：国际比较与中国方案》，载《行政管理改革》2020 年第 1 期。

③ 参见加拿大《反外国公职人员犯罪法（2017 年修订）》第 5 条第 1 款第 a、b 项。

④ 参见加拿大《反外国公职人员犯罪法（2017 年修订）》第 5 条第 1 款第 c 项。

辖中的管辖标准不断扩展，当多国对同一腐败行为实施属人管辖时，会导致管辖权的冲突。这种司法适用上的冲突亟须通过国际协作来解决，尤其是在跨国企业和公民涉及多个国籍的情况下，更需加强司法协商，以减少执法资源浪费。

总体而言，属人管辖的立法实践增强了各国反腐败体系的有效性，尤其在打击跨国企业犯罪和追责本国公民时发挥了显著作用。各国在属人管辖上形成的立法特色，不仅为我国完善属人管辖提供了有益参考，也为跨境腐败案件中司法资源的有效配置提供了新思路。

(三) 保护管辖：保障国家利益的域外法理适用

保护管辖作为国家在反腐败领域的重要管辖依据，旨在应对那些虽未在本国境内发生但却直接威胁国家重大利益的境外腐败行为。通过保护管辖，各国能够通过司法权防止本国安全、经济利益等核心利益遭受境外腐败行为的侵害。

1. 国际组织对保护管辖的立法框架

国际组织在反腐败立法中一般承认保护管辖的重要性，鼓励各国在国家利益受到境外腐败犯罪威胁时行使管辖权。保护管辖在国际法上的确立是基于国家主权和安全原则，使国家得以在特殊情况下行使超越领土的司法权。①

《联合国反腐败公约》第42条第2款第1、4项规定，在不违背第4条“保护主权”规定的前提下，缔约国可以确立对针对该缔约国国民或针对该缔约国的犯罪的管辖权。这一条款赋予各国在腐败行为损害其国民或国家利益时的司法权，支持国家在特定的情形下对境外腐败犯罪追究法律责任。联合国在设立该条款时旨在防止腐败犯罪的跨境外溢，特别是考虑到腐败行为可能造成的经济损害、公职信誉受损等多重威胁。保护管辖的赋权不仅弥补了属地管辖和属人管辖的不足，同时也使国家在应对复杂的跨境腐败案件时能够拥有较为灵活的法律依据。

此外，经济与合作发展组织《关于打击国际商业交易中贿赂外国公职人员行为的公约》第4条、欧盟《反腐败刑法公约》第17条和欧盟《2003年打击私营部分腐败框架决定》第7条等关于管辖权的条文中并没有关于保护管辖的规定。

2. 典型国家在保护管辖中的立法实践

保护管辖在各国反腐败立法中逐渐成为一种重要补充，尤其是在腐败行为危害国家经济利益、企业竞争力等领域时尤为适用。美国等国家通过保护管辖的立法，增强了反腐败的司法覆盖面，提高了国家在面对跨境腐败威胁时的法律防线。美国《反海外腐败法》是保护管辖的重要应用实例。美国《反海外腐败法》不仅适用于美国公民和公司在境外的腐败行为，还在保护管辖下规定，当腐败行为严重威胁美

① 参见陈忠林：《我国刑法中保护原则的理解、适用与立法完善——〈刑法〉第8条的法理解释》，载《现代法学》2004年第2期。

国经济利益或对国家安全产生负面影响时，美国法院可以对行为人进行追诉。这种保护管辖的适用方式主要针对外国公司或个人的行为，尤其是可能对美国市场和企业竞争力造成影响的贿赂行为。[①] 通过保护管辖，美国不仅在反腐败执法上具备更高的灵活性，同时也对其他国家的跨国企业形成了较大的法律威慑，使其在涉美业务中严格遵守反腐败法规，以防止触发保护管辖权。

3. 反跨境腐败域外立法中保护管辖权的特点

首先，保护管辖的立法本质在于防范国家重大利益的境外侵害。国际组织的相关公约，如《联合国反腐败公约》，为各国行使保护管辖提供了法律依据和国际支持，确保在跨国腐败对国家经济安全或公共利益产生威胁时，国家可以正当行使法律追诉。这种基于主权和安全的保护管辖确保了国家在应对跨国腐败犯罪时有充分的司法依据。

其次，各国保护管辖的适用范围通常聚焦于对国家经济利益的保护。美国通过《反海外腐败法》确立的保护管辖不仅覆盖腐败犯罪的直接危害，也涵盖那些对国家竞争力和市场秩序产生不良影响的行为。这种以经济利益保护为核心的管辖权扩展，使国家在应对跨境腐败行为时具备了更广泛的法律依据。

最后，保护管辖在反腐败领域的广泛应用有助于弥补属地管辖和属人管辖的不足。属地管辖和属人管辖的局限性在于，它们分别依赖行为发生地或行为人的国籍属性，但在跨境腐败案件中，行为人往往利用这一点逃避法律追责。保护管辖的确立使国家能够在行为地和行为人不在本国时，仍对威胁国家利益的腐败行为进行管控，有效填补了属地管辖和属人管辖的空白。

综上所述，保护管辖在各国反腐败立法中的适用扩展了国家打击跨境腐败的法律边界。保护管辖的立法经验表明，通过赋予国家在境外行使司法权的权力，国家可以在保护自身经济利益和安全利益的同时有效应对腐败犯罪的跨国性特征。

（四）管辖权冲突的解决：国际协作机制与司法冲突协调

管辖权冲突在跨境腐败犯罪的追诉中较为常见，当多个国家根据属地管辖、属人管辖或保护管辖原则对同一腐败行为行使管辖权时，容易产生司法适用上的重叠。为确保案件顺利处理、减少重复审理带来的资源浪费，国际社会和各国普遍通过多边协作、信息共享和司法协调机制来化解管辖权冲突。

1. 国际组织对管辖权冲突的协调机制

国际组织在反腐败合作框架中提出了诸多解决管辖权冲突的原则，旨在为缔约国提供具体的司法协作框架，多边协作和磋商机制在其中扮演了重要角色。

---

① 参见童嘉嘉：《美国〈反海外腐败法〉域外管辖扩张及中国的法律应对》，载《东南大学学报（哲学社会科学版）》2020年第5期。

《联合国反腐败公约》规定，当多国对同一腐败行为行使管辖时，“这些缔约国的主管机关应当酌情相互磋商，以便协调行动”①。这一规定体现了《联合国反腐败公约》对管辖权协调的重视，要求缔约国在主权原则下灵活处理管辖冲突。《联合国反腐败公约》还强调了各国在管辖冲突中的沟通义务，使司法协作在跨境腐败案件中能够发挥积极作用。这一条款的设立意在通过磋商减少司法资源的浪费，确保案件在唯一或主要管辖国进行审理，以提高处理效率和司法公正性。

经济合作与发展组织《关于打击国际商业交易中贿赂外国公职人员行为的公约》提倡缔约国在贿赂案件中进行司法合作，规定当发生管辖权冲突时，“应由一国提出请求，当事的各缔约方协商确定最适切的司法起诉管辖权限”②。此公约鼓励缔约国通过信息共享、共同调查等方式减少管辖冲突带来的负面影响。另外，经济合作与发展组织《关于打击国际商业交易中贿赂外国公职人员行为的公约》第19条建议各成员国在办理具体案件的整个过程中应当自发或应请求地与成员国或非成员国加强协商和合作，在适当情况下，可考虑成立联合或平行调查组。

欧盟《反腐败刑法公约》也强调了管辖权冲突的协调，特别是在欧盟成员国之间的腐败案件中，要求各成员国在管辖冲突时通过共同协议或互助调查的方式解决冲突。欧盟的这一协作模式使各成员国能够在处理跨境腐败案件时通过信息共享和联合调查提高执法效率，特别是通过建立欧洲公共检察院进一步确保跨国案件的统一管辖。虽然这一机制尚未完全建成，但构想为成员国提供一个超国家的司法协调平台，在应对跨境腐败案件时能够减少国家间的司法冲突，提升案件审理的公正性和协同性。

2. 典型国家在解决管辖权冲突中的实践

在国际组织的多边合作框架下，典型国家在处理管辖权冲突中进一步发展了多层次的司法协作机制，通过引渡、共同调查以及司法信息共享等方式来化解跨境腐败案件中的管辖冲突。

美国在管辖权冲突中广泛采用引渡和协作机制。根据《反海外腐败法》，美国对涉及跨国企业或外国公民的腐败案件，在可能与其他国家管辖冲突的情况下，通过司法协商决定案件的主要管辖方。《反海外腐败法》还通过与其他国家的双边引渡条约和司法协作框架，使得管辖权在确定时得到有效协调。例如，美国与许多国家签订了司法协助协定，在处理跨国腐败案件时通过共享证据和协商管辖权优先次序，确保案件处理的连续性和高效性。这些协作机制确保美国能够与他国有效化解管辖冲突，减少重复追诉给司法资源带来的浪费。在复杂的跨国案件中，美国司法

---

① 参见《联合国反腐败公约》第42条第2款第5项。

② 参见经济与合作发展组织《关于打击国际商业交易中贿赂外国公职人员行为的公约》第4条第3款。

部和证券交易委员会还经常通过共享证据和信息的方式与外国执法机构合作，共同调查跨国腐败行为。这种共同调查的模式不仅增强了美国在跨国案件中的执行力，也在实际操作中减少了其他国家对同一案件的重复起诉，从而减少了跨境案件的管辖冲突。

英国在解决管辖冲突中广泛运用多边协作和信息共享机制。为减少跨国案件中的管辖权冲突，英国在执法过程中依托多个国际合作平台，如欧洲刑警组织和国际刑警组织，通过协商和联合调查的方式进行管辖协调。英国的《引渡法》是减少管辖权冲突的重要工具，特别是在跨国企业或大型金融机构的贿赂案件中，英国司法部通过与其他国家的引渡协议和协作机制，避免了同一行为在多个国家被重复起诉。

加拿大在跨境腐败案件的管辖权冲突中也采取了协调机制，通过司法协助协定和信息共享来化解司法冲突。加拿大《反外国公职人员腐败法》对腐败行为的跨境追诉范围较为广泛，这可能导致与他国的管辖权冲突。为减少管辖冲突，加拿大在处理此类案件时，通常通过与案件关联国家的协商来确定主要管辖国。此外，加拿大还与多个国家签署了双边司法协助协定，以便在跨境腐败案件中通过证据交换、信息共享等方式加强合作，减少管辖权的冲突。

3. 反跨境腐败域外立法中冲突协调机制的特点

首先，国际组织在多边协作框架中确立了管辖权协调的基本原则。无论是《联合国反腐败公约》还是经济与合作发展组织《关于打击国际商业交易中贿赂外国公职人员行为的公约》，均鼓励缔约国通过“协商解决”机制来化解管辖冲突。这些框架通过多边协作和双边协定的方式，提升了腐败案件处理的连续性和高效性，减少了司法资源的浪费。

其次，各国在管辖冲突中的协作机制体现了实际操作的灵活性。美国通过《反海外腐败法》与其他国家协商管辖权次序，确保案件能够在主要管辖国审理；英国的《引渡法》为减少管辖权冲突提供了明确的法律依据；加拿大的双边司法协助协定则为跨境腐败案件的处理建立了坚实的合作基础。这种国家间的协作机制不仅保障了腐败案件的公正处理，也确保了在多国管辖权冲突的情况下提升执法效率。

最后，管辖权冲突的解决机制还依赖于信息共享和联合调查。这种跨国调查方式提高了反腐败执法的协调性和一致性，使各国在案件处理上形成合力，以减少多重追诉给企业或个人造成的负担。

三、域外立法对我国完善反跨境腐败管辖权的经验启示

在应对跨境腐败犯罪的立法中，国际社会已有许多先行的探索，为我国完善反跨境腐败域外管辖权制度提供了有力的参考。为有效保障国家利益、提升司法效率，我国应立足本国国情，构建一套完整的反跨境腐败专门法律法规，通过建立健全属

地管辖、属人管辖、保护管辖及国际合作机制，全面覆盖不同情形下的跨境腐败行为，为强化反跨境腐败高压态势筑牢法律防线。

（一）在专门立法中构建域外管辖体系

从上述的比较研究中可以看出，为应对跨境腐败带来的复杂性和广泛性，专门立法已成为国际社会打击腐败犯罪的有效手段之一。在我国的法律体系中，出台一部《反跨境腐败法》并在其中设立专门的管辖权章节，可以全面、系统地规范我国在跨境腐败案件中的司法权行使，促进反跨境腐败工作的有效性和可操作性，在国际合作中发挥积极作用。

首先，专门立法中的管辖权规范部分需要全面、具体。美国、英国等国的反腐败专门法律都明确了属地管辖权、属人管辖权和保护管辖权的适用，这种立法设计有助于国家在跨境腐败治理中建立明确的司法框架。我国《反跨境腐败法》可借鉴这种立法形式，详尽规定管辖权适用情形，涵盖跨境腐败案件中属地管辖权、属人管辖权、保护管辖权、“或引渡或起诉”的管辖权原则、管辖权冲突的解决、外交代表刑事管辖豁免和国际协作机制，保障我国在面对不同类型的跨境腐败案件时能够具有充分、灵活的管辖权依据。在各类管辖权中，专门立法应当明确其使用标准，增强法律的精确性，通过标准化的立法设计，法院和执法部门能够更清晰地判定是否具有管辖权，避免因适用标准模糊而带来的法律漏洞。

其次，专门立法在具体规定管辖权时，也应特别关注对单位犯罪的打击。许多跨国企业在反腐败专门法律中以独立的单位犯罪形式受到监管。美国和英国的反腐败法都要求企业履行合规责任，以防止境外贿赂行为的发生，并对企业在合规管理上的疏忽给予法律惩罚。这种对单位犯罪的专门规定不仅增强了跨国企业对腐败行为的预防能力，也为司法机关追责提供了法理依据。① 我国可以在专门立法中明确单位腐败犯罪的定义与责任要求，通过将企业的合规要求纳入法律条文中，保障我国企业在境外腐败案件中的法律适用。

再次，专门立法中的管辖权规定应与《刑法》中的相关条款保持衔接，确保立法体系的完整性。例如，我国《刑法》“总则”中已对属地管辖、属人管辖、保护管辖作出了基础性规定，但在跨境腐败领域，需专门立法对这些管辖权条款进行延展。通过在《反跨境腐败法》中详尽规定这些条款，能够在《刑法》基础上扩展跨境腐败管辖权的适用范围，并与《刑法》“分则”中的贪污贿赂类罪行条款相互衔接，从而建立起适应跨境腐败打击需求的法律体系。

最后，在专门立法过程中，应当出台配套的司法解释。司法解释能够帮助法院

---

① 参见石玉英：《我国反海外腐败立法的现状、问题与出路》，载《湖北大学学报（哲学社会科学版）》2016 年第 4 期。

在具体适用中理解立法意图，确保法律的准确执行。例如，在属地管辖中，可以在司法解释中对“行为或结果部分发生”这一概念进行细化，明确行为地、结果地的判定标准。特别是在国际商事贿赂等复杂案件中，司法解释可以细化、明确跟腐败行为相关的管辖权原则中的各个管辖连接点，确保我国法院在面对实际案件时能够准确行使管辖权。这不仅可以提高司法的确定性，也有助于统一法律适用标准，减少法官在具体案件中对管辖权的解释偏差。

（二）完善属地管辖权、属人管辖权和保护管辖权依据

依据现行《刑法》的管辖权体系，借鉴国际组织和部分国家的相关立法，构建全面、科学的跨境腐败管辖权体系，是我国在反跨境腐败工作中的重要步骤。当前的管辖体系在反跨境腐败的具体适用上仍存在一些不足，如属地管辖的连接点较为有限、属人管辖的适用范围不够全面、保护管辖在法律适用中缺乏细化。为有效打击跨境腐败，保护国家利益，应从以下几个方面对现有管辖权依据进行补充和扩展。

1. 属地管辖：明确连接点，扩大适用范围

属地管辖，是指国家对其领土内发生的犯罪行为行使管辖权。我国现行《刑法》在第 6 条规定了属地管辖的基础适用条件，即犯罪行为或结果发生在我国领域内。这一规定符合国际刑法的通行原则，但在具体适用中，缺少对“行为发现地”“犯罪推定地”等连接点的细化，使得一些特殊情形下的腐败犯罪难以涵盖。因此，有必要在立法和司法解释上对属地管辖的定义作进一步扩展，以确保对腐败行为的全面打击。

首先，明晰“犯罪地”的概念。目前的属地管辖标准对于行为地或结果地的适用缺少进一步定义。为解决这一问题，可通过立法或司法解释明确“犯罪地”在属地管辖中的作用。例如，犯罪的行为地或结果地均应作为犯罪地的组成部分，包括行为人实施部分行为之地、共同犯罪行为发生地以及犯罪未完成但预期结果发生地等。这种定义不仅能够避免现有法律的模糊性，也能确保我国在跨境腐败案件中对腐败行为的追责更加全面和精准。德国和英国的立法对此类管辖权有类似规定，且适用效果良好，值得我国借鉴。

其次，拓展特殊领域的属地管辖。反跨境腐败的属地管辖在我国船舶、航空器等特别领域的适用同样需要明确。建议在立法条款中增加对“打击、治理在中华人民共和国船舶或者航空器内发生的腐败活动”的表述，明确船舶和航空器内的腐败行为将适用属地管辖，从而形成对各类跨境腐败案件的全面覆盖。这种做法既能增强法律的适用性，也能在国际航运、航空等特定领域形成有效的腐败威慑力。

综上所述，参考国内外相关立法，可在《反跨境腐败法》中设立一条：

【属地管辖】在中华人民共和国境内发生的腐败活动，适用本法。本法未规定

的，适用《中华人民共和国刑法》和其他法律、行政法规的规定。

在中华人民共和国船舶或者航空器内发生的腐败活动，也适用本法。

腐败活动的行为或者结果有一项发生在中华人民共和国境内的，就认为是在中华人民共和国境内发生的腐败活动。

同时，在办理反跨境腐败犯罪案件司法解释中应当规定：

跨境腐败犯罪的行为地或犯罪结果的发生地皆为犯罪地。行为人实施全部或部分行为之地，或实施任何形式的共同犯罪行为之地，或在不作为的情况下行为人应当实施行为之地，为犯罪行为地。发生全部或部分结果之地，或在犯罪未完成的情况下，犯罪结果应当发生之地或行为人希望结果发生之地，为犯罪结果发生地。行为发现地和犯罪推定地也视为犯罪地。

2. 属人管辖：涵盖密切联系的人员和单位

现行《刑法》第 7 条确立了属人管辖的基本原则，要求国家对本国公民在境外的严重犯罪行使管辖权。据此，国家对本国公民在境外实施的腐败犯罪行使司法权。然而，随着跨国腐败犯罪的复杂化，仅依靠“公民”这一概念，难以满足对多类型腐败案件的法律覆盖。因此，有必要进一步扩展属人管辖的适用范围，使其包括与我国有“密切联系”的个人和单位，尤其是跨国企业和在我国境内长期居留的外国人。

就自然人而言，需扩大对常住居民和无国籍人的属人管辖。针对在我国境内有惯常居所的无国籍人或外国人，建议借鉴英国的《2010 反贿赂法案》，明确对与我国有密切联系的自然人行使属人管辖。例如，我国可以将永久居民、无国籍人、在我国境内有惯常居所的自然人纳入属人管辖范围。这样不仅可以防止此类人员在境外进行腐败犯罪，还可减少跨境腐败犯罪的逃避空间，确保法律适用的广泛性。

就单位而言，要加强对单位犯罪的属人管辖。跨国公司在腐败案件中扮演了重要角色，许多企业利用跨境业务实施贿赂或其他腐败行为。为此，建议通过立法加强对单位犯罪的属人管辖。例如，在法律中明确对在我国注册的公司，无论其腐败行为是否发生在我国领域内，我国都可行使属人管辖。但就单位而言，对于外国公司在我国的分公司、子公司或关联企业，也应要求其遵守我国的反腐败法规，否则将承担相应的法律责任。这种强化单位犯罪属人管辖的做法，不仅有助于预防跨国企业腐败行为的发生，也能在企业合规性上形成良好的法律约束力。

因此，参考国内外相关立法，应当在《反跨境腐败法》中设立一条：

【属人管辖】中华人民共和国公民和永久性居民、在中华人民共和国领域内有惯常居所的无国籍人、法人和其他组织在中华人民共和国境外实施的腐败活动，适用本法。

3. 保护管辖：赋予对境外损害我国利益行为的追诉权

保护管辖权的设定是为了应对那些虽然行为发生在境外，但对本国利益构成严重威胁的腐败犯罪行为。我国现行法律虽对保护管辖有所规定，但在具体的反腐败应用上仍缺乏细化。借鉴美国《反海外腐败法》及其他国家的经验，有必要在我国的反腐败专门立法中进一步明确保护管辖的适用标准。

第一，赋予对境外腐败行为的保护管辖。为确保国家利益不受境外腐败行为的侵害，我国应当在保护管辖条款中明确规定，当腐败行为或帮助行为在境外发生但对我国国家利益、经济安全、公民利益或其他重要公共利益构成损害时，即可对该行为行使管辖权。具体而言，立法中可涵盖境外企业、个人对我国企业在国际市场中的不正当竞争行为，或通过行贿等手段干涉我国企业正常经营的行为。通过保护管辖，我国可以扩大反腐败司法权力的适用范围，确保国家利益在国际事务中的有效维护。

第二，打击对我国利益相关者的境外腐败行为。保护管辖的适用不仅局限于直接的经济安全和国家利益，还应包括对重要利益相关者的保护。例如，对于涉及“一带一路”项目的腐败行为，虽然发生在沿线国家，但严重影响我国在当地的项目实施进度，我国可以通过保护管辖对其进行追责。这种管辖权的拓展不仅对我国在国际经济合作中的利益形成有效保障，也在一定程度上能够对潜在的腐败行为形成威慑。在专门立法中，可以规定：

【保护管辖】境外的组织、个人在中华人民共和国境外实施腐败活动，或者为他人实施腐败活动提供帮助，损害中华人民共和国国家、公民、法人或者其他组织利益的，可以适用本法。

第三，明确保护管辖的适用条件和法理依据。保护管辖的适用需要法理依据的支持，以确保司法的合法性。我国可以在司法解释中明确规定保护管辖的适用条件，如行为的严重性、行为对国家安全或公共利益的威胁程度等。例如，可以参考英国的保护管辖适用标准，规定只有在腐败行为造成重大经济损失或国际形象损害时方可适用。同时，保护管辖权应适用“有限礼让”原则，即在保证国家利益的前提下，尽量减少对他国司法权的干涉，确保司法行为的合理性与国际协调性。

综上所述，通过属地管辖、属人管辖和保护管辖的全面优化，我国在跨境腐败案件中的域外管辖权行使将更加灵活有效，不仅能够有效打击跨境腐败行为，还能在国际合作中树立我国负责任的司法形象。

（三）管辖权冲突解决和国际合作机制化

在跨境腐败案件中，各国基于属地管辖、属人管辖或保护管辖的不同适用标准，可能对同一案件行使司法权，从而引发管辖权冲突。为确保案件的顺利处理，避免司法资源浪费，我国需要通过立法明确管辖权冲突的解决机制。同时，腐败案件常涉及多个国家，国际合作对打击此类犯罪至关重要。为此，立法应进一步明确我国在反跨境腐败合作中的义务和机制，规定与其他国家的磋商、协商及执法协作的具体要求。

在管辖权冲突的解决方面，依据《联合国反腐败公约》，可以在《反跨境腐败法》中明确规定：

当根据本法规定受中华人民共和国管辖的腐败行为正在被其他国家侦查、起诉或者审判时，我国应当与该国酌情相互磋商，协商确定本行为的管辖权。

为了确保磋商的顺畅进行，《反跨境腐败法》中可规定在两国间的跨境腐败案件中，需尽早启动协商，通过谈判或会议决定主要管辖权。特别是在涉及国家利益时，这种磋商机制可以保障双方的司法主权得到尊重。借鉴欧盟的跨国协作机制，建议立法增加多边协作条款，优先推行联合调查或共同取证，以确保案件处理的效率和一致性。例如，在中外企业涉贿赂案件中，双方通过联合调查减少重复起诉，不仅有助于保护司法资源，也维护了案件的公正性和高效性。

在国际合作方面，跨境腐败犯罪常涉及多国金融账户和跨国企业，因此，国际合作对打击腐败案件至关重要。通过《反跨境腐败法》明确国际合作机制，有助于我国在反腐败行动中加强执法协作，尤其是在证据共享、引渡和联合调查方面。因此，可参考《反洗钱法》和《反电信网络诈骗法》，在专门立法中规定：

【国际合作】中华人民共和国根据缔结或者参加的国际条约，或者按照平等互惠原则，开展打击跨境腐败国际合作。

（四）严守法理限制，避免域外管辖权的不当扩展

在反跨境腐败的法律实践中，尽管适度扩展管辖权有助于打击境外腐败行为，但不当的扩展可能引发国际争议，甚至形成“长臂管辖”，侵犯他国主权。因此，我国在设定域外管辖权时，必须严格遵循法理依据，避免随意扩大管辖范围。立法中应明确界定管辖权的适用条件，避免将轻微关联或间接联系作为行使管辖权的依据，确保域外管辖权的设立、形式都遵守国际法原则。

首先，坚持法理依据，确保域外管辖的合法性。域外管辖权的设立只有具备坚实的法理依据，才能保证管辖权行使的合法性和正当性。法理依据的缺失可能导致域外管辖的滥用，使得管辖权扩展超出合理范围。例如，美国《反海外腐败法》规定，以美元进行交易或使用邮件系统均可成为确立管辖权的依据，这种界定导致其在适用中产生了较多争议。美国《反海外腐败法》的这种做法尽管提升了打击腐败的广泛性，但在法理上缺少对国家主权和司法边界的尊重。因此，我国在立法中应避免采取类似“泛化”的管辖标准，确保法律在适用时保持严谨

性。为了确保域外管辖的合法性，我国可以在立法中明确规定管辖权的适用范围，界定对腐败案件行使属地管辖、属人管辖和保护管辖的具体情形。例如，在属地管辖中，应确保腐败行为确实在我国领土或主权领域（如船舶、航空器）内发生，而非仅因行为主体的邮件或汇款与我国有间接联系。属人管辖的适用也应避免对与我国仅有短暂联系的人员行使管辖权。保护管辖则也要避免将任何境外行为都纳入保护管辖的范围。

其次，维护国家主权，防止管辖权泛化对主权的侵蚀。国家主权是刑事管辖权的核心依据，任何超越主权范围的立法和司法活动都可能引发国际冲突。因此，在制定《反跨境腐败法》时，我国需充分考察域外管辖权的合法性和主权限制。尽管跨境腐败治理需要在域外行使一定的管辖权，但必须在保障我国主权和尊重他国主权的基础上进行，避免管辖权泛化对主权的侵蚀。例如，在实践中，不宜将任何可能间接影响我国的腐败行为都作为司法管辖的对象。相反，应在法律中明确，只有那些直接威胁我国安全、经济利益的腐败行为，才能作为保护管辖的依据。通过维护国家主权，还可以减少因司法干预而引发的国际争议。美国通过《反海外腐败法》对在非美企业、个人进行管辖的做法，往往引发他国的质疑，甚至被视为侵犯他国司法主权。因此，立法中可规定在行使管辖权时以“真实合理联系”为前提，即腐败行为与我国主权领域存在紧密、直接的真实合理联系，从而保障我国对司法权的适当控制，避免过度扩展带来的主权争议。

最后，兼顾积极管辖与有限礼让原则，平衡反腐败力度与国际合作。在跨境腐败案件中，积极管辖原则可确保我国司法机关在保护国家利益时能够发挥主动作用。但这一原则需与有限礼让原则相结合，避免管辖权的随意扩展。积极管辖意在确保我国在必要时对侵害我国利益的腐败行为行使司法权，但有限礼让原则则要求在管辖重叠时尽量优先他国司法权，尤其是当其他国家与案件有更为直接的联系时，以此避免重复追诉和外交摩擦。[①] 例如，若腐败案件的主要影响在他国，或案件与他国经济市场联系紧密，我国应当在行使管辖权前充分评估利弊，必要时可优先通过协商将案件移交至主要利益国处理。这一做法不仅能避免司法资源的浪费，还能在国际反腐败合作中展示我国的司法理性。在实际操作中，有限礼让原则使得管辖权的扩展具备了一定的约束，确保在必要时能将案件处理权优先交给最合适的司法体系，以实现国际间反腐败的协同效果。这种礼让机制，还可以有效平衡我国反腐败的力度与国际合作的需求。我国在法律中可进一步明确，若管辖权的行使与他国存在重叠，应在尊重主权和国际礼让的基础上，与他国优先协商，以确定最佳的司法解决方案。

---

① 参见朱玥：《美国〈谢尔曼法〉域外适用中的国际礼让原则》，载《理论观察》2018 年第 8 期。

四、结语

跨境腐败治理关乎我国的经济发展、国家安全以及国际形象，迫切需要通过健全法律体系和国际合作机制予以应对。在当前国际社会反腐败力度不断加大的背景下，我国在反跨境腐败管辖权立法中应当紧跟国际趋势，借鉴他国成功的立法经验。本文提出通过《反跨境腐败法》确立包括属地管辖、属人管辖、保护管辖等在内的完整法律框架，以补充现行法律在跨境腐败问题上的空白，增强法律的适用性和权威性。同时，建立管辖权冲突解决机制和积极的国际合作模式，这不仅能够提升我国对复杂跨境腐败行为的打击力度，还将有助于构建更具协同性的国际反腐败合作环境。通过法治建设的不断推进，我国将在全球反腐败行动中发挥更为积极的作用，实现对国家利益的有力保护。

企业反腐视野下我国刑法中背信犯罪的认定逻辑

——以与侵占犯罪的区分为线索*

邹　考**

为进一步依法平等保护企业和企业家权益，《刑法修正案（十二）》将实践中反映最为集中、迫切的非法经营同类营业、为亲友非法牟利和徇私舞弊低价折股、出售资产等三类行为规定为犯罪。① 具体来说，《刑法修正案（十二）》修改了《刑法》第165条、第166条和第169条，在原条文上增加了第2款，将限于国有公司、企业内部人员的主体范围扩大至所有企业内部人员，这不仅进一步完善了我国背信犯罪体系，也加大了对企业内部人员腐败犯罪的治理力度。因受主体范围限定，这三类以往均属“小众”罪名，但在修正后其适用的可能性将大大扩展。

背信犯罪与侵占犯罪是企业内部犯罪中的高发罪名，但二者具有相似性，区分存在困难，如何准确区分、认定二者必然是未来打击企业内部腐败犯罪所面临的难点问题。从法定刑配置来看，两类犯罪存在明显差异，选择适用何种罪名会显著影响行为人的量刑轻重。为防止“误伤”，有必要深入研究二者的关系，以便明晰相关罪名的司法适用。既有研究在讨论背信犯罪时多习惯于借鉴、引用德日刑法的有关学说，讨论背信犯罪的本质与行为要件，尚缺乏对我国《刑法》中的背信犯罪的具体分析，在研究的本土性上有所不足。有鉴于此，本文在梳理、评析既有域内外有关理论的基础上，分析理论背景的差异，并就我国《刑法》中背信犯罪与侵占犯罪的关系提出见解，以期增进理论认识，对司法实践有所裨益。

一、背信犯罪与侵占犯罪的既有关系类型述评

与我国立法例不同，域外刑法普遍规定了一般背信罪，域外刑法在理论上也对

---

* 本文系中国法学会部级法学研究课题“社会信用的刑法保护研究”［编号：CLS（2023）D58］的阶段性成果。

** 邹考，北京师范大学法学院博士研究生。

① 参见蒲晓磊：《全国人大常委会法工委刑法室负责人就刑法修正案（十二）草案答记者问》，载《法治日报》2023年7月26日，第2版。

背信犯罪与侵占犯罪的关系进行了诸多探讨，因此有必要对此先进行梳理、分析，以为我国《刑法》中背信犯罪与侵占犯罪的认定提供理论上的镜鉴。

（一）既有关系类型概述

1. 特殊关系论

特殊关系论，是指背信犯罪与侵占犯罪是一般法与特殊法的关系。

大谷实教授指出，背信犯罪和侵占犯罪是一般法和特别法的关系，成立侵占犯罪时，根据法条竞合的关系，就不成立背信犯罪。[①] 林山田教授也持此观点，其在比较背信犯罪与侵占犯罪的异同时指出：（1）背信犯罪系为他人处理事务之人，出于不法的获利意图或损害意图，违背其任务，致生损害于将事务委托由其处理者的财产利益。背信犯罪的行为人与被害人之间存有因处理事务而形成的信托关系，而且背信行为所侵害的客体系一般财物与财产利益，故背信犯罪实可谓一般的背信行为。（2）侵占犯罪系出于取得意图，而以侵占手段破坏其所持有的属于他人之物的所有权，侵占犯罪的行为人与被害人之间只是因物的持有关系，侵占行为所侵害的客体只限于行为人本已持有的财物，故侵占犯罪实可谓特定的背信行为。[②]

2. 交叉关系论

交叉关系论，是指背信犯罪与侵占犯罪在构成要件层面存在重合之处。

交叉关系在日本刑法理论中一般被表述为择一关系。松宫孝明教授明确指出，两类犯罪并不存在一般法与补充法的关系，而是法条竞合中的择一关系。[③] 根据松宫孝明教授的理解，所谓择一关系，一般指的是如同侵占犯罪和背信犯罪那样，任一方成立时另一方就不成立的情形，与特别关系、补充关系的不同在于，两罪发生竞合时，并非其中的一方优先成立。也就是说，这不属于真正意义上的法条竞合的情形，只不过是两罪界限比较微妙。[④] 前田雅英教授也指出，日本刑法中的择一关系，是指一个行为存在可以适用的多个构成要件，但这些构成要件如果难以并存，此时只能适用于一个构成要件。[⑤] 依山口厚教授的见解，所谓交叉关系，是指一方

---

① ［日］大谷实：《刑法讲义各论》（第2版），黎宏译，中国人民大学出版社2008年版，第307页。

② 林山田：《刑法各罪论（上册）》（修订第五版），北京大学出版社2021年版，第316页。

③ 参见［日］松宫孝明：《刑法各论讲义》（第四版），王昭武、张小宁译，中国人民大学出版社2018年版，第249页。

④ 参见［日］松宫孝明：《刑法总论讲义》（第四版补正版），钱六叶译，王昭武审校，中国人民大学出版社2013年版，第248页。

⑤ 参见［日］前田雅英：《刑法讲义总论》（第6版），曾文科译，北京大学出版社2017年版，第348页。

的罚条规定的构成要件和另一方的罚条规定的构成要件部分重合的场合，如侵占犯罪与背信犯罪。[①] 可见，日本刑法理论中的择一关系就是我国传统刑法理论中的交叉关系。

这一立场虽然也肯定背信犯罪具有补充性，但不将两罪认定为特殊关系而是认定为交叉关系，理由在于，侵占犯罪与背信犯罪的主体存在差异。山口厚教授指出，合同当事人自己履行合同上承担的义务（如物的卖方交付目的物的义务、物的买方支付价款的义务、物的租借人返还目的物的义务）属于自己的事务，而非他人的事务，但日本判例及主流观点则认为此类主体也可成立背信犯罪，这在原则上存在疑问。[②]

3. 想象竞合论

想象竞合论，是指为弥补处罚漏洞，应肯定背信犯罪与侵占犯罪存在竞合，从一重处罚。

我国台湾地区刑法学界的通说认为，为他人处理财产事务之人，以窃取、侵占、诈欺等方法而为背信，则除构成本罪外，尚另犯窃盗罪、侵占罪或诈欺罪。此系行为单数的纯正竞合，即一行为触犯数罪名的想象竞合，应从一重罪处断。这也是我国台湾地区判例的主流观点，认为“违背任务行为若系易持有为所有的侵占，即应依侵占罪处断，而不能再援用背信罪的法条论罪”[③]。

值得指出的是，想象竞合论与交叉关系论在某些语境下含义相同，传统观点认为构成要件存在重合的交叉关系属于法条竞合情形，但现在也有学者认为应当按照想象竞合处理。[④] 西田典之教授也认为，择一关系属于事实上的竞合，没有必要在法条竞合中存在。[⑤] 因此，可以认为，两类观点存在相同的问题意识与研究思路，即两种观点都认为背信犯罪与侵占犯罪虽然存在一些差异，但总会存在竞合。

4. 互斥关系论

互斥关系论，是指背信犯罪与侵占犯罪是非此即彼的关系。

日本学者内田幸隆教授指出，不应当承认侵占犯罪与背信犯罪之间的竞合，将

---

① 参见［日］山口厚：《刑法总论》（第2版），付立庆译，中国人民大学出版社2011年版，第371页。

② 参见［日］山口厚：《刑法各论》（第2版），王昭武译，中国人民大学出版社2011年版，第376-377页。

③ 参见林山田：《刑法各罪论（上册）》（修订第五版），北京大学出版社2021年版，第344-345页。

④ 参见张明楷：《法条竞合与想象竞合的区分》，载《法学研究》2016年第1期，第127-147页。

⑤ 参见［日］西田典之：《日本刑法总论》（第二版），王昭武、刘明祥译，法律出版社2013年版，第376页。

背信犯罪限于作为为了本人的经济活动而实施的非法处分行为，从而排他性地区别于行为人自己取得财物的侵占犯罪。根据《俄罗斯联邦刑法典》第 165 条的规定，背信犯罪的含义是以欺骗或者滥用信任的手段使财产权所有人或其他占有人受到财产损失但无侵占犯罪要件。可见，在《俄罗斯联邦刑法典》中背信犯罪与侵占犯罪有着明显的界限。俄罗斯联邦检察院进一步指出，犯罪人为自己的利益使用的是还没有归所有权人所有或合法占有人占有，但根据法律、法规或者合同所有或占有的财产。由此可见，实施背信犯罪时所造成的财产损失不是侵占财产犯罪中的直接损失，而是没有得到的应得利益。①

（二）总结评析

通过分析上述观点不难发现，除了认为两类犯罪是互斥关系的观点外，多数观点在处理结论上均认为应当优先成立更重的侵占犯罪，均认为背信犯罪具有弥补侵占犯罪处罚间隙的补充功能。

从德国刑法中法律流变的角度来看，设立背信罪的重要目的之一就是填补侵占罪不能规制“侵占利益情形”的处罚间隙。② 这在现行德国刑法中也有体现。《德意志联邦共和国刑法典》第 246 条第 1 款规定了普通侵占罪。该条规定，为自己或者第三人不法所有，侵占他人之动产，而不适用其他较重之刑事处罚规定者，处 3 年以下有期徒刑或罚金。桥爪隆教授持类似观点，认为将两罪认定为法条竞合关系是为了弥补处罚漏洞。③ 前文提到的林山田教授将背信罪与侵占罪理解为特殊关系的观点也符合这一理论背景。

二、域内外背信犯罪与侵占犯罪的比较分析

我国《刑法》对背信犯罪的立法体系、法定刑设置、法益界定、财产犯罪客体差异与域外刑法理论讨论相关问题时的理论背景存在差异，我国《刑法》中的背信犯罪不必具有补充功能，也不能简单套用域外刑法理论之于背信犯罪的理解。

（一）立法体例存在差异

与域外规定了一般背信罪不同，我国没有规定一般背信罪，而是通过规定一系

---

① 俄罗斯联邦总检察院：《俄罗斯联邦刑法典释义（下册）》，黄道秀译，中国政法大学出版社 2000 年版，第 438-439 页。

② 参见张梓弦：《背信罪：源起、流变及现状》，载《荆楚法学》2023 年第 6 期，第 136-143 页。

③ 参见［日］桥爪隆：《论背信罪的成立要件（2）》，王昭武译，载《法治现代化研究》2021 年第 2 期，第 165 页。

列罪名的方式构建起我国背信犯罪的罪名体系，而对于哪些罪名属于背信罪理论界存在不同认识。有学者认为，我国现行《刑法》中关于背信行为的罪名大致可分为图利型、违法金融行为型、挪用型、滥用职权型四类。① 有学者则认为，背信犯罪之本质乃违背经营性义务，破坏的是内部对向性信任关系，对抗国家特定经济管理秩序、违背外部对向性信任关系、违背职务关系、违背劳务关系的犯罪以及以疏忽型失信为特征的犯罪均不能纳入背信罪的犯罪。② 还有学者认为，值得作为背信类犯罪处理的行为类型，应当局限于背信侵害公司、企业财产类的犯罪之中，包含以下三种类型：（1）妨害对公司、企业的管理秩序类犯罪中的背信犯罪。（2）破坏金融管理秩序类犯罪中的背信犯罪。（3）散见于侵犯财产类犯罪以及贪污贿赂犯罪中的挪用类犯罪。③

第一种学说没有阐明分类的理由，对行为类型的划分缺乏理论逻辑，因而不宜采纳。第二种学说认为违背劳务关系的犯罪，如非法经营同类营业罪、背信损害上市公司利益罪不属于背信犯罪，缺乏依据。该学者指出，劳务关系并非以信用为纽带，而是一种劳动力与生产资料的结合关系，包含组织关系与人身关系，无法通过信用来调整。④ 可是，虽然劳务关系不以信用为纽带，但劳务关系的正常实现需要信用关系作为保障。非法经营同类营业罪、背信损害上市公司利益罪所规制的公司高级管理人员，都被法律与公司章程赋予了对公司的忠实义务。第三种学说认为贪污贿赂罪中的挪用类犯罪，即挪用公款罪属于背信犯罪，也有失妥当。挪用公款罪的主体是国家工作人员，虽然理论上也承认公共职务犯罪与背信犯罪都具有违背信任关系的共性⑤，但二者不仅在忠实义务来源上不同，所侵犯法益的种类也存在差异，前者还包括国家工作人员职务行为的廉洁性，不应混为一谈。

因此，本文认为我国《刑法》中的背信犯罪包括：（1）妨害对公司、企业的管理秩序类犯罪中的背信犯罪，如违规披露、不披露重要信息罪，国有公司、企业、事业单位人员滥用职权罪，非法经营同类营业罪，为亲友非法牟利罪，徇私舞弊低价折股、出售国有资产罪，背信损害上市公司利益罪。（2）破坏金融管理秩序类犯罪中的背信犯罪，如背信运用受托财产罪，违法运用资金罪，违法发放贷款罪，吸收客户资金不入账罪，违规出具金融票证罪，对违法票据承兑、付款、保证罪。

---

① 陈洪兵、安文录：《背信行为的刑法探究》，载《上海政法学院学报》2005 年第 5 期，第 80-83 页。

② 彭文华：《背信及其刑法规制》，载《当代法学》2023 年第 6 期，第 95-96 页。

③ 参见黎宏：《论我国刑法中的背信犯罪》，载《东方法学》2024 年第 2 期，第 171 页。

④ 彭文华：《背信及其刑法规制》，载《当代法学》2023 年第 6 期，第 96 页。

⑤ 参见魏东：《职务侵占的刑法解释及法理》，载《法学家》2018 年第 6 期；王若思：《职务侵占罪法益观的重塑——以信赖利益的刑法保护为出发点》，载《法制与社会发展》2023 年第 2 期。

(3) 侵犯财产类犯罪的挪用类犯罪，如挪用资金罪、挪用特定款物罪。

(二) 保护法益存在差异

在德国、日本刑法及我国台湾地区的“刑法”中，背信犯罪均被认为是侵犯整体财产的犯罪，位于财产犯罪章节下。此外，《韩国刑法典》[①]《瑞典刑法典》[②] 也采取了相同的立法例。与之不同的是，我国《刑法》将许多背信犯罪置于“分则”第三章“破坏社会主义市场经济秩序罪”中，如为亲友非法牟利罪就置于“分则”第三章第三节“妨害对公司、企业的管理秩序罪”中。罪名所处章节与其法益的确定有着密切联系。这意味着，在我国刑法体系中，以为亲友非法牟利罪为代表的背信犯罪属于经济犯罪，在以德国为代表的大陆法系国家中背信犯罪属于财产犯罪。

虽然未有定论，但学界普遍认为对市场经济运行与管理秩序这类抽象秩序的侵犯是经济犯罪区别于财产犯罪的本质特征。经济犯罪不在于侵犯了公私的财产权，不是侵犯个人法益，而是对超个人的市场机制、体制的侵犯。[③] 当然，二者并非完全对立。一个罪名完全可能既保护市场交易秩序，也保护财产所有权。一方面，经济犯罪发生在市场交易活动过程中，侵犯的是社会经济秩序和商品经济的运行，而财产犯罪侵犯的是财产的所有权，商品经济的运行虽然以财产所有权的存在为基础和前提，但财产所有权本身并不包含商品经济运行的内容。另一方面，两者完全可能转换。在特定情况下，某些传统财产犯罪侵害了市场经济的动态运行，则从整体上失去传统财产犯罪的特质，而获得了“经济犯罪的本质结构”，因此转化为经济犯罪。[④]

具体到我国《刑法》中，以非法经营同类营业罪、为亲友非法牟利罪为代表的背信犯罪当然具有保护单位财产之功能，但其与规定在“分则”第五章“侵犯财产罪”的侵占罪、职务侵占罪等侵占犯罪的区别之处就在于其侧重于保护交易活动中的信赖关系。背信罪的设立是后现代工业社会背景下国民经济发展的必然结果[⑤]，是伴随着经济活动的日益频繁、交易风险日益升高产生的一种区别于传统侵财犯罪的新型罪名，其最直接、明显的目的就是通过保护信任关系，以求降低商业交易的风险及带来的损失。

① 参见陈志军译：《韩国刑法典》，法律出版社 2021 年版，第 73-74 页。
② 参见周振杰译：《瑞典刑法典》，法律出版社 2023 年版，第 37-40 页。
③ 参见涂龙科：《经济刑法规范特性研究》，上海社会科学院出版社 2012 年版，第 34 页。
④ 杜宇：《再论经济犯罪的概念》，载《学术交流》2003 年第 10 期，第 32 页。
⑤ 参见谢焱：《背信罪的法益研究》，载《政治与法律》2016 年第 1 期，第 42 页。

（三）行为客体存在差异

德国、日本等国刑法明文区分了财物与财产性利益。[①] 日本刑法专门规定了利益强盗罪、利益欺诈罪和利益恐吓罪，进而把财产罪明确规定为财物罪与利益罪，使得作为财产罪侵害对象的财物与财产性利益是相并列的概念。[②] 德国刑法则区分了物和财产，由于德国刑法中的财产概念是一个关于人的利益的整体概念，是指一切有经济价值的东西，因此，财产这一概念将作为有体物的财物以及不属于财物的财产性利益都包括在内。如此一来，德国刑法和日本刑法一样，实质上区别了财物和财产性利益。[③] 总之，以德日刑法为代表的财产犯罪体系采取了财物与财产性利益二分体系，侵占犯罪作为传统的财产犯罪，行为对象仅限于财产，因而背信犯罪具有弥补处罚漏洞的功能。

在我国《刑法》中，除了极个别财产犯罪，财产犯罪的行为对象均表述为“财物”，主张《刑法》中的“财物”包括财产性利益的观点也是当前的主流学说。有学者指出，通过对我国《刑法》相关规定的扩大解释和体系解释，并考虑到因应社会经济发展，严密法益保护的需要，可以认为财产性利益是我国财产犯罪的行为对象。[④] 在这一理论背景下，我国刑法语境下的侵占罪所侵犯之对象不仅包含所有权，也包含物权、股权、债权等财产性权利。[⑤] 因此，在我国财产罪体系中，并不需要用背信罪来弥补侵占罪行为客体仅为物的不足[⑥]，将以为亲友非法牟利罪为代表的背信犯罪赋予补充性并无功能上的必要。

（四）法定刑配置存在差异

如表 1 所示，由于法定刑的不同，在德国、日本刑法及我国台湾地区“刑法”中即便不严格区分两罪，在最终处理结论的刑罚轻重上各观点也可能不会存在太大差异，不容易造成罪刑失衡的现象。在德国刑法中，背信罪虽然重于一般侵占罪，但刑罚与业务侵占罪相同。在日本刑法中，背信罪与一般侵占罪的法定刑相同，仅在刑罚种类上多了罚金刑。日本刑法中的特殊背信罪虽然刑罚上限有所提高，但刑罚幅度依然宽广。在我国台湾地区“刑法”中，背信罪与一般侵占罪、业务侵占罪的法定刑设置差异较小。在此基础上，由于前述国家和地区刑法所设置的法定刑幅

---

① 参见张明楷：《刑法学》（第六版），法律出版社 2021 年版，第 1212 页。

② 参见刘明祥：《财产犯罪比较研究》，中国政法大学出版社 2001 年版，第 37 页。

③ 参见李强：《财产犯罪法律规定的比较分析———以日本、德国、中国刑法为对象》，载《法学评论》2019 年第 6 期，第 73 页。

④ 参见李强：《财产犯中财产性利益的界定》，载《法学》2017 年第 12 期，第 37 页。

⑤ 参见王钢：《不法原因给付与侵占罪》，载《中外法学》2016 年第 4 期，第 944-945 页。

⑥ 参见王骏：《论增设普通背信罪》，载《河北法学》2018 年第 12 期，第 92 页。

度较为宽广，法官具有较大的自由裁量空间，可以较为自由地把握量刑轻重以实现司法正义，因此也不容易产生罪刑失衡，有违公平正义。或许正因如此，虽然日本刑法理论对（业务）侵占罪与背信罪的区别标准提出了形形色色的学说①，但山口厚教授却对此评价道，判例、学说之所以如此关注侵占委托物罪与背信罪的区别问题，是缘于侵占委托物罪的界限，尤其是出于为第三者谋利益的目的而非法处分物之时侵占委托物的成立界限并不明确，而不是因为两罪在理论上的区别本身有什么问题。② 在我国《刑法》中，由于不存在一般背信罪，而是通过不同的立法例规定了各式各样的背信犯罪，其与侵占犯罪的法定刑设置自然差异较大。

表 1　德国、日本刑法及我国台湾地区“刑法”中两类犯罪的法定刑配置

罪名及法定刑 国家或地区	背信罪	一般侵占罪	业务侵占罪
德国	5 年以下自由刑 或者罚金刑	3 年以下有期徒刑 或者罚金	5 年以下有期徒刑 或者罚金
日本	5 年以下惩役或者 50 万日元以下罚金	5 年以下惩役	10 年以下惩役
我国台湾地区	5 年以下有期徒刑、 拘役，或科或并科 新台币 50 万元以下罚金	5 年以下有期徒刑、 拘役，或科或并科 新台币 50 万元以下罚金	6 个月以上 5 年以下 有期徒刑，得并科 新台币 9 万元以下罚金

三、我国《刑法》中背信犯罪的认定要点

如前所述，我国《刑法》中的背信犯罪共有三类：妨害对公司、企业的管理秩序类犯罪中的背信犯罪，破坏金融管理秩序类犯罪中的背信犯罪，侵犯财产类犯罪中的挪用类犯罪。容易与侵占犯罪发生适用争议的是前两类背信犯罪。应当立足于我国《刑法》的特殊安排，认识到我国背信犯罪更偏向于经济犯罪，其侧重于保护以信任关系为基础的市场交易秩序。在辨析其与侵占犯罪时，应当认识到背信犯罪侧重于保护单位的商业机会损失，而非侵占犯罪中的现实财产损失，并应基于这一认识解释相关罪名（具有毁弃性质的除外）。

---

① 参见［日］西田典之、桥爪隆：《日本刑法各论》（第七版），王昭武、刘明祥译，法律出版社 2020 年版，第 313-314 页。

② 参见［日］山口厚：《刑法各论》（第 2 版），王昭武译，中国人民大学出版社 2011 年版，第 388-391 页。

（一）立足于秩序法益来理解背信犯罪

从德国、日本、俄罗斯、韩国、加拿大、我国台湾地区等国家和地区的规定来看，背信罪的犯罪客体是他人的财产权。与之不同的是，我国的背信犯罪应为经济犯罪，而非传统意义上的财产犯罪，仅仅将其理解为财产犯罪无法体现对于市场交易秩序的保护。例如，我国通说也并未将为亲友非法牟利罪的客体局限于财产权，而是从整体角度进行分析，认为为亲友非法牟利罪侵犯的客体是国有公司、企业、事业单位的正常管理活动、合法利益。[①] 仅仅着眼于财产权的保护显然未能揭示出背信犯罪的独特之处，导致对背信犯罪的理解出现偏差。有学者明确指出，背信犯罪侵犯的主要法益是交易信用与经济秩序，财产权只是可能侵犯的法益。[②]

秩序法益是主体间性法益，界定秩序法益时应当关注主体间的互动过程而非特定或不特定主体的利益。[③] 以信用为核心的交易秩序实际上涉及单位、负有忠实义务的员工与交易方共三方主体，所保护的是市场交易的可预期性，即能够使得交易环节依法依规完成，而非某一方的目的。在正常的交易模式中，单位基于员工的认真履责而获得了利益最大化，员工基于认真履责而获得工资报酬，交易相对方基于信任参与招投标、合同签订从而如期如愿获得利益。在背信犯罪中，单位员工没有履行忠实义务，而是出于徇私动机损公肥私，进而导致本应流转的正常交易秩序失灵，阻碍了各方利益的实现。以信用为核心的市场交易秩序不仅仅是市场经济中自发形成的一种有利于商业交易的规范准则，更得到了《刑法》《公司法》等多个部门法的确立。在现代市场经济条件下，任何交易没有最终完成、单位没有确定收到应得利益的情况下，单位的交易行为都有可能面临相对方违约、不认真履行义务而导致收益降低乃至负收益的情形，因此，市场交易必然伴随着不确定性。随着市场经济的不断发展，信用作为经济活动与商品交易的基础性意义愈发受到重视。信用的存在能够使得委托双方对经济活动有着稳定的预期，便于委托双方基于理性共同作出最优效率的商业决策，进而提高商业效率、稳定商业秩序。

可见，我国《刑法》中的背信犯罪与侵占犯罪应为互斥关系。一方面，背信犯罪还具有毁坏财物罪的特征，这一点不仅是各国刑法中的通例，在我国《刑法》中也有体现。大谷实教授指出，背信犯罪中也有包含专以损害委托人为目的的行为，

---

① 高铭暄、马克昌：《刑法学》（第九版），北京大学出版社、高等教育出版社 2019 年版，第 390 页。

② 参见彭文华：《背信及其刑法规制》，载《当代法学》2020 年第 6 期，第 90 页。

③ 参见蓝学友：《论秩序法益的主体间性》，载《法学》2023 年第 11 期，第 88 页。

具有毁弃犯罪的一面。① 我国《刑法》中为亲友非法牟利罪中的“从自己的亲友经营管理的单位采购、接受不合格商品、服务的”，背信损害上市公司利益罪的“无偿向其他单位或个人提供资金、商品、服务或其他资产的”，均是其体现。毁弃犯罪与侵占犯罪是非此即彼的关系，为学界所公认。另一方面，背信犯罪保护的是市场交易秩序中的信任关系，从而保护单位的商业机会不受损失，如为亲友非法牟利罪中的“将本单位的盈利业务交由亲友经营”。侵占犯罪保护的是公私财产，是公司、企业拥有的现实财产。就前者而言，破坏信任关系与实际财产损失之间并非绝对，而是一种盖然性与相对性，财产损失是刑罚发动条件，即客观的处罚条件或曰客观的超过要素。

（二）立足于具体规定来理解背信犯罪

我国《刑法》对背信犯罪的立法体例与域外背信犯罪存在较大不同，这不仅体现为章节安排的不同、法益的不同，还表现为我国《刑法》不存在一般背信罪，而是对背信行为进行了类型化的划分。也有学者认为，我国《刑法》中的背信犯罪类似于日本刑法中的特殊背信罪，即在单行刑法中规定的各种背信犯罪行为，所以在分析上不能完全套用日本刑法中一般背信罪的原理。② 因此，我国每一个背信犯罪都有其特点，必须结合刑法规定具体判断，不能泛泛而谈。下文仅以《刑法修正案（十二）》修订的 3 个罪名为例分析其与职务侵占罪的界限。

1. 非法经营同类营业罪与职务侵占罪的界限

非法经营同类营业罪，是指公司、企业的董事、监事、高级管理人员，利用职务便利，自己经营或者为他人经营与其所任职公司、企业同类的营业，致使公司、企业利益遭受重大损失的行为。职务侵占罪所保护的法益是本单位财物，包括物理意义上的财物、财产性利益以及单位的确定性利益。③ 有学者认为，应当根据以下几点区分非法经营同类营业罪与职务侵占罪：（1）是否真实存在交易环节；（2）中间交易环节是否具有经营能力；（3）是否承担商业风险。④

这一认定思路是可取的。非法经营同类营业罪的本质是保护公司、企业的商业机会不被掠夺。在非法经营同类营业行为中，行为人实质上挤占了原任职单位的商业机会，并基于此开展实际的生产经营活动，从而获得利益。换言之，行为人的非

---

① ［日］大谷实：《刑法讲义各论》（第 2 版），黎宏译，中国人民大学出版社 2008 年版，第 303 页。

② 参见黎宏：《论我国刑法中的背信犯罪》，载《东方法学》2024 年第 4 期，第 171 页。

③ 参见张明楷：《刑法学》（第六版），法律出版社 2021 年版，第 1219 页。

④ 参见王勇：《民营企业内部腐败案件实务疑难问题研究》，载《中国法律评论》2024 年第 4 期，第 83 页。

法收益并非直接来源于原任职单位，而是通过经营其所获取的商业机会后所得。此罪要求非法经营同类营业行为致使公司、企业利益遭受重大损失。换言之，如果行为人原任职单位的商业机会损失并不会导致公司、企业利益遭受重大损失，也就不存在成立本罪的空间。

2. 为亲友非法牟利罪与职务侵占罪的界限

根据我国《刑法》第166条的规定，为亲友非法牟利罪存在三种行为类型。第三种行为类型具有明显的毁弃犯罪属性，与侵占犯罪界限分明，无须赘述。第一种行为类型也与侵占行为具有明显区别。所谓“盈利”只能是相对的，只要该业务对于单位而言具有盈利的可能性，那么就不能否定其为盈利业务。[①] 因此，这里的盈利业务实际上是一种商业机会，即本单位的工作人员在执行职务过程中所获得的并有义务向公司披露、与公司的经营活动密切相关、有盈利可能的各种商业机会。这与侵占犯罪所要求的确定的财产损失有着明显的不同。

值得研究的是第二种行为类型。如果市场价格是可以确定的，那么行为人实施第二种行为类型给单位造成的损失也就是确定的，这明显符合侵占犯罪的特征。背信犯罪保护的是市场交易秩序中的信任关系，破坏这种关系只是让单位的商业机会遭受损失、盈利可能减少。因此，只有在市场价格产生较为明显的波动时、市场价格在交易时点不能确定时才会存在第二种行为类型发生的可能，市场环境存在明显波动时才能称得上商业机会的损失。例如，行为人所经营、管理的单位长期需要购买某种商品或者服务，但由于其他因素的影响，该商品或服务的市场价格出现下滑迹象，如果趁此机会进行市场行情调研、调整购买计划就极有可能降低本单位的成本、增加单位的利润，但行为人出于徇私动机，对此市场变化视而不见，依然利用职务上的便利，向亲友经营管理的单位购买商品或者服务，致使单位利益遭受重大损失。

3. 徇私舞弊低价折股、出售公司、企业资产罪与职务侵占罪的界限

该罪的构成要件是，公司、企业直接负责的主管人员，徇私舞弊，将公司、企业资产低价折股或者低价出售，致使公司、企业利益遭受重大损失。在市场交易中，将公司、企业资产低价出售是股权转移、换取现金流的常见做法。公司、企业在将本单位资产折股或者出售时，都有可能遭受损失，这属于正常的商业风险。如果主管人员存在徇私舞弊的动机，那么，这种商业风险就有转化为现实的财产损失的可能。如果主管人员私自将本单位资产低价折股或低价出售给他人（为他人占有），或者形式上低价出售给他人但实际上自己获利（为自己占有），那么，实际上就已经符合了职务侵占罪的构成要件。如果行为人出于徇私舞弊之心理，违背忠实义务，

---

① 参见孙国祥：《为亲友非法牟利罪若干问题研究》，载《河南司法警官职业学院学报》第4期，第4页。

只是放弃了可以将本单位资产置换为更高价格的商业机会，并致使公司、企业利益遭受重大损失，那么才成立本罪。具体而言，可先判断资产交易是否具备正常交易的外观与要素，而后考虑市场价格及其变化形势来研判行为人究竟是侵占本单位财产，还是仅仅浪费了本单位的商业机会。

索贿型受贿中行贿人刑事责任的司法认定

周　恺*

一、问题的提出

我国《刑法》第389条第3款规定："因被勒索给予国家工作人员以财物，没有获得不正当利益的，不是行贿。"如果行为人向索贿者交付财物时没有谋取不正当利益的目的，亦无任何请托事项，而事后该索贿者主动给予行为人不正当利益（如职务不当晋升或优势竞争地位等），当如何评价行为人先前实施的交付财物行为？也就是说，可否反向理解《刑法》第389条第3款，即行为人因被勒索给予国家工作人员以财物，事后获得不正当利益的，就一律认定为行贿？此外，尽管我国《刑法》中只对受贿罪区分了主动索取型和被动收受型，并未严格区分主动行贿和被动行贿，但是实践中行贿人实施行贿行为的积极性也存在显著区别。有的行贿人主动行贿甚至持续"围猎"公权力行使主体，以获取不正当利益；有的行贿人则是兼具被索贿后的畏惧心理和借机谋取不正当利益的意图；还有的被索贿者在被勒索交付财物时没有谋取不正当利益的主观目的，在给付财物行为完成后才产生了谋取不正当利益的意图并提出了请托事项，应将后行为与前行为作为一个整体来评价，还是分别予以评价。这些问题不仅影响着行贿罪的入罪，实际上还反映了行贿人行贿意图的深浅，关涉行贿行为的社会危害性大小及其对贿赂犯罪保护法益的侵害程度，是影响行贿罪量刑的重要因素，值得深入探究。探究被索贿者是否构成行贿罪，首先要探讨"为谋取不正当利益"在行贿罪中的体系定位。

二、"为谋取不正当利益"是行贿罪的主观要素

根据对我国《刑法》第389条第1款条文的理解①，将"为谋取不正当利益"

---

* 周恺，北京师范大学法学院博士研究生。

① 《刑法》第389条第1款规定："为谋取不正当利益，给予国家工作人员以财物的，是行贿罪。"

解释为行贿罪的主观要素，在理论界基本上能够达成共识。尽管如此，倘若完全排除将“为谋取不正当利益”解释为本罪客观要素的可能性，在司法实践中也会遇到一些难题。张明楷教授曾指出，对于“行为人在国家工作人员利用职务上的便利为自己谋取利益时或者为自己谋取利益之后，给予国家工作人员以财物，作为职务行为的报酬”这一情形，倘若将“为谋取不正当利益”解释为主观要素，则将这种行为排除在行贿罪之外了；如果认为“为谋取不正当利益”既可能是主观要素，也可能是客观要素，那么该种行为也可能构成行贿罪。从实质解释出发，此类行为具有值得科处刑罚的法益侵害性。[①] 笔者认为，尽管从法益侵害性的角度，应当将此类行为纳入行贿罪的规制范围，通过实质解释严密刑事法网，但是无论基于对行贿罪刑法条文的文义解释还是体系解释，都不宜将“为谋取不正当利益”解释为行贿罪的客观要素。

至于我国现行《刑法》为什么将“为谋取不正当利益”规定为行贿罪的主观要素，张明楷教授也对此作出了解释，即“虽然国外刑法以及旧中国刑法都没有将‘为谋取不正当利益’作为行贿犯罪的主观要素，但我国现行刑法考虑到许多制度不健全、国民普遍‘办事难’等具体情况，也为了缩小处罚范围，将‘为谋取不正当利益’规定为行贿犯罪的主观要素”[②]。笔者十分赞同这一解释，尽管行贿罪侵犯的客体是国家工作人员职务行为的不可收买性[③]，但倘若严格按照行贿行为侵犯的客体来拟定行贿罪的刑法条文，则会导致行贿罪的处罚范围过大，将一些实质上不具备可罚性的行为纳入了本罪的规制范围，特别是在教育和医疗领域更为典型，家长想让孩子接受更好的教育、患者想让医生为自己治病，这些都属于正当利益。例如，实践中对于一些行政许可、审批类事项的办理，国家机关工作人员本应当做到“马上办”“最多跑一趟”，特别是对于一些建设、经营项目的审批，行政效率的高低直接关系到企业的经济发展，企业负责人在相关手续完备的情况下，想要快一点获得行政许可，本属于正当需求，然而基于实践中的复杂情况及多种因素的干扰，一些企业家只能通过支付“加速费”等方式才可能使得自己的项目如期获批，免遭不必要的拖延。企业负责人的此类行为当然侵犯了国家工作人员职务行为的不可收买性，但是此类行为不具有刑事可罚性，行政相对人不应当以自己承担刑事责任为代价为部分行政机关的效率低下“买单”。尽管《联合国反腐败公约》第 15 条对贿

① 参见张明楷：《刑法学》（第五版 · 下），法律出版社 2016 年版，第 1228 页。
② 张明楷：《刑法学》（第五版 · 下），法律出版社 2016 年版，第 1230 页。
③ 马克昌：《百罪通论（下）》，北京大学出版社 2014 年版，第 1200 页。

贿本国公职人员应予入罪的情况作了明确规定①，但其并未将实施行贿行为者的主观目的作为入罪时需考量的因素，即无论行为人是否具有谋取不正当利益的目的，只要实施了许诺给予、提议给予或实际给予公职人员或其关系人不正当好处的行为，并以此作为公职人员实施或不实施职务行为的对价，即构成行贿罪。但事实上，我国立法机关在对行贿罪立法时充分考虑到了实践中的复杂情况，为保持刑法的谦抑性，集中力量打击更为严重的破坏国家工作人员职务行为不可收买性的行贿行为，没有将不具备“谋取不正当利益”这一主观目的的行为人纳入本罪的规制范围。因此，在我国《刑法》中，“为谋取不正当利益”是行贿罪的主观要素。在此基础上，还需要进一步探讨对被索贿者主观方面考察判断应立足的时间点。

三、对被索贿者主观方面的考察应立足于实施给付财物等行为时

在解决被索贿者主观方面判断的时间点这一问题前，应当厘清《刑法》第 389 条第 3 款的“出罪”规定与第 1 款的关系问题。对此，有学者认为从体系解释的方法入手，《刑法》第 389 条第 1 款是对行贿罪的基本规定，而第 3 款是例外规定。②然而，笔者更倾向于《刑法》第 389 条第 3 款是注意规定。一方面，从《刑法》第 389 条第 3 款的条文表述来看，即便没有这一规定，“因被勒索给予国家工作人员以财物，没有获得不正当利益的”行为，由于行为人一开始就没有谋取不正当利益的主观目的，其实施给付财物等行为是基于被国家工作人员的勒索，而非基于自己谋取不正当利益的主观意图，当然不属于行贿。另一方面，就这一款条文的效用而言，明显是基于对向犯原理，为呼应“索贿型”受贿，提示纪检监察和司法机关工作人员在查办“索贿型”受贿案件的过程中，要注意对单纯被索贿而未获得不正当利益的行为人及时予以出罪处理，控制好查处和打击范围。因此，只有将《刑法》第 389 条第 3 款理解为行贿罪的注意规定，才能更合理地解释《刑法》第 389 条各款对行贿罪规定的逻辑关系，即第 1 款规定了本罪的主观目的和客观行为，“为谋取不正当利益”是本罪的目的，“给予国家工作人员以财物”是本罪的行为方式，这一款实际上规定了行贿罪的全部主客观构成要件。而《刑法》第 389 条第 2 款是对司法实践中出现的“回扣”“手续费”等模糊地带所作出的进一步解释，第 3 款是对“索贿型”受贿中行贿人的法律评判作出的提示性规定。《刑法》第 389 条第 2

① 《联合国反腐败公约》第 15 条规定，各缔约国均应当采取必要的立法措施和其他措施，将下列故意实施的行为规定为犯罪：（1）直接或间接向公职人员许诺给予、提议给予或者实际给予该公职人员本人或者其他人员或实体不正当好处，以使该公职人员在执行公务时作为或者不作为；（2）公职人员为其本人或者其他人员或实体直接或间接索取或者收受不正当好处，以作为其在执行公务时作为或者不作为的条件。

② 参见马克昌：《百罪通论（下）》，北京大学出版社 2014 年版，第 1202 页。

款、第3款都是针对司法实践中出现的特殊情况，对第1款基本规定作出的具体解释，以便明确行贿罪的入罪边界，准确区分罪与非罪。马克昌先生认为："无论是主动行贿还是被勒索行贿，成立犯罪均须具备'为谋取不正当利益'这一主观要件。"①

对行贿罪中行为人主观方面的考察和判断，应当坚持以实施给付财物等行为时为时间点。特别是对于"索贿型"受贿中行贿人刑事责任的判断，坚持这一标准尤为重要。由于行贿的手段、方式多样，既有直接交付财物型，也有合法债务免除型，笔者这里的实施给付财物等行为时，当然也包括行为人成功免除合法债务行为时。即言之，对于行为人是否构成行贿罪，在考察其主观方面时，应当立足于截至实施交付财物、免除债务等使得对方成功获取物质性利益的行为时或开始实施感情投资行为时，行为人是否具有谋取不正当利益的主观目的、是否具有明确的请托事项等因素来进行综合判断。对于此类行为实行完毕后再产生上述意图或默许接受有关不正当利益的，不能以此为由反推行为人交付财物时具有谋取不正当利益的主观目的。以实施给付财物等行为时作为行为人主观方面考察判断的时间点，具有以下四个方面的合理性：

第一，更契合行贿行为本身的逻辑顺序以及我国《刑法》对行贿罪构成要件的规定。行贿行为具有不可逆的内在逻辑顺序，行为人之所以行贿，是因为其先产生了谋取不正当利益的主观目的，基于这一目的形成了具体的请托事项或萌生了长期感情投资的意图，再寻找"围猎"目标（即行贿或感情投资的对象）。行贿人通过各种方式将具体的请托事项传达给受贿人或向其传达感情投资的意愿，并交付行贿的对价（包括财产、劳务等财产性利益，感情投资行为，性贿赂行为），受贿人通过自身的职权以作为或不作为的方式为行贿人谋取该项利益，最终使行贿人谋取不正当利益的目的得以实现。倘若行为人在"行贿"时不具备谋取不正当利益的目的，只是在已获取不正当利益后觉得满意再支付相应的对价，尽管这一情况在现实生活中可能存在，但认定其构成行贿罪则会产生"行为人先获取了不正当利益，再产生谋取不正当利益的主观目的，进而反推其先前被勒索给予国家工作人员财物等行为属于行贿行为"的逻辑悖论。这一顺序不仅在逻辑上是行不通的，还严重违背了我国《刑法》第389条对行贿罪构成要件的规定，亦不符合刑法的谦抑性。因此，有必要将对被索贿者主观方面考察判断的时间点紧密立足于实施给付财物等行为时。

第二，被索贿者在实施给付财物等行为后能否获得不正当利益具有很大的不确定性，这种不确定因素不应对被索贿者刑事责任的认定产生影响。被动行贿与主动

① 马克昌：《百罪通论（下）》，北京大学出版社2014年版，第1202页。

行贿的主要区别在于，行为人对“给付对价后”受贿人是否给予其不正当利益的风险承担不同，对于主动行贿的行为人而言，无论受贿人是否为其“办事”，只要行为人具有谋取不正当利益的主观目的，客观上实施了向国家工作人员给付财物等行为，就构成行贿罪的既遂，无论其是否实际获得不正当利益，即主动行贿人要承担“钱花了，事没办成，还要坐牢”的风险，这是基于我国《刑法》第 389 条对行贿罪主客观构成要件的规定。但对于被动行贿的行为人而言，其一开始就没有谋取不正当利益的主观目的，被索贿后因心理上的惧怕或理性利益权衡甚至是妥协而实施了给付财物等行为，事后受贿人可能给予其不正当利益，但此类不正当利益的种类、价值都具有很大的不确定性，不应以这种不确定的因素来作为对被索贿者刑事责任认定的依据，否则其“行贿”行为对法益的侵害程度及“行贿人”刑事责任的大小完全由实施索贿行为的一方所掌握，且用索贿者给予其不正当利益的种类和数量来反推其行贿行为的危害性在逻辑上也难以成立。

第三，以行为人在实施给付财物等行为后默许接受不确定的不正当利益的行为，来推定其实施给付财物等行为时具有谋取不正当利益的主观目的，缺乏法理和逻辑基础。行为人在“行贿”时持何种主观心态、具有何种主观目的，只能立足于“行贿”时进行考察判断。尽管司法实践中可以通过客观行为来推定行为人的主观目的，但这一推定也应当以“行贿”时为时间截点，可以通过考察这一时间截点之前行为人的客观行为，用以推定其当时是否具有谋取不正当利益的主观目的。例如，行贿人虽然声称自己在给付行贿“对价”时不具有谋取不正当利益的目的，但在给付“对价”时或给付“对价”前，已经实施了将具体的请托事项传达给受贿人的客观行为，且有充分的证据对此加以证实，此时行贿人就其主观方面的辩解则难以成立。此外，考虑到实践中的复杂情况，很多行为人事后对于已获得的某些利益，缺乏拒绝接受的期待可能性。例如，企业家在被行政主管机关的领导索贿后给付了财物，事后这位领导给予了该企业不正当的优势竞争地位或资源倾斜，难以期待这位企业家以主动告发主管行政机关领导的方式来拒绝接受这种不正当利益；国家工作人员在被主管领导索贿后，领导在会上对其工作表现给予了肯定的评价，且这一评价对其职务晋升存在重要影响，以什么标准来判断这一评价是否属实和客观（即是否为不正当利益），如属于不正当利益，又应当如何要求该国家工作人员以某种方式拒绝接受这种肯定或提携，存在诸多模糊且有违常理常情之处。

第四，如果对行贿人主观方面的考察不立足于实施给付财物等行为时，也极有可能产生一定的社会道德风险。特别是有可能造成索贿者在勒索“行贿人”财物后，即便“行贿人”没有请托事项，受贿人也主动给予该“行贿人”一定的不正当利益，将其“拉下水”，以防止其事后揭发该索贿行为或自首。基于“法不能向不法让步”的朴素价值理念，对于作为对向犯的行贿罪与受贿罪而言，倘若行贿罪的入罪门槛过低则会使国民稍有不慎就被贴上“犯罪标签”，也会使国民即便被国家工作人员、上级领导索贿也不敢告发，客观上放纵了索贿型受贿行为，使大量的受贿人逃避了法律追究，增大了贿赂犯罪的“黑数”，亦不利于消除腐败存量。因此，对于行贿罪的认定，只有坚持实事求是的原则，严格依据我国《刑法》第389条第1款对行贿罪主客观构成要件的规定，始终立足于实施给付财物等行为时来考察行贿人的主观方面，排除事后行为对被索贿者刑事责任认定的不当干扰，才能准确区分罪与非罪。

综上所述，对于被索贿者刑事责任的认定，要摒弃仅凭其事后获得了不正当利益就直接认定为行贿的做法，在判断罪与非罪时要恪守主客观相统一原则。在行为人主观方面的判定上，要严格遵循行贿罪中“目的”与“结果”之间不可逆的逻辑顺序，对行贿人主观方面的考察应严格立足于实施给付财物等行为时，反对以行为人事后行为“补强”其事前具有“谋取不正当利益”的主观目的。对于行贿罪的判断，要严格遵循行贿行为通常的内在逻辑，即先产生“谋取不正当利益”的行贿目的，再实施向行贿对象传达请托事项或进行感情投资等客观行为，不论其最终是否实际获得了不正当利益。总之，要反对基于行贿人已获取不正当利益这一客观事实，反推其先前行为是基于谋取不正当利益这一目的而实施的。据此，行为人因被勒索给予国家工作人员以财物，事后获得了不正当利益，需结合全案证据准确判断其实施给付财物等行为时有无具体或概括的请托事项，以及有无进行长期感情投资的意愿，深入考察其在这一时间节点是否具有谋取不正当利益的主观目的，如有则可能构成行贿罪。在构成行贿罪的基础上，鉴于被索贿者实施行贿行为的直接原因是被勒索而非主动“围猎”国家工作人员，其法益侵害性与主动行贿存在显著区别，还需要进一步探讨对被动行贿者的量刑问题。

四、索贿行为对被索贿者量刑的影响

《刑法修正案（十二）》修改了行贿罪、单位行贿罪和对单位行贿罪的处罚规定，整体上加大了对行贿犯罪的惩治力度，特别是调整了行贿罪的法定刑幅度，将第一个量刑幅度的法定最高刑由5年调整至3年，使其与受贿罪的各个法定刑幅度基本相当，并明确了7种从重处罚的情节。对此，有学者认为这一调整并非是轻缓化处理行贿犯罪行为，而是为了使对受贿行为的惩治与对行贿行为的惩治进行有效衔接，且“行贿受贿并重处罚”是将行贿方与受贿方置于同等地位之上，提高了行贿人与受贿人被查处的概率。[①] 但也有学者对此表示质疑，认为将“坚持行贿受贿

---

① 何萍、刘继琨：《“行贿受贿并重处罚”法治逻辑与协调适用》，载《检察日报》2023年8月15日，第3版。

一起查”简单或变相地理解为“坚持行贿受贿一起罚”甚至是“同等罚”，这是对当前治理行贿罪刑事政策的一种误读。[①] 事实上，尽管调整后行贿罪与受贿罪的法定刑基本相当，但二者入罪的标准存在显著区别，不能仅根据其法定刑相当就认为《刑法》对行贿罪与受贿罪的处罚力度相当。我国《刑法》将受贿罪分为被动收受型和主动索取型，被动受贿的行为人需要进一步实施为他人谋取利益的行为才入罪，而对于索贿型受贿，行为人只要实施了索要贿赂的行为即可构成受贿罪。而对于行贿行为而言，无论是主动行贿还是被勒索后行贿，都需要行贿人具有谋取不正当利益的主观目的，否则不构成行贿罪。由此可见，行贿罪的入罪标准明显高于受贿罪，即便《刑法修正案（十二）》使行贿罪与受贿罪的法定刑更加衔接，但不能据此认为这属于对二者的“同等罚”。

我国《刑法》对受贿行为的惩治区分了主动索贿和被动收受，二者在入罪标准上存在显著差异，体现了《刑法》根据受贿行为的主动性不同设置了宽严有别的处遇措施。然而，《刑法》中并未明确区分主动行贿和被动行贿在刑罚处遇上的差异。在坚持“行贿受贿一起查”的政策背景下，应当以行贿行为的主动性为标准，将行贿行为分为主动行贿和被动行贿，构建阶梯化的行贿罪量刑机制，从严惩治以“围猎”为典型的主动行贿，从宽处理以被索贿为代表的被动行贿，将宽严相济刑事政策更好地贯彻在对行贿行为的惩治中。构建主动行贿从严、被动行贿从宽的差异化刑事处遇机制，具有以下三个方面的合理性及必要性。

其一，有助于实现《刑法》内在逻辑的自洽。如前所述，我国《刑法》第 385 条第 1 款为主动索贿与被动受贿设置了宽严有别的入罪标准。尽管条文中未明确二者的量刑差异，但司法实践中同等条件下对主动索贿者的量刑往往重于被动受贿者，这也是宽严相济刑事政策在刑事司法中的贯彻。而对于行贿罪而言，目前《刑法》第 389 条第 1 款未区分主动行贿和被索贿后行贿在入罪标准上的差异，即二者都采取了“为谋取不正当利益+实施了给予国家工作人员财物的行为”这一主客观入罪标准，且在司法实践中，难以看出对被索贿者的处罚明显轻于主动行贿者。《刑法》中明确被索贿者与主动行贿者刑事处遇措施的差异，有利于呼应受贿罪的立法，实现《刑法》内在逻辑的自洽。

其二，有必要在立法中明确区分主动行贿和被索贿后行贿，以实现刑事立法对司法的指引作用。目前，《刑法》中尚未对行贿行为的主动性进行明显区分，这是刑事司法中尚未形成主被动行贿差别处遇的重要因素。不同于行贿罪，《刑法》对受贿罪在入罪标准的界定上就区分了主动索贿和被动收受，即使尚未明确规定二者在量刑上的差异，但其在入罪标准上的区别对待极大地影响了司法实践中对主动索

① 参见邱帅萍：《贿赂犯罪刑罚配置的体系性完善——由〈刑法修正案（十二）〉展开》，载《比较法研究》2024 年第 1 期，第 42-43 页。

贿和被动受贿者量刑的差异，发挥着刑事立法对司法的指引作用。

其三，有助于打破“攻守同盟”，激励被索贿者自首，进而发掘更多的索贿线索，提高索贿者被惩处的必然性，降低贿赂犯罪“黑数”。如笔者前文所述的道德风险，部分索贿者就是利用了被索贿者既想以后顺利“办事”或不被“穿小鞋”，同时又畏惧刑事风险的心理，在被索贿者谋取不正当利益的主观心态尚未完全形成时，以向其索贿为试探，打破窗纱，促进被索贿者向其给付财物，随后又主动给予被索贿者一定的不正当利益，让其沾染刑事风险，进而二人在短时间内就形成了“攻守同盟”，并极有可能日后继续实施更为严重的权钱交易或其他腐败犯罪行为。因此，缺乏对被索贿者从宽乃至免除处罚的刑事激励机制，客观上会加固行贿人与受贿人之间形成的“攻守同盟”，为双方之间日后产生更多、更严重的腐败行为埋下巨大隐患。

事实上，“行贿受贿一起查”并不等于“行贿受贿同等罚”。《刑法修正案（十二）》集中加大了对各类行贿犯罪的处罚力度并不代表其排斥对特定类型的行贿行为予以刑事激励，其加大对行贿行为的处罚力度主要是打击“围猎”型或长期感情投资型的行贿，此类行为所滋生的腐败并非源于国家工作人员自身，换言之，在“围猎”型行贿中，国家工作人员是被动的一方，严惩此类行贿行为有助于促进廉政建设。而在国家工作人员主动索贿的情形下，国家工作人员是主动且强势的一方，是侵害国民以自身实力公平获取竞争资源的权利的一方，应当给予作为弱势一方的国民更宽缓乃至免予处罚的刑事激励，促进其检举揭发实施主动索贿行为的国家工作人员。

为构建被索贿者从宽处遇的激励措施，笔者提倡在《刑法》第 389 条中增加对被索贿者从宽处罚的规定，建议将《刑法》第 389 条第 3 款修改为：“因被勒索给予国家工作人员以财物，没有获得不正当利益的，不是行贿；获得不正当利益且构成本罪的，可以从轻处罚；在被追诉前主动交代行贿行为的，可以减轻处罚或者免除处罚。”这一修改的合理性主要体现在以下三个方面。

第一，修改后的该款第一个半句就是原有的《刑法》第 389 条第 3 款的完整表述，笔者认为这一注意规定仍具有现实意义，应予保留，以不断提示司法人员对于被勒索实施给付财物行为且没有获得不正当利益的行为人，直接予以出罪。但是，原有这一表述也为司法实践中无法准确评判被索贿者事后获得不正当利益的情况埋下了隐患，亟待进一步解释。

第二，在保留原有条款的基础上增设的第二个半句，是为了在立法中明确因被勒索而给予国家工作人员财物，事后如获得了不正当利益，当如何评判的问题，故采用“且构成本罪的”表述，明确了并非获得不正当利益就一律认定为行贿。那么，是否属于行贿的判断标准是什么呢？当然要回到本条第 1 款对行贿罪主客观方面的基本判断，以行为人在实施给付财物等行为时是否具有谋取不正当利益的主观目的来判断。同时，考虑到因被勒索而实施的行贿行为属于被动行贿，其对贿赂犯罪法益的侵害程度明显轻于主动行贿，量刑上应当与通常的主动行贿有所区分，故建议采用“可以从轻处罚”的从宽处遇措施。

第三，最后一个半句是为了进一步激励被索贿者主动交代其实施的行贿行为，为司法机关提供索贿者的线索，加大对索贿行为的查处和打击力度，瓦解二者之间的“攻守同盟”，给同时具有主动交代情节的行贿人以更为从宽的减轻乃至免除处罚的激励措施。这一表述也参考了我国《刑法》第392条第2款介绍贿赂罪中从宽的处遇措施，即“介绍贿赂人在被追诉前主动交代介绍贿赂行为的，可以减轻处罚或者免除处罚”。值得注意的是，有关减轻处罚或免除处罚的适用，笔者认为如果行贿人原本的刑期是在行贿罪的第一个法定刑幅度，即3年以下有期徒刑或拘役，则应当直接适用免除处罚，因为第一个法定刑幅度内无法实质进行减轻处罚，唯有直接适用免除处罚才是将减轻处罚落到实处。如果被索贿者的行贿行为原本构成了行贿罪的第二个及以上的法定刑幅度，则适用减轻处罚，即在下一个法定刑幅度内量刑。

刑事立法对刑事司法具有重要的指导作用，之所以刑事司法中形成了同等条件下被动收受型受贿人的处遇往往轻于主动索贿型受贿人的惯例，是因为《刑法》中明确对两种不同的受贿行为进行了准确界分，并设置了不同的入罪标准。《刑法》中没有必要对主动行贿和被动行贿设置高低有别的入罪标准，不如直接在《刑法》中明确规定对被索贿者从宽处理的刑事激励措施，这既是对主动行贿与被动行贿社会危害性不同的立法认可，又是对被索贿者主动揭发索贿行为的有效激励，还可以打破索贿者与被索贿者形成的“攻守同盟”，预防二者在未来发生更多的腐败和不正当交易行为。

海外商业贿赂犯罪的刑法规制*

——以《刑法》第164条第2款为中心

王唯鉴**

一、问题的提出

近年来，外国跨国企业涉嫌在我国实施贿赂行为，以及我国企业涉嫌在外国实施贿赂行为的案件颇多。前者如葛兰素史克（中国）投资有限公司行贿案①，GE医疗集团在华相关行贿案②，3M中国子公司行贿案③；后者则如奚某兵、周某贺对外

* 本文系2025年最高人民检察院检察应用理论研究课题“涉外经济犯罪追逃追赃程序研究”的阶段成果。

** 王唯鉴，北京师范大学法学院博士研究生。

① 参见《被罚30亿，葛兰素史克总公司向中国政府和人民郑重道歉》，载澎湃新闻·财经上下游，https：//www.thepaper.cn/newsDetail_ forward_ 1267802，最后访问日期：2024年10月29日。

② 参见《涉贿赂款累计超2500万元，GE医疗器械5年涉45次贿赂案》，载健康时报（人民日报主办）微信公众号，https：//mp.weixin.qq.com/s/j42IJGeu3zZaRW5Sajz1_ w，最后访问日期：2024年10月29日。

③ 该案的主要案情为：3M在中国的一家全资子公司的员工安排国有医疗保健机构雇用的中国政府官员参加海外会议、教育活动和医疗保健机构参观，表面上是作为中国子公司营销和外联工作的一部分，然而，参加活动的安排往往是以向中国政府官员提供海外旅行（包括旅游活动）的借口，诱使他们购买3M产品。3M的中国子公司支付了近100万美元，为中国政府官员提供了至少24次旅行，并直接向一家中国旅行社转账25.4万美元。参见U.S. Securities and Exchange Commission，SEC Charges 3M with Foreign Corrupt Practices Act Violations Relating to China Subsidiary，https：//www.sec.gov/newsroom/press-releases/2023-160，最后访问日期：2024年10月29日。

国公职人员行贿案[1]，大庆油田路桥工程有限责任公司等国企行贿案[2]。但与实践中案件频发、涉案数额巨大情况相对的，是学界对相关问题研究较少、概念混乱的现状。

对于跨国商业贿赂犯罪，学界已经有许多卓有成效的研究成果，但对于我国《刑法》第 164 条第 2 款规定的对外国公职人员、国际公共组织官员行贿罪（以下简称“对外商业行贿罪”）的研究却很少。[3] 一方面，学界对这一罪名的研究还有待加强，对外商业行贿罪应当是我国反海外商业贿赂犯罪的核心罪名，其具有与其他贿赂犯罪迥异的构成要件和法益，无论是在个罪适用上还是体系解释上，本罪都存在许多需要澄清的内容，应当受到重视。另一方面，学界研究较少的情况与实践中本罪的适用较少也不无联系，对外商业行贿罪是《刑法修正案（八）》新增的罪名，但自 2011 年至今，本罪的适用公开报道较少，罪名适用也不多。在涉及相关案件的对向行为中，由于各国对受贿行为的立法和处罚情况不同，作为对外行贿对向行为的外国受贿行为也难以与前者形成清晰的体系结构，对外商业行贿罪的适用也就受到一定限制。

跨国商业贿赂犯罪实际上包括两种类型，分别是“外国企业在本国进行商业贿赂”与“本国企业在外国进行商业贿赂”，这两个概念在主体、行为、规制领域、管辖依据等方面完全不同。基于行为区分的角度，必须指明相关概念的范畴，笔者实际上讨论的主要是我国企业在海外的贿赂犯罪，规范上以我国《刑法》第 164 条第 2 款的规定为核心。因此，笔者使用海外商业贿赂犯罪这一概念，主要是指我国行为人为谋取商业利益向外国公职人员、国际公共组织官员行贿，以及上述人员索取、收受贿赂的行为。

事实上，《刑法》第 164 条第 2 款规定的对外商业行贿罪，在规制海外商业贿赂犯罪上还存在着解释与适用的巨大困难：在解释上，存在本罪法益模糊、作为客观构成要件要素的“财物”涵摄范围不明、“谋取不正当商业利益”的正当性争议

---

① 该案主要案情为：2017 年至 2019 年，时任中铁隧道局集团有限公司新加坡分公司总经理的被告人奚某兵伙同该公司副总经理被告人周某贺，为谋取不正当商业利益，三次向新加坡公职人员行贿 22 万新加坡元。参见《被告人奚某兵、周某贺对外国公职人员行贿　奚某兵受贿案一审宣判》，载中国法院网，https：//www. chinacourt. org/article/detail/2023/10/id/7593584. shtml，最后访问日期：2024 年 10 月 29 日。

② 参见《数万亿境外国有资产监管调查：有国企竟上海外行贿“黑名单”》，载人民网 · 央企，http：//ccnews. people. com. cn/n/2015/0505/c141677-26947903. html，最后访问日期：2024 年 10 月 29 日。

③ 笔者以“跨国商业贿赂”“跨境商业贿赂”在中国知网检索相关文献，去除重复性文献，对对外商业行贿罪展开研究的学术文章仅有 150 篇左右，且绝大多数文章发表时间较早，也并非对本罪的适用和解释进行教义学研究，多仅仅在体系上提及本罪而并未独立展开。

和判断方法不清、“回扣”行为的可罚性模糊等问题；在适用上，则存在保护管辖条款难以处理域外企业或个人与我国行为人共同犯罪、属人管辖条款难以涵摄单位、跨国企业母公司责任游离等问题。

2024年7月，中国共产党第二十届中央委员会第三次全体会议审议通过《中共中央关于进一步全面深化改革　推进中国式现代化的决定》，其中第十五部分第59条明确：“深入推进党风廉政建设和反腐败斗争”“推进反腐败国家立法，修改监察法，出台反跨境腐败法”。腐败包括贪污贿赂犯罪，反腐败必然包括反海外商业贿赂。海外商业贿赂与国内商业贿赂相似又不同，二者共同指向反商业贿赂行为，是反腐败斗争的重要内容。要推进反腐败，就必须进一步研究商业领域的海外贿赂行为，明确《刑法》第164条第2款的适用正当性及必要性，并进行可行性分析，以推进我国反腐败斗争进一步向前发展。

二、海外商业贿赂犯罪刑事治理的现状与疑义

与学界对贿赂犯罪普遍重视不同的是，海外商业贿赂存在许多争议，甚至在基本概念上就有指代对象不明的争议。类似的是，《刑法》的域外效力得到了学界的普遍承认，但对于具体的个别罪名的效力延及范围以及如何发动和激活《刑法》的管辖权规定，仍然存在着许多争议。在实践中，对这些问题也有许多困惑。

（一）海外商业贿赂犯罪规制的现状

在国际条约方面，许多重要的国际条约对海外商业贿赂行为进行了规定。例如，2003年10月，《联合国反腐败公约》（United Nations Convention against Corruption）获联合国大会通过，治理海外商业贿赂在全球范围内达成基本共识；2018年12月生效的《全面与进步跨太平洋伙伴关系协定》（Comprehensive and Progressive Agreement for Trans-Pacific Partnership，以下简称《跨太平洋协定》）亦包含反海外商业贿赂条款，我国于2021年9月16日正式申请加入《跨太平洋协定》[①]。

在国内法律规制方面，对于海外商业贿赂行为在前置法上以《反不正当竞争法》的规定为核心，《反不正当竞争法》第7条是我国现行法律中主要直接规制商业贿赂行为的法律条文。与《反不正当竞争法》不同，《刑法》上不仅没有直接以商业贿赂行为作为构成要件的个罪，同时也缺乏商业贿赂行为的相关定义。《刑法》第164条第2款的对外商业行贿罪是最接近直接规制商业贿赂行为的犯罪，但其对于构成要件的设定也限制了其不得适用于国内商业贿赂行为。最高人民法院、最高

---

① 参见《中方正式提出申请加入〈全面与进步跨太平洋伙伴关系协定〉（CPTPP）》，载商务部网站，http://www.mofcom.gov.cn/article/news/202109/20210903199707.shtml，最后访问日期：2024年10月29日。

人民检察院（以下简称“两高”）《关于办理商业贿赂刑事案件适用法律若干问题的意见》（以下简称《商业贿赂解释》）中对于商业贿赂行为的界定主要通过条文列举的方式展开，而商业贿赂行为可能发生在任何贿赂犯罪中[①]，因此，《商业贿赂解释》也没有直接回答商业贿赂犯罪的定义，更不涉及海外商业贿赂犯罪的理论范畴。

1. 研究热潮掩盖下的重要概念分歧

在学界对相关问题研究的热潮下，隐藏着多重因素，这些因素阻碍着海外贿赂犯罪研究和对外商业行贿罪的构成要件解释的进一步深化。

首先，虽然学界普遍使用跨国商业贿赂犯罪的概念，但对于这一概念和其相关概念存在分歧。例如，有观点认为，应当区分性理解商业贿赂的主体，将商业贿赂的主体限定为实施商业行贿行为的经营者，或主张商业贿赂包括行贿人与受贿人两方面主体。[②] 又如，有观点认为，商业贿赂包括广义与狭义两种类型，后者仅指发生在经营者或私人部门之间的贿赂犯罪行为，而前者包括了公务性商业贿赂。[③] 但是，纵览国际条约和世界主要国家立法，尚无禁止一国私营部门向另一国私营部门贿赂的行为[④]，各国刑事法律都主要是对国内的私营部门贿赂予以禁止，虽然私人贿赂确实在国际市场上十分盛行[⑤]。因此，使用所谓广义的商业贿赂主体概念或狭义的商业贿赂概念，反而会导致海外商业贿赂这一概念在《刑法》上丧失内涵，无法发挥概念的应有作用。再如，还有观点从罪名体系上进行展开，认为商业贿赂狭义上包括非国家工作人员受贿罪和对非国家工作人员行贿罪[⑥]，反而导致以“谋取不正当商业利益”为主观构成要件要素的对外商业行贿罪被排除在商业贿赂犯罪的概念之外，也难以划归公职贿赂。

其次，如前所述，跨国商业贿赂包括“外国企业在本国进行商业贿赂”与“本国企业在外国进行商业贿赂”两种情形，而讨论跨国商业贿赂犯罪规制的相关研究，往往也是在不同的语境下展开。例如，有学者认为跨国商业贿赂包括三种情形，

---

① 参见《商业贿赂解释》第 4 条至第 9 条的规定。

② 于龙、张学永：《商业贿赂犯罪的成因思辨及规制研究》，载《警学研究》2024 年第 2 期，第 66 页。

③ 刘远：《商业贿赂犯罪的概念与立法》，载《华东政法学院学报》2006 年第 5 期，第 110 页。

④ 李本灿：《对非国家工作人员行贿罪的立法论思考》，载《国家检察官学院学报》2021 年第 3 期，第 117 页。

⑤ Jeffrey R. Boles, The Two Faces of Bribery: International Corruption Pathways Meet Conflicting Legislative Regimes, 35 Michigan Journal of International Law, 673 (2014), pp. 676.

⑥ 李本灿：《对非国家工作人员行贿罪的立法论思考》，载《国家检察官学院学报》2021 年第 3 期，第 117 页。

一是外国的跨国公司在中国贿赂中国官员，二是外国的跨国公司在中国贿赂外国官员，三是中国的跨国公司在中国贿赂外国官员。[①] 也有学者认为，跨国商业贿赂包括公职贿赂与私营贿赂两种情形。[②] 上述第一种观点实际上以跨国公司作为标准，将跨国商业贿赂理解为“跨国公司的跨国商业贿赂”行为，没有涉及我国跨国公司在外国贿赂外国官员的情形，但却涵盖了外国跨国公司在我国贿赂我国官员的情形，这一行为是否侵犯相关法益和我国是否能够现实有效的管辖，都有争议。上述第二种观点虽然提出了跨国商业贿赂的分类，但并未在此基础上进一步展开，实际上主要是在“外国公司在华贿赂”这一范畴上讨论跨国商业贿赂。

再次，比较研究与法律规制的范畴概念混乱。由于国际条约和各国立法采取的术语概念表述不同，腐败（corruption）与贿赂（bribery）在我国虽然是近义词或同义词，在不涉及贪污等行为时主要指贿赂行为[③]，但在域外并非如此。例如，美国《反海外腐败法》（Foreign Corrupt Practices Act，以下简称 FCPA）[④] 的规制重点包括贿赂行为与会计责任两方面，最近许多学者对 FCPA 的会计责任及免责条款展开了研究。[⑤] FCPA 的腐败行为主要涵盖贿赂行为与违反会计条款，会计责任在外部关系上不仅是独立于贿赂行为的处罚依据，在内部关系上同时还与贿赂行为存在紧密的上下游联系。但在我国，违反会计责任行为在不属于贿赂行为组成要素或预备行为时，是否应当属于《反不正当竞争法》所称商业贿赂尚有争议[⑥]，在《刑法》罪名适用上也不涉及贿赂犯罪，而主要是适用《刑法》第 162 条之一规定的隐匿、故意销毁会计凭证、会计账簿、财务会计报告罪（以下简称“隐匿销毁型会计罪”），而该条仅禁止隐匿和故意销毁行为，且要求情节严重，处罚范围与贿赂犯罪显然也有所不同。

最后，对向行为关系存在分歧。学界许多观点认为，在行贿与受贿这一组关系

---

① 陈晖：《联合国反腐败公约与跨国商业贿赂犯罪的法律控制》，载《政法学刊》2007 年第 1 期，第 65 页。

② 王志祥、刘婷：《跨国公司商业贿赂犯罪：现状、域外治理及借鉴》，载《铁道警察学院学报》2016 年第 4 期，第 73 页。

③ 钱小平：《转型国家腐败治理刑法应对战略之选择——中匈贿赂犯罪立法考察与中国借鉴》，载《暨南学报（哲学社会科学版）》2015 年第 12 期，第 77-78 页。

④ 15 U. S. C. § § 78dd-1，载司法部网站，https：//www. justice. gov/criminal-fraud/statutes-regulations，最后访问日期：2024 年 10 月 29 日。

⑤ 郭镇源：《美国〈反海外腐败法〉域外适用的制度镜鉴》，载《河南财经政法大学学报》2023 年第 2 期，第 93 页。

⑥ 刘继峰、涂静轩：《商业贿赂认定中“如实入账”的功能重塑与规则细化》，载《中州学刊》2024 年第 10 期，第 55 页。

中，受贿行为的查处更为重要，对受贿行为的处罚并不意味着对行贿行为的同等处罚。[①] 这一观点是否妥当尚且不论，其后所反映的思潮，是学界研究更加重视受贿行为而相对忽视行贿行为，学界甚至有观点主张废除行贿罪。[②] 对外商业行贿罪缺乏其对向行为的对外商业受贿行为，从构成要件和法益配置来看，此类受贿行为并没有直接侵害我国的国家或国民具体利益，受贿行为的确定也过度依赖行贿行为的构造，导致构成要件不具有独立性；从刑事执法的角度看，即便立法将此类受贿行为犯罪化，司法机关也面临着难以执法、管辖权弱位于他国刑事管辖权、受贿人所在国立法未予犯罪化等困难，而《联合国反腐败公约》也未对此作出硬性要求。因此，在我国现在尚未立法规定对外商业受贿犯罪，日后也难以设立该罪的情况下，对于对外商业行贿罪的讨论，由于本罪的行贿行为属性，不免在贿赂犯罪的研究中被弱化。

2. 替代路径优位于特别罪名适用

在海外商业贿赂犯罪中，对外商业行贿罪应当是罪名适用的核心。从表面的构成要件看，《刑法》第 164 条第 2 款规定本罪以“谋取不正当商业利益”为目的，该贿赂目的的表述是我国《刑法》中唯一一处，此外的贿赂犯罪均仅要求“谋取不正当利益”或不对利益是否正当作出要求，对外商业行贿罪应当是海外商业贿赂犯罪规制的核心罪名。

但是，一方面，截至目前，在实践中我国跨国公司频频涉及域外商业贿赂行为的同时，在司法上本罪的适用并不多[③]，相关条款较为沉寂；另一方面，由于商业贿赂是一个犯罪学概念，根据《商业贿赂解释》第 1 条的规定涉及至少 8 个个罪，在行为人实施多次多向行贿行为的场合，本罪的实行很容易被《刑法》第 164 条第 1 款规定的对非国家工作人员行贿罪（以下简称“对私行贿罪”）或行贿罪吸收，在采取对向行为通过共同犯罪共罚的理论立场下[④]，通过受贿类犯罪同样可以认定本罪实行，本罪的构成要件在贿赂犯罪的罪群中不仅效力较弱、概念模糊，同时存在适用顺位较后的情形。

在法益判断的路径上，许多观点赞同对私行贿罪是典型的商业贿赂犯罪，作为与公职贿赂相对的罪名范畴，其法益至少涉及市场竞争秩序或公司、企业人员的廉

---

① 何荣功：《“行贿与受贿并重惩罚”的法治逻辑悖论》，载《法学》2015 年第 10 期，第 158 页。

② 姜涛：《废除行贿罪之思考》，载《法商研究》2015 年第 3 期，第 63 页。

③ 笔者以“对外国公职人员、国际公共组织官员行贿罪”“《刑法》第 164 条”“妨害对公司、企业的管理秩序罪”分别作为检索条件，在中国裁判文书网、北大法宝、威科先行、法信等平台进行检索，排除重复性内容，共计得到约 60 条数据，且在内容上均为集资类犯罪，并非对外商业贿赂罪的判决文书。

④ 张明楷：《行贿罪与受贿罪的关系》，载《环球法律评论》2024 年第 5 期，第 22 页。

洁性等内容的讨论。[①] 但对外商业行贿罪并非是发生在私营部门之间的贿赂犯罪，相反，从行为主体的角度看，对外商业行贿罪的对象只能是公职人员。此时，国内商业贿赂与海外商业贿赂的概念实际上发生了错位，按照这种观点，我国国内的商业贿赂犯罪实际上以私营部门之间贿赂为核心[②]，但海外商业贿赂却由于直接涉及公职贿赂而被排除在商业贿赂概念之外，本罪的适用实际上在商业贿赂与公职贿赂概念之间滑动。

（二）《刑法》第 164 条第 2 款的适用困境

《刑法》第 164 条第 2 款规定的对外商业行贿罪因为法益界定困难，导致罪名体系的位置在贿赂犯罪中难以确定。所以，本罪的构成要件存在诸多解释困境，包括“财物”的涵摄范畴、主观目的的确定、主体范围的界定、“回扣”行为的定性等。

1. 法益范畴混乱致使保护范围难以界定

在刑法上，贿赂犯罪的保护法益有多种观点，包括职务行为的不可收买性说或不可交易性说、公正性说、职务的不可谋私利说等观点。[③]

首先，职务行为的不可收买性或不可交易性，是当前具有优势地位的学说。[④] 该说的问题在于：第一，作为规范性建构欠缺实质解释的功能，根据罪名的不同，实质上具有解释的恣意性，不能进一步说明对外商业行贿罪的法益。第二，难以说明实定法未将外国公职人员收受贿赂行为犯罪化的正当性，对外商业行贿罪的保护法益被架空。第三，难以说明不法的程度，一旦职务行为的不可收买性或不可交易性受到侵害，就不能为行为进一步的法益侵害程度判断提供有效的进路。

其次，也有观点认为，贿赂犯罪的保护法益是职务行为的公正性或公务的纯洁性，其中有侧重实体结果的公正性说与并重职务行为过程和结果的纯洁性说两种立场。[⑤] 该说的问题在于：第一，难以解释非枉法型受贿，在扩张性地将职务行为行

---

① 邓中文：《商业贿赂犯罪研究》，法律出版社 2011 年版，第 40-46 页。

② 李本灿：《对非国家工作人员行贿罪的立法论思考》，载《国家检察官学院学报》2021 年第 3 期，第 117-118 页。

③ 张明楷：《法益初论》（增订本·下册），商务印书馆 2021 年版，第 897-900 页。

④ 孙国祥：《受贿罪的保护法益及其实践意义》，载《法律科学》2018 年第 2 期，第 135 页。

⑤ ［日］山口厚：《刑法各论》，王昭武译，中国人民大学出版社 2011 年版，第 717 页；［日］西田典之：《日本刑法各论》（桥爪隆补订），王昭武、刘明祥译，法律出版社 2020 年版，第 536-537 页。

使过程解释纳入时会导向纯洁性说①，致使法益内容与构成要件行为趋同化，导致法益的目的落空。而在将公正性扩张至未来可能实施行为的公正性时，实质上制造了不可反驳的推定，并转移行为评价至行为人的人格否定，消解“为他人谋取利益”的构成要件要素。此处，公正性与“为了谋取不正当利益”的判断具有接近性，在受贿犯罪相关法益中对公正性的扩张会导致行贿犯罪中“谋取不正当利益”或“谋取不正当商业利益”的范畴判断同步扩张，扩大处罚范围。第二，难以解释对行贿处罚的限制，因为被勒索给予财物且没有获得不正当利益的行贿人同样参与了对公正性的损害，此时为何不处罚行贿人，公正性说或纯洁性说难以作出充分说明。第三，难以适用于对外商业行贿罪。本罪是我国私营部门对外国公共部门的单向行贿行为，在本罪中，不仅难以界定公正性的范畴，无法提供公共性可供操作的判断标准，也难以将市场竞争秩序或公平市场竞争规律纳入，在肯定这两者的场合，公正性说或纯洁性说作为主法益也会吸收其判断，导致法益目的落空。

最后，有观点认为贿赂犯罪的保护法益是公职的不可谋私利性②，该说实质上是背信或义务违反等学说的变体。该说的问题在于：第一，不能区分贿赂行为的不法形态。谋取私利的行为并不一定具有相近的可罚性，需要进一步将谋取私利行为的概念予以限制。例如，公职人员利用职务勒索财物和企业人员为了获得年终奖而增加公司业绩的行为都属于谋取私利，但二者并不相同。第二，软化贿赂犯罪的结果属性，过度强化行为判断。根据该说，受贿人获取财物等私利的即既遂，在居间介绍、中介受贿等特殊场合，如斡旋受贿和利用影响力受贿中，会导致弱化斡旋行为和利用影响力行为的判断，使得相关犯罪既遂时点过于提前。在我国通说不承认既遂后中止的现状下，不利于鼓励贿赂犯罪的行为人停止犯罪、减少损害、避免实施不当职务行为。

遗憾的是，学界罕有学者从商业贿赂的角度考虑贿赂犯罪的保护法益，也罕有学者从理论上阐释立法区分化处理海外商业贿赂行为的根本依据。上述相关理论对于贿赂法益界定的立足点主要在于职务犯罪的立场，而非商业贿赂。商业贿赂行为与公职贿赂行为不同，学界对于商业贿赂行为保护法益界定的观点普遍进行了限制。例如，有学者认为，商业贿赂行为虽然存在差序法益，但由于发生场域的特殊性，保护法益的射程仅限于平行社会一般人的视角，破坏了获取维系生存与自由发展的机会公平性，商业贿赂止步于对市场公平秩序的侵犯。③ 问题在于，商业贿赂行为

① 黎宏：《贿赂犯罪的保护法益与事后受财行为的定性》，载《中国法学》2017 年第 4 期，第 237 页。

② 劳东燕：《受贿犯罪的保护法益：公职的不可谋私利性》，载《法学研究》2019 年第 5 期，第 125 页。

③ 李世阳：《论贿赂犯罪的差序法益构造》，载《政治与法律》2022 年第 8 期，第 75 页。

虽然发生在市场交易或市场竞争过程中，但若行贿对象是国家工作人员，行贿人希望借助其职权行为谋取不正当利益的，则贿赂行为本身造成的损害同样直接侵害了国民凭借自己实力获取相应公共资源的能力、同样持续地侵害国家这一抽象人格体的利益，而贿赂结果造成的损害亦可能远大于行为本身，与上述结论矛盾。在行贿行为谋取不正当利益主要在于行贿人提供的商品或服务因质量较差、竞价畸高等原因欠缺竞争优势的场合，行贿人因实施贿赂行为而取得的交易机会往往涉及水电、交通、医疗、住房等公民基本生活领域，商业贿赂行为对法益的侵害直接地指向平行一般人、全体国民和国家，因此，难以从法益解释的角度得出商业贿赂具有相较于公职贿赂普遍较低可罚性的结论。

刑法学界对于贿赂犯罪法益的理解是以公职贿赂为中心展开的，这一点无论是在商业贿赂与公职贿赂的概念界分上，还是贿赂犯罪的法益界定上，都有所体现。前者在概念混乱的同时，暗含着商业贿赂概念对于公职贿赂概念的依赖性，而后者在说明法益时侧重于受贿行为，行贿行为的可罚性并不独立，无法为对海外商业贿赂行为的立法现状和理论解释提供充分资源。

2. 构成要件形象模糊过度弱化罪名效力

对外商业行贿罪在构成要件解释上面临的第一个问题在于行为对象的界定。《刑法》第 164 条第 2 款使用的表述为“财物”，但在维持财物与财产性利益概念二分的前提下，这一概念显然过度限缩了相关犯罪的成立范畴，导致提供财产性利益的行为反而无罪，因此，《商业贿赂解释》第 7 条将财物概念扩张为“金钱、实物、可以用金钱计算数额的财产性利益”，“两高”《关于办理贪污贿赂刑事案件适用法律若干问题的解释》（以下简称《贪污贿赂解释》）第 12 条维持了该规定。但是，这并没有解决问题。第一，财产性利益概念实际上有逐渐沦为财产价值兜底概念的趋势。财产性利益实际上涵盖了有体物和无体物以外的一切可以通过金额或数额计算的利益[①]，而如果某非财产性利益存在市场流通、衡量经济价值的可能，如学校明文规定捐助达到数额可以换取入学资格，则非财产性利益又可转化为财产性利益加以认定，因此，财产性利益的外延并不清晰。第二，只要继续维持财物与财产性利益之间的区分，扩张性地将财物解释为包括财产性利益的做法就存在着危险。财物，一方面以包括有体物和无体物的形态在刑法上展开，另一方面却可以实质等价

① 例如，对于财产性利益的概念界定，学界趋向于通过列举的方式进行，但是，诸如存款、有价证券、权利凭证、数据等概念彼此区分巨大，却都被划归入财产性利益的范畴。参见夏朗：《论盗窃财产性利益——以作为积极利益的权利实现“可期待性”为视角》，载《东北农业大学学报（社会科学版）》2020 年第 5 期，第 25 页。

于财产权[①]，导致作为贿赂要件的“财物”有被泛化为“体现财产性价值的事物”的趋势。消解财物与财产性利益的区分，反而导致划分财物与财产性利益的理论目的与实际效果相互背离。

对外商业行贿罪在构成要件解释上面临的第二个问题在于行为目的的界定。本罪法律明确规定是直接目的犯，构成本罪以“谋取不正当商业利益”为目的。问题在于：一方面，该目的究竟是要求行为自身（目的）具有不正当性，还是行为结果（目的）具有不正当性，并不明确。商业竞争不同于带有行政管理性质的业务竞争，即使是目的正当的商业利益，也完全可以通过不正当的手段进行获取。在市场经济下个人或企业具有通过行贿获取正当商业利益的不正当竞争优势的冲动和可能，尤其是在跨境场域，大型企业凭借信息优势完全可以通过不正当的行为谋取正当商业利益。此时，如果将该目的理解为行为自身的不正当性，则目的正当但手段不正当的谋取商业利益行为就将被纳入处罚；相反，若将该目的理解为行为结果目的，则构成要件就不会处罚目的正当但手段不正当的谋取商业利益行为。另一方面，“商业”的范畴界定相当模糊。除对外商业行贿罪之外，我国《刑法》从未采取“谋取不正当商业利益目的”的表述，本罪出台之前的《商业贿赂解释》未予以规定，而本罪出台之后的《贪污贿赂解释》也未对此作出规定，并没有为“商业利益”的理论界定提供较为明确的指引。

对外商业行贿罪在构成要件解释上面临的第三个问题在于行为主体的界定。有观点认为，对外商业行贿罪中的外国公职人员和国际公共组织官员需要进行实质判断，实际上涵盖了行使公共职能的一切人员。[②] 问题在于：一方面，外国公职人员和国际公共组织官员与我国国家工作人员判断不同，在我国，公职人员与国家工作人员概念具有同质性[③]，这是相关立法体例所决定的，并不能想当然地套用于对外国相关人员的判断。另一方面，国家工作人员在判断范畴上采取实质的功能区分标准源于我国特殊的国情。国有企业和事业单位在公共领域发挥着管理者的职能，但国外公职人员，无论是通过任命还是选举产生，都需要单独判断是属于私营部门还是公共部门。《联合国反腐败公约》第2条第3项实际上采取了“职务加职权”的混合标准。成熟的跨国企业往往有现代化的公司治理制度，规范的制度是责任穿透

① 姜程潇：《数据财产权动态限制取得体系构建》，载《大连理工大学学报（社会科学版）》2024年第1期，第93页。

② 参见《两干部海外行贿被判刑，律师解读“对外国公职人员行贿罪”》，载腾讯网，https：//new. qq. com/rain/a/20231026A07DXY00，最后访问日期：2024年10月29日。

③ 艾萍：《国家工作人员与公职人员内涵辨析》，载《人民法院报》2022年1月6日，第6版。

式认定的障碍[①]，因此，不能贸然将外国私营部门工作人员解释为外国公职人员，还需要根据所在国的具体情况进行界定。而且，在扩张性解释外国公职人员概念的场合，本罪的适用反而会与对私行贿罪发生不应有的竞合，挤压后者的适用空间，因为此时将外国私营部门工作人员认定为外国公职人员，必然意味着该主体具备排除了对私行贿罪的适用。[②]

对外商业行贿罪在构成要件解释上面临的第四个问题在于对"回扣"行为的理解。我国对外商业行贿罪的规定尚无关于回扣的规定。事实上，一方面，对回扣的禁止性立法主要体现在受贿类犯罪中。例如，《刑法》第 163 条第 2 款、第 389 条第 2 款、第 391 条第 1 款都对回扣作出了规定，如"……在经济往来中，利用职务上的便利，违反国家规定，收受各种名义的回扣、手续费，归个人所有的，依照前款的规定处罚"。而由于对外商业行贿罪对向行为没有立法，在回扣行为规定在受贿犯罪的立法体例下，对外商业行贿罪自然未能规定回扣条款。另一方面，对于回扣的禁止性态度也源于当时社会态势和刑事政策的需要。2006 年年初，我国开展专项反商业贿赂斗争，旨在遏制当时泛滥成风、影响恶劣的，以回扣为代表的商业贿赂行为。[③] 回扣实际上是通过账外暗中的方式给予对方单位或个人财物或财产性利益，而 2017 年《反不正当竞争法》修改时调整了相关表述，虽然实践中仍然肯定回扣行为的违法性并予以处罚[④]，但立法上此种带有回避性质的转向需要特别注意。因此，真正的问题在于，在对外商业行贿罪没有欠缺处罚"回扣"行为的规定、前置法态度暧昧的情况下，是否、能否将我国自然人或单位给予外国公职人员或国际公共组织官员"回扣"的行为纳入处罚。

三、《刑法》第 164 条第 2 款的双重法益界定

对外商业行贿罪的保护法益应当是代理人忠诚义务和经营者公平竞争信赖利益。本罪法益的确定依然遵守法益确定的基本规则与一般原则，争议主要在于两方面：

---

① 例如，《联合国反腐败公约》第三章第 21 条规定的"私营部门内的贿赂"并不涵盖向外国私营部门的领导人或其他人员行贿的行为，而仅包括一国国内私营部门的行贿。

② 有观点认为，法条竞合属于假性竞合，并不会当然地直接影响罪名适用。但是，法条竞合与想象竞合之间的界限并非那么明确，法条竞合究竟包括哪些关系的法条、法条之间的关系又属于何种关系都存在争议，不能否定法条竞合会影响对外商业行贿罪与对私行贿罪的适用。参见张明楷：《刑法学》，法律出版社 2021 年版，第 622 页。

③ 张明楷：《商业贿赂、回扣及相关条款的法律性质》，载《法律适用》2006 年第 9 期，第 5-9 页。

④ 参见（津）文综罚字〔2024〕F-000032 号行政处罚决定书、（茂）文综罚字〔2024〕7 号行政处罚决定书、沪市监闵处〔2024〕122024004525 号行政处罚决定书、通山市监处罚〔2024〕44 号行政处罚决定书。

一是本罪作为贿赂犯罪的组成个罪，在个人法益的确定上将前置法中的代理人忠诚义务法益化的正当性；二是经营者公平竞争信赖利益作为超个人法益，被纳入的正当性以及判断可能。

（一）代理人忠诚义务的法益明确

在前置法领域，对于最为典型的代理人实施商业贿赂行为侵犯的客体，存在三种理论立场，即代理人忠诚义务说、雇主财产说和竞争秩序说。代理人忠诚义务说主张收受商业贿赂的行为侵犯了代理人对于委托人的忠诚义务[①]，该说本质上认为商业贿赂是合同违约行为。雇主财产说主张商业贿赂会存在损害雇主财产的风险，该说将商业贿赂视为侵权行为。而竞争秩序说则认为，禁止商业贿赂是为了维护公平竞争的市场秩序。从竞争者角度看，不正当的竞争优势会过分排挤其他竞争者，导致市场机制无法发挥作用；从消费者角度看，商业贿赂最终会作为额外成本转移至商品或者服务的价格上，导致价格上升或质量下降。[②]

雇主财产说的问题在于：第一，贿赂行为并不必然损害雇主财产，建立在雇主财产价值与行为损害之间的这种风险联系并不是一般行为类型化侵害风险的评估，而是一种基于贿赂行为“本来恶”的否定性判断，与公正性说的法益论证路径接近。[③] 此处雇主财产遭受损害的风险实质上是法律不可反驳的推定，且并非建立在行为类型化的基础之上。第二，该说在判断上采取了迂回的进路，即：一方面认为代理人的行为实质上是处分委托人的财物，而由于其收受贿赂会不可避免地偏向行贿人的利益；另一方面又认为该部分利益应当系委托人所有，因此委托人的财产利益受到损害。[④] 但是，行贿行为本身与行为人基于行贿取得的利益未必具有等价性，在行贿利益指向行贿的数额与行贿人取得现实利益的情况下，前者归属于委托人的正当性存疑，后者则归属于委托人欠缺正当性。

竞争秩序说的问题在于：第一，在将超个人法益纳入个罪的保护范围时应当尽量谨慎克制，除非能够穷尽个人法益而无法涵盖行为类型以实现周延的刑法保护，否则不应当首先考虑超个人法益的解释，何况超个人法益本身仍然存在内容空洞、精神化、割裂与个人法益联系等争议。[⑤] 竞争秩序说将法益界定的损害关联牵扯过长，实际上以本罪保护范围之外的内容作为论证本罪法益的依据，这样的法益概念

---

① See Kendall D'Andrade, Bribery, 4 Journal of Business Ethics, 1985, pp. 239.

② Jeffrey R. Boles, The Two Faces of Bribery: International Corruption Pathways Meet Conflicting Legislative Regimes, 35 Michigan Journal of International Law, 673 (2014), pp. 683.

③ 金鸿浩：《信赖作为受贿犯罪的保护法益》，载《法学研究》2024 年第 1 期，第 149 页。

④ 侯利阳：《论商业贿赂行为的类型化处理——兼论〈反不正当竞争法〉相关条款的修订》，载《法学》2024 年第 5 期，第 165 页。

⑤ 张明楷：《集体法益的刑法保护》，载《法学评论》2023 年第 1 期，第 51 页。

自然不能发挥明确构成要件、指引罪名适用的功能。而且，如果不正当的竞争秩序被部分地纳入正当竞争秩序的范畴，市场机制发挥作用的方式和额外成本转移的对象就可能发生变化。例如，若市场普遍允许私营部门之间的小额行贿[①]，则判断机制将完全改变，有益制度也会产生负面效果[②]，法益作为处罚的界标反而会不稳定。第二，竞争秩序说本质上是一种一阶观察，在区分性地考虑行贿行为会对不同主体造成何种影响的场合，此种结论是观察后的结论，在将主体进行划分的场合，观察的标准永远不可能包含观察者，观察对象的一半（即采用该标准划分下的其中一边）实质上成为被假定的“全部”，而且，观察者自身在观察对象之外，在观察中隐身。[③] 因此，通过此种方式论证对外商业行贿罪的保护法益是竞争秩序不仅论证过程模糊，结论的正确性也存疑，而在将此种竞争秩序作为本罪法益的场合，也因为剥离了观察者，且阻断了观察者纳入观察的可能，导致本罪的罪名认定空洞化，法益成为附属于、后置于行为类型的概念。

相反，代理人忠诚义务说具有合理性，从违反义务或背信的角度来看，该说与公职的不可谋私利说具有接近性。[④] 首先需要回应的困惑是，代理人忠诚义务很明显是基于受贿行为的视角说明贿赂犯罪的保护客体，但对外商业行贿罪作为欠缺对向行为犯罪化的罪名，如何将该法益纳入解释范畴？笔者认为，虽然我国立法没有规定对外商业行贿罪的对向行为，但并不代表此类行为在国际上得到允许。事实上，正相反的是，不承认海外商业贿赂行为是犯罪行为的国家是少数，世界上绝大多数国家已经将贿赂行为犯罪化。我国立法规定外国主体构成我国的受贿犯罪，不仅在罪名设置上存在争议，在实际执行上也非常困难，不仅有侵犯他国属地管辖权、属

---

① Jeffrey R. Boles, The Two Faces of Bribery: International Corruption Pathways Meet Conflicting Legislative Regimes, 35 Michigan Journal of International Law, 673 (2014), pp. 684–685.

② 蒋殿春、张宇：《经济转型与外商直接投资技术溢出效应》，载《经济研究》2008 年第 7 期，第 37 页。

③ 在怀疑主义下的一阶观察会被“践言冲突”击破，而如果采取建构论的观点进行二阶观察，则并非如此。二阶观察也是自我指涉，是人们意识到观察是观察者的观察，因此也要观察观察者如何观察，但竞争秩序说的这种分类除本身标准有飘移的风险外，也欠缺将观察者引入观察的路径。

④ 劳东燕：《受贿犯罪的保护法益：公职的不可谋私利性》，载《法学研究》2019 年第 5 期，第 125 页。

人管辖权的风险，而且也不利于犯罪侦查，反而可能会阻碍侦查活动的顺利进行。[①]因此，即便我国没有规定海外商业贿赂行为的受贿类犯罪，也不阻碍对外商业行贿罪的法益界定。

在前置法上，代理人违反代理人忠诚义务收受财物的行为当然构成对保护客体的侵害，有争议的是，如果委托人在事前约定同意代理人收受财物，代理人收受财物是否可以因此免责。在国际领域，支持该说的国家大都否定此种场合下代理人收受财物行为的可罚性，如美国、法国等。但是，这不仅与我国实践情况不符，而且也违反《刑法》适用的基本原理。《刑法》不可能允许代理人与委托人自由地进行约定以免除代理人收受贿赂行为的可罚性，哪怕这种约定是事前的、公开的，也不具有阻却违法的可能。但是，既然要承认代理人忠诚义务的法益属性，就必须解释这一问题的合理性。在笔者看来，这涉及《刑法》与前置法的功能与效力范畴区分的问题。《反不正当竞争法》可以有限制地允许上述行为，并不代表《刑法》同样如此。允许委托人可以自由决定贿赂行为的违法性，会导致《刑法》的规范目的落空，致使对外商业行贿罪完全无法发挥应有的效果，行贿人也就可以肆无忌惮地实施海外商业贿赂行为而无须担忧犯罪。为了解决这一问题，无须引入其他内容，只需要通过对外商业行贿罪的另一重法益界定加以限制即可，公平竞争信赖利益作为本罪的保护法益，不仅发挥着指示行为类型的效果，同样在法益的内部关系上构成对忠诚义务法益的限制。即使没有侵犯代理人忠诚义务，行贿人与代理人之间的贿赂行为得到了委托人的允许，也会因为这一行为构成对公平竞争利益法益的侵害而被纳入对外商业行贿罪的适用范围。

（二）公平竞争信赖利益的法益证立

对外商业行贿罪的另一重保护法益是公平竞争信赖利益。在法益的外部关系上，二者分别指向不同的行为类型，为行为类型化提供依据；在法益的内部关系上，公平竞争信赖利益则构成对代理人忠诚义务的限制，禁止因当事人的自由约定而阻却犯罪构成。

公平竞争的信赖利益作为对外商业行贿罪的保护法益，必须限制于经营者之间，在经营者范畴之外的公平竞争信赖并非本罪的保护范畴。实定的法益概念虽然有着

---

① 在那些将本国境外的他国公职人员受贿行为犯罪化的国家中，如德国，其构成要件往往受到限制，并且其立法依据主要源于超国家实体（如欧盟）的规定，德国将受贿罪的对象扩张至德国之外、欧共体及其成员国之内的依据在于 1997 年的《遏制贿赂欧共体官员与欧盟成员国官员公约》的要求。自 1998 年至 2021 年，在所有结案的 67 件跨国商业贿赂案件中，德国对 354 名个人、12 家企业予以惩处，由于统计方式的限制，无法得知共有多少人属于外国公职人员或国际公共组织官员，从总量上看虽然德国的数据相较其他国家较高，但总体上仍无法体现出德国有对外国公职人员或国际公共组织官员积极行使刑事管辖权的趋势。

解释构成要件的功能，但并不代表构成要件不会对法益界定进行限制。对外商业行贿罪作为法定的直接目的犯，必须考虑不正当商业利益的确定，而此处的商业利益实则是行为人因实施生产经营活动而产生的利益。这并不意味着经营者以外的主体不能构成本罪，任何自然人和单位都可以实施海外事业贿赂行为，并借此直接或间接地谋取不正当商业利益，该法益中的“经营者”与“公平竞争信赖利益”实际上是偏正结构的短语形式，经营者修饰公平竞争信赖利益的概念，旨在将这种对于公平竞争的信赖利益限制在商业领域中，在生产经营活动之外的领域不存在侵犯该法益的可能，相关的贿赂行为构成犯罪的由其他罪名进行处理。

公平竞争信赖利益符合超个人法益的基本特征，具有使用上的包容性、消耗上的非竞争性、不可分配性的特点。① 与公平竞争秩序不同的是，公平竞争信赖利益本质上是一种信赖，而非一种秩序。将公平竞争秩序确定为对外商业行贿罪的法益，至少存在三方面的疑虑：首先，公平竞争秩序的概念过于抽象，任何不正当的竞争行为都会构成对这一概念的侵害。在作为对外商业行贿罪的法益时，公平竞争秩序不能为行为划分提供充分的说明和依据，而且会构成对代理人忠诚义务法益的侵蚀。因为，在许多场合，代理人违反忠诚义务的行为也构成对公平竞争秩序的破坏。其次，对外商业行贿罪的本质在于本罪通过立法的形式控制行贿行为，如果将公平竞争秩序作为本罪法益，则那些不破坏该秩序的行贿行为会得到允许，包括行为正当但结果不当、行为不当但结果正当两种情形，不利于本罪“谋取不正当商业利益”的目的解释，该目的实质上应包括上述两种情形。最后，从国际上看，多数国家将公平竞争秩序与其他法益结合理解，而公平竞争秩序在与其他法益结合的场合会丧失实体概念，其解释的边界异化为其他法益侵害以外的所有行为，失去法益应有的解释机能。甚至，还有观点认为公平竞争秩序与贿赂犯罪保护的国家利益之间具有本质差异②，实质上否定公平竞争秩序作为贿赂犯罪法益解释的可行性。因此，应当在信赖的范畴上理解公平竞争法益。

学界一般认为，贿赂犯罪的各法益都可以与信赖法益相互组合形成新的法益。③ 有学者批评这一做法存在法益内部空洞、外壳模糊，且过度扩张犯罪圈的问题。④ 但在笔者看来，上述批评难以成立。

第一，信赖概念本身不能将其自身直接作为保护法益，但是在进一步细化信赖

---

① 王永茜：《论集体法益的刑法保护》，载《环球法律评论》2013 年第 4 期，第 72–73 页。

② ［日］松泽伸、李立丰：《国际刑法与腐败防止——以日本的“外国公务员受贿罪”为例》，载《警学研究》2019 年第 1 期，第 33 页。

③ 陈金林：《中国特色反腐败制度框架下贿赂犯罪法益的确定》，载《中国法学》2024 年第 3 期，第 195 页。

④ 陈金林：《中国特色反腐败制度框架下贿赂犯罪法益的确定》，载《中国法学》2024 年第 3 期，第 195 页。

利益的场合，信赖概念具有可供把握的实体内容，如将“经营者之间彼此相信其他经营者会遵守市场竞争秩序的信赖”作为对外商业行贿罪的信赖法益，其内容并不空洞。

第二，如果将信赖理解为民众对特定对象行动的期待，则规范包含遵守规范的内容，这并非循环论证。规范论一直致力于与存在论截然分立，但这并不可能。规范在制定过程中形成和被纳入的，要求规范指向的对象遵守规范的意思的正当性并不是来源于规范本身，而是由制定规范的立法者和合法立法程序所决定的。真正希望确保民众的此种信赖被贿赂犯罪法益所涵盖的并非规范自身，而是制定规范之人和规范所发生效力之人，这并非循环论证。此外，即便退一步说，循环论证所代表的自我指涉是否可以接受，还存在巨大争议。后现代主义哲学已经揭示了现代社会的一切规范就是建立在“无根之水”“无本之木”的“虚无基础”之上，哈贝马斯与卢曼之间的根本性分歧正是发端于自我指涉，哈贝马斯通过践言冲突说明自我指涉的错误性，并将规范有效性与事实有效性的联结诉诸程序机制①，而卢曼则相反，不仅接受了这一概念，甚至将其视为“所有知识再生产的动力机制”②。而如果将信赖理解为社会心理事实的国民信赖，则不能简单地将其界定为法益。国民的信赖事实发挥效用的整个法律系统，包括立法与司法的所有过程。宏观的概念不应该作为保护法益，在贿赂犯罪中，应当在确定信赖的具体形式以及享有信赖利益的主体之上，相关讨论才具有价值。

第三，信赖法益不会过度扩张犯罪圈。将信赖利益等同于实质不法而不包含法律形式的观点并不妥当，民众对于对外商业贿赂行为实质不法的判断首先建立在贿赂行为的外观形式之上，即使绕开构成要件，肯定了某一贿赂行为侵犯了相关法益，也不代表该行为就构成犯罪，因为构成要件此时正是设置在法益判断之内的规范。如果一个贿赂行为没有违反任何竞争规则或代理人要求，那么该行为就不可能充足于构成要件，不可能被判定为构成犯罪。并且，根据《反不正当竞争法》第 7 条的规定，很难想象对外商业贿赂行为在不违反相关行为要求的情况下直指法律形式背后的利益，将类似行为作为犯罪，实际上是希望“法律对未来之行为生效”的观念在作祟，这并非将信赖利益解释为法益的问题。

信赖实质上是一种规范性期待，即使经历了贿赂行为所带来的失望，民众对于

---

① ［德］哈贝马斯：《在事实与规范之间：关于法律和民主法治国的商谈理论》，童世骏译，三联书店 2014 年版，第 34-38 页。

② ［德］尼克拉斯·卢曼：《法社会学》，宾凯、赵春燕译，上海人民出版社 2013 年版，代译序第 5 页。

禁止贿赂、期望没有贿赂行为的期待仍不会改变。[①] 刑法旨在通过对贿赂犯罪的处罚实现一个没有贿赂的世界，但这个目的本身就反刑法，可以说，该目的的实现过程就是刑法的崩解过程，但没有人会否认该目的的实现价值，所以法律系统的目的追求不在法之外而在法之内。事实上，只要刑法条款得到适用，规范性期望就会受到破坏，但这是在法律系统这个概念上展开的；而对于具体条文的规范性期望来说，相关贿赂犯罪的个罪只要还能实现准确的行为认定，民众对于它们的期望就没有失效，因为这个时候规范性期望是“行贿受贿行为得到了正确的处理”，而非“行贿受贿行为发生了还能不能相信公权力”。维持那种宏观的规范性期待实际上是要求法律保护未来之事（未然之罪），但受制于法律形式和法律目的，规范性期待主要在过去之事（已然之罪）上得到体现，二者之间的这一撕裂本身就是法益在发挥作用的表现，因为只有将信赖理解为法益，信赖才能同时参与这种“过去与未来”的互动，否则信赖就丧失存在的正当性，法外的那种被理解为文化或者观念的一般信赖实则以“名实不副”的方式继续参与着罪名适用。[②]

四、《刑法》第 164 条第 2 款的构成要件解释

对外商业行贿罪的保护法益是代理人的忠诚义务和公平竞争信赖利益，本罪的构成要件解释也要与法益相互协调。根据法益的类型，本罪应当包括两种行为方式：在行为对象上，尊重《商业贿赂解释》和《贪污贿赂解释》规定的实质性导向，结合财产性利益的扩张趋势，在尽可能维持财物与财产性利益区分标准的前提下，重新界定对外商业行贿罪中的“财物”；在行为目的上，应当对“谋取不正当商业利益”进行实质性解释，明确“加速费”类贿赂行为的可罚性。

（一）行为分类与回扣行为的可罚性否定

根据保护法益的解释，对外商业行贿罪实际上包括两种行为类型，分别是代理人型对外商业贿赂行为和破坏公平竞争信赖型对外商业贿赂行为，前者侵犯的法益

---

① 鲁楠、陆宇峰：《卢曼社会系统论视野中的法律自治》，载《清华法学》2008 年第 2 期，第 59 页。

② 可能会有观点认为，以卢曼“规范性期待就是反事实”的观点为基础可以论证，由于贿赂犯罪的信赖失落主要发生在刑罚不公的场合，而在刑罚公正的场合，民众依然会因为贿赂行为的发生产生“能否继续相信公权力”的信赖失落，因此难以肯定信赖属于贿赂犯罪的保护法益，该信赖已经被实际侵犯了但却没有犯罪与否的问题。但是，这种观点实际上回避了问题，并且同时最终会回到自我指涉的路径上，因为在贿赂犯罪法益排除信赖的场合，是将信赖视为法外事实，而试图说明犯罪化根据并寻找法益的理论尝试最终都会诉诸文化、思潮等法外事实，信赖通过这种方式反而回到了法益的论证中。参见高鸿钧：《系统论法学：〈社会中的法〉解读本》，商务印书馆 2023 年版，导言第 65 页。

是代理人忠诚义务，后者则是对公平竞争秩序信赖利益的破坏。

对外商业行贿罪的第一种行为类型是代理人型对外商业贿赂行为，即外国公职人员或国际公共组织官员在执行其受到该国政府、议会或其他有权机关，经法律或其他形式授权的事项时，收受我国自然人或单位贿赂的行为，我国提供贿赂的主体构成本罪。基于法益的限制，这种行贿行为应当被限制在与外国公职人员或国际公共组织官员履行职务具有明确因果关系的范畴内。结合行贿与受贿行为的本质是建立起贿赂与职务行为之间的不正当对价来看[①]，我国行贿人向外国公职人员或国际公共组织官员提供贿赂的主要目的在于破坏前述主体依法规范性履职的状态[②]，要求或希望他们违反职责。因此，在代理人型对外商业贿赂行为中，只要行贿人支付的贿赂导致外国公职人员或国际公共组织官员违反职责，破坏了规范性履职的状态，建立起贿赂与职务行为之间的不当对价，就构成本罪实行。

对外商业行贿罪的第二种行为类型是破坏公平竞争信赖型对外商业贿赂行为。在实践中，商业贿赂领域存在大量向代理人以外的交易相对人或完全独立的市场主体贿赂的情形，且根据原国家工商行政管理总局规定，“只要这种利诱行为以争取交易为目的，且影响了其他竞争者开展质量、价格、服务等方面的公平竞争”[③]，就属于商业贿赂。虽然对外商业行贿罪作为《刑法》规定与前置法在保护目的、保护范围和保护手段等方面有所不同，但仍然要考虑在海外商业贿赂中，如何认定这类行为。在前置法领域，这类行为本质上是秘密推销[④]，即行贿人通过行贿行为在消费者不知情或产生错误认识的场合，暗中获取了竞争优势或交易机会，如经销商给超市支付的“通道费”、啤酒公司给饭店服务员支付的“瓶盖费”、商店给导游支付的“人头费”或“停车费”等。但正如前所述，一方面，国际上对于发生在跨国跨境领域的私营部门之间的贿赂行为并没有直接犯罪化；另一方面，对外商业行贿罪的行贿对象务必是外国公职人员或国际公共组织官员，不包括私营部门。

因此，结合对外商业行贿罪公平竞争信赖利益的法益来看，破坏公平竞争信赖

---

① 车浩：《行贿罪之“谋取不正当利益”的法理内涵》，载《法学研究》2017 年第 2 期，第 135 页。

② 由于各国、国际组织的立法、执法情况都不同，对于其公职人员或履行职务的人员的要求也有所不同，并且受制于当地的腐败状况和营商环境，即便该地在立法等规范上有着完善的规定，也可能在实践中完全没有效果，因此，不能以该地公职人员或行使公权力的有权主体实际行使公共权力的状态作为标准，而是应当以该地包括法律在内的各种规范性文件所整体建构的一般性的正常履职状态作为判断标准。

③ 《国家工商总局在给福建省工商局〈关于旅行社或导游人员接受“人头费”“停车费”等费用是否按商业贿赂行为定性的请示〉的答复》，工商公字〔1999〕第 170 号。

④ 侯利阳：《论商业贿赂行为的类型化处理——兼论〈反不正当竞争法〉相关条款的修订》，载《法学》2024 年第 5 期，第 169 页。

型对外商业贿赂行为在《刑法》上的范畴有所限制，应当只包括两种具体情形：第一种是即使外国政府或有权机关事前明确规定贿赂行为合法，除该贿赂属于“加速费”之外，仍然构成本罪实行。严格来说，经济活动应当尊重各国国情和国家主权，但是，在当下的国际环境中，罕有国家采取立法或各种形式允许本国公职人员凭借公共权力行使而收受贿赂，法律以明文规定之形式的允许贿赂事实上就构成了对官员受贿的鼓励，贿赂作为腐败的核心语义，承认这种贿赂行为合法不仅违反相关概念的基本逻辑，也冲击着国际范围内的人类共同认识和我国的社会文化思想。我国没有规定海外贿赂犯罪的受贿类犯罪是尊重他国主权和执法实践，不代表对此类行为加以鼓励。第二种是向外国属于公共服务性质的机构中履行公共服务职能的人提供贿赂，以破坏公平竞争信赖的。这种行为的典型情形是医疗类商业贿赂。医疗腐败相比其他行业，具有需求弹性低、自主权极大、缺乏充分的行业竞争机制或医疗资源供应严重不足、难以标准化管理的特点。包括我国在内的各国对于私营医疗基本上采取支持、鼓励的态度，但同时也会保留那些负责提供最基本的医疗服务、以保护民众健康和生存的公共医疗部门，我国自然人或单位向这些公共医疗部门的公职人员提供贿赂，以换取更加优惠的待遇或优先的机会，以采购药品或医疗器材的，构成本罪实行。

对外商业行贿罪的保护法益和构成要件决定了本罪不能处罚回扣行为。理由在于：第一，在欠缺对外商业受贿类犯罪规定的场合，我国《刑法》没有关于海外商业活动中行贿人提供回扣构成行贿的规定，欠缺处罚的正当性。在这种场合，将日常经济往来中的经济交易或馈赠解释为行贿与受贿，有类推解释的风险，且没有说明行贿行为如何处罚。第二，回扣行为的本质实际上是账外暗中提供贿赂。肯定未如实入账属于商业贿赂的理由主要有两种观点。一种观点认为在公有制经济体系中，公有制单位是国有资产或集体资产的代理人，委托人是国家，单位收受未如实入账的回扣导致涉案资产脱离国家或集体的控制，属于侵吞国有资产或集体资产的行为。[①] 另一种观点认为，未如实入账的行为会导致政府核算失实、减少国家税收。一方面，违法者通过少缴税的方式实质性地获得了超越其他经营者的竞争优势；另一方面，国家税收的减少会影响公共财政资金的分配和再分配，以及国家宏观经济管理政策的制定。[②] 笔者认为这两种观点都不成立。一方面，在海外商业贿赂中，各国并非都采取公有制经济体系，这种观点并不能扩张性地适用于海外商业贿赂；另一方面，如果在确定具体的损益时远离构成要件行为和法益过远，就会消解构成要件的行为类型，导致法益的目的落空。譬如，若将国家声誉作为对外商业行贿罪的法益，以任何方式向外国特定主体提供财物、财产性利益和非财产性利益的行为，

① 孔祥俊：《反不正当竞争法新原理：分论》，法律出版社 2019 年版，第 501 页。

② 李卫红、王国宏：《论商业贿赂犯罪》，载《中外法学》1996 年第 2 期，第 28 页。

都属于本罪的构成要件行为，但这种观点明显不妥当。

事实上，将不如实入账行为视为贿赂行为违反逻辑，不如实入账仅仅是海外商业贿赂的必要条件而非充分条件。在国际上，伪造账目一直是与商业贿赂并行的行为，虽然各国或国际组织均采取措施要求相关公司明晰账目、严禁设立外账或暗账、进行账外交易、记录未发生的支出等[1]，但都只是将账目不明作为商业贿赂认定的突破口，而非直接认定为商业贿赂。而根据 FCPA 的规定，也只有证券发行者在不履行维持和保留账目及合理细节的义务时可被认定为商业贿赂，此外的不如实入账行为均作为伪造账目定性处罚。因此，不应当将回扣行为作为对外商业行贿罪的构成要件行为，违反账簿管理和记载的会计责任的，应当适用《刑法》第 162 条之一规定的隐匿销毁型会计罪进行处罚。

（二）以数额的可计算性划定行为客体

《商业贿赂解释》第 7 条和《贪污贿赂解释》第 12 条关于财物范畴的解释具有合理性，对外商业行贿罪作为贿赂犯罪，没有改变贿赂行为的本质，仍然是建立起贿赂与职务行为之间的不正当对价关系，将财物扩大解释为包括财产性利益不违反《刑法》解释规则。

但是，有争议的是，这一解释路径在继续扩张财产性利益概念的背景下有实质性消解财物与财产性利益分类界限的风险。财产性利益的概念随着社会发展在不断扩张，但财物的概念基本已经确定，财产性利益已经成为财产价值计算的兜底概念。在这种情况下，继续维持财物与财产性利益这种区分标准的理由主要在于区分财产犯罪，并区别化讨论财产犯罪的实行行为。例如，许多学者主张以财产性利益作为盗窃罪与诈骗罪的界分标准，盗窃因为占有的行为要求，只能针对财物而不能涵盖财产性利益。[2] 但是，这种观点并不具有合理性。一方面，我国现行立法并没有为这种保护对象在财产犯罪中存在差异的理论主张提供充分依据，即便在外国，也并非所有国家都采取此种理论导向。例如，《美国模范刑法典》规定不动产和服务都可以被盗窃，将盗窃罪的语义扩张至“行为人蓄意地以欺诈方式取得他人财产”的理论范畴。[3] 另一方面，这一做法有损《刑法》的体系性，将财产性利益剥离于盗窃之外为其他财产犯罪施加了过度压力，在涉及财产性利益盗窃的场合，行为人若想不被扭曲为诈骗罪的受害人，在行为构造不符合诈骗罪关于处分行为和处分意识的要求时，则只能等待增设新罪以完善保护范围，反而导致《刑法》失去应有的规

---

① 参见 OECD：《关于打击国际商业交易中行贿外国公职人员行为的公约》，第 8 条。

② 车浩：《占有概念的二重性：事实与规范》，载《中外法学》2014 年第 5 期，第 1221 页。

③ The American Law Institute：《美国模范刑法典及其评注》，刘仁文、王祎等译，法律出版社 2005 年版，第 159-164、167 页。

范机能。因此，应当继续维持财物与财产性利益的区分，但不是为了以此为标准划分保护范围，而是区分性地讨论二者的取得或控制标准，在对外商业行贿罪中将二者均纳入解释范畴不会对本罪构成要件定型造成损害。

在财物与财产性利益之外，是非财产性利益能否成为贿赂犯罪对象的争议，如性贿赂、为贿赂对象子女海外升学提供帮助等行为。就性贿赂而言，学界一直存在肯定与否定两种立场，前者的主要理由在于性贿赂符合贿赂行为本质、性贿赂已经过度泛滥、区分类型可以处理①，后者则主要认为性贿赂是道德失范行为，将其入罪有司法实践操作困难、容易导致司法腐败、物化女性等问题②。结合《商业贿赂解释》和《贪污贿赂解释》等相关司法解释的规定来看，对于财物的扩张解释边界其实较为清晰，即可以折算为货币或可以计算犯罪数额，因此，非财产性利益的解释也应当遵循这一原则，只要存在价值的可计算性和可转换性，将非财产性利益解释为贿赂犯罪的对象并不会超出相关概念的语义范围。就性贿赂而言，其入罪存在困难，由于性贿赂不存在普遍的一般市场，也不存在市场价格，不同主体之间发生的性贿赂并不具有相似性，也就更不可能将性贿赂转化为货币或其他可计算数额，因此，不能将性贿赂解释为对外商业行贿罪的行为客体，除非是支付明确对价的卖淫服务。而为贿赂对象子女海外升学提供帮助这种非财产性利益型的贿赂，则可以通过扩张解释纳入对外商业行贿罪中，其中作为违法性评价内容的是行贿人提供的各种可计算数额的帮助，如果是"人情"等欠缺直接对价的帮助形式，则不应当作为违法性的实体纳入犯罪数额的计算中。

因此，在承认财物可以扩张至财产性利益的基础上，在界定非财产性利益的解释边界时，应当以数额的可计算性为标准确定非财产性利益被纳入对外商业行贿罪的范围，非财产性利益的解释边界应当是能够折算为货币的物质利益，以及有市场价格、符合市场交易规则的可由货币计算的其他服务或利益。

（三）谋取不正当商业利益的实质解释

谋取不正当商业利益是本罪法定的犯罪目的，本罪是以直接目的犯的形式被规定的。在前置法领域，《反不正当竞争法》对于商业贿赂同样作出了目的性限定，即要求商业贿赂目的是"谋取交易机会或者竞争优势"，这与本罪的规定，以及我国相关行贿类犯罪要求"谋取不正当利益"和受贿类犯罪要求"为他人谋取利益"的构成要件规定一致。

但是，学界有观点认为，在将商业贿赂行为保护客体解释为以代理人忠诚义务

---

① 周新萍、郑雨舟：《贿赂犯罪的立法预防机制构想》，载《河南师范大学学报（哲学社会科学版）》2016年第1期，第65页。

② 高铭暄、张慧：《论受贿犯罪的几个问题》，载《法学论坛》2015年第1期，第81页。

为主、以竞争秩序为辅的场合，应当否定商业贿赂以“谋取交易机会或者竞争优势”为要件[①]，在《刑法》上同样存在类似目的性要件必要性的疑问[②]。事实上，对外商业行贿罪的目的要件有其重要意义，理由在于：

第一，《刑法》概念的解释受到前置法规制范围的限定，但前置法概念不能直接确定《刑法》解释结论。我国《刑法》上区分性地处理行贿罪和受贿罪并限定要件，实际上是明确贿赂犯罪的打击重点。《刑法修正案（十二）》关于行贿罪的修改仍然维持了不正当利益要件的要求，即使前置法否定目的性要件，也不能依此论证《刑法》的规制范围。前置法关于商业贿赂的定义务必广于《刑法》中的商业贿赂犯罪，但进一步的构成要件设定有赖于《刑法》解释的控制。

第二，如果否定目的性要件，并将其从《反不正当竞争法》中删除，无疑有过分扩大前置法规制范围的嫌疑，导致对外商业行贿罪的处罚范围过分宽广。商业贿赂行为在法律没有规定目的性要件的场合，竞争秩序作为保护客体的解释具有恣意性，容易异化为不具有独立意义的任意性解释工具，实际上是将商业贿赂行为的保护客体独立地转移为代理人忠诚义务。

第三，《刑法》不可能放弃主观要件，而完全依赖客观上海外商业贿赂犯罪行为是否影响了市场交易机会或竞争优势，从而决定相关行为是否构成犯罪。按照这一观点，虽然能肯定客观上没有谋取超越市场交易条件的交易机会或竞争优势的行为构成海外商业贿赂，但过度扩张了处罚范围，并且由于主观构成要件残缺，致使难以进一步判断在上述行为中哪些海外商业贿赂具有更高的违法性或可罚性。

第四，在前置法领域，取消目的性要件难以解释我国有关小费的实践情况。在经营者事前约定的场合，医生、服务员或教师主动索取小费的行为虽没有违反代理人忠诚义务，但仍然破坏了公平竞争的信赖利益，构成商业贿赂。主张该行为具有合法性的观点并不妥当。[③] 一方面，在保留“谋取交易机会或者竞争优势”目的性要件的场合，反而能够更好地解释何种支付小费的行为具有商业贿赂的性质，一般在服务型行业服务后支付的小费都难以影响公平竞争秩序，在消费者主动给予的场合，尤其是在涉及海外环境的语境下，属于赠予而非收受贿赂，没有必要将此类行为纳入规制并由《刑法》进行处罚。但在医疗服务和教育服务领域，虽然服务质量难以被量化，但是可获取的服务机会能够被量化，消费者主动给予小费可以实现优

① 侯利阳：《论商业贿赂行为的类型化处理——兼论〈反不正当竞争法〉相关条款的修订》，载《法学》2024 年第 5 期，第 168 页。

② 魏汉涛：《行贿罪中“谋取不正当利益”的误区与出路》，载《昆明理工大学学报（社会科学版）》2016 年第 1 期，第 48 页。

③ 侯利阳：《论商业贿赂行为的类型化处理——兼论〈反不正当竞争法〉相关条款的修订》，载《法学》2024 年第 5 期，第 168 页。

先获取医疗机会、快速获取教育机会的目的，不应当否定这两类行为的可罚性。而在主动索取小费的场合，首先必须要考察经营者事前的此种许可或约定是否违反了法律的强制性或禁止性规定，尤其是在"强制性"收取小费的场合，贿赂行为的违法性不会因为当事人的自我约定而被排除，《刑法》规定不存在选择性适用的可能，不可能因为代理人与委托人事先的相互约定而自由地增减违法性。而在没有违反相关禁止性规定的场合，事前未说明事后索取小费或者以索取小费作为交易限制的行为则不排除触犯强迫交易罪、抢劫罪等罪名的可能，此种小费确实不具备商业贿赂所要求的目的性要件，反而体现的是代理人或经营者的非法占有目的。

对于什么是不正当利益，学界存在争议①，而对于"谋取不正当商业利益"的分歧也会受到前述争议的影响。实质上，这一概念旨在将对外商业行贿罪的目的和行为与谋取正当商业利益的情形进行区分。以此为标准，又由于该目的承担着说明行贿行为在贿赂关系中属于贿赂行为与职务行为之间对价的不法的功能，因此，就必须从行为本身与行为结果两方面来考虑商业利益的正当性与否，本罪目的的判断可以区分为利益的正当性与商业利益两部分。

从行为（目的）与（追求）结果（目的）的组合来看，至少包括四种情形：行为正当且结果正当，行为正当但结果不当，行为不当但结果正当，行为不当且结果不当。其中，前两者在语义上不可能②，而行为不当且结果不当毫无疑问被不正当利益的语义所涵盖，因此，真正的争议在于，为谋取正当利益而行贿的行为，是否应当处罚。从对外商业行贿罪的法益来看，代理人忠诚义务和公平竞争信赖利益都对贿赂行为作出了限制，在利益具有正当性的场合，行贿人支付的费用实际上近似于"加速费"或"通融费"。对于这类费用是否构成行贿，国际上并没有通行的做法。在美国，FCPA 不将其视为贿赂行为；在德国，根据《德国刑法典》第 331 条和第 333 条的规定，此类行为应当被视为行贿；在英国，2010 年《贿赂法》及其此后的修订都禁止将此类行为作为免责理由，但实践中也认可因避免生活、自由损失而只能选择支付"加速费"的行为适用强迫抗辩③。

事实上，在公职贿赂或发生在一国境内的商业贿赂行为属于"加速费"时，应当依据所在国的法律和社会文化；但在海外商业贿赂行为中，涉及的公共权力裁决情形多样，各国法律规定、文化规范认同也不相同，不能一概而论。但是，对外商业行贿罪是我国《刑法》所规定的犯罪，在立法因为考量而未将其对向受贿行为犯

---

① 车浩：《行贿罪之"谋取不正当利益"的法理内涵》，载《法学研究》2017 年第 2 期，第 133 页。

② 王政勋：《贿赂犯罪中"谋取不正当利益"的法教义学分析——基于语义解释方法的考察》，载《法学家》2018 年第 5 期，第 150 页。

③ 王君祥：《英国反腐败法》，中国方正出版社 2014 年版，第 73 页。

罪化的场合，并不代表其他国家对此不予处罚。因此，追求结果具有正当性的此类“加速费”形式的贿赂是否构成对外商业行贿罪，应当进行三步审查：首先，需要考虑其对向受贿行为在所在国是否构成犯罪；其次，在对向受贿行为予以处罚的场合，应当进一步考虑支付“加速费”是否违反所在国法律的禁止性规定；最后，前述结论均为否定的场合，需要结合对外商业行贿罪的法益实质性考虑“加速费”行为，如果支付“加速费”的事项属于需要行政机关作出实体性裁决的事务①，或违法地获取了竞争优势②，那么就应当肯定属于“谋取不正当商业利益”。如果上述三步审查的结论存在肯定情形，那么此种行贿行为构成对外商业行贿罪，反之，若结论均为否定，则不构成犯罪。

五、结语

对外商业行贿罪相较于其他的贿赂犯罪具有特殊性，本罪的存在揭示了在贿赂犯罪中划分商业贿赂与公职贿赂的做法仍然存在缺陷，反映了学界对于贿赂犯罪的研究偏重受贿行为而忽视行贿行为的现状。本罪在理论上的法益界定与构成要件解释是本罪正确适用的前提，由于欠缺对向受贿行为的立法，本罪在解释和适用上又务须特别谨慎，这可能也是本罪适用偏少的重要原因。我国对于海外商业贿赂行为采取的这一特殊立法体例意味着对外商业行贿罪是海外贿赂犯罪的专门规制罪名，属于特别罪名，在适用上应当优先考虑，并且，又由于立法上未规定本罪对向受贿行为，司法上也难以简易、高效地对本罪对向受贿行为进行刑事诉讼活动，因此，在确定罪名适用之前，就应当立足于行贿行为进行考察，树立对于行贿行为的重视，以行贿行为为中心划定海外贿赂犯罪的行为边界。

---

① 孙国祥：《“加速费”“通融费”与行贿罪的认定——以对“为谋取不正当利益”的实质解释为切入》，载《政治与法律》2017 年第 3 期，第 57 页。

② 商业利益的获取应当同时关注过程与结果，经营者环境的公平竞争信赖利益是建立在公平的竞争环境，并能够通过这种环境一般性地可期待取得商业利益的基础上，因此，除非行贿人给予财物是为了消弭本来已经存在的其他经营者的不当竞争优势，否则就应当构成犯罪。例如，行为人参加外国某地城市环境维护招标，给予“加速费”是为了让当地政府官员按照规定审查其资格、提供公平竞争的环境，此时，该“加速费”不属于对外商业行贿罪中的“谋取不正当商业利益”的目的。

下编

涉腐洗钱犯罪的认定

洗钱罪的犯罪所得不同于上游犯罪的犯罪所得*

张　磊**　党　萌***

一、问题的提出

2020年《刑法修正案（十一）》修改了洗钱罪的相关规定，删除了洗钱罪中“协助”“明知”等表述，将自洗钱行为入罪，改变了我国长期以来打击“他洗钱”的传统模式，给洗钱罪的司法实践带来全新挑战。① 2023年9月，国家监委、最高检、公安部印发《在办理贪污贿赂犯罪案件中加强反洗钱协作配合的意见》，要求各级监察机关、检察机关、公安机关自觉把贪污贿赂犯罪中的反洗钱工作置于维护国家安全大局中统筹把握，既要有效调查上游贪污贿赂犯罪，又要重视洗钱犯罪办理，贯彻贪污贿赂犯罪与洗钱罪“一案双查”机制，同步审查贪污贿赂犯罪的犯罪所得及收益的去向和转移过程。② 此后，对于贪污贿赂犯罪与洗钱犯罪进行“一案双查”将成为常态。虽然《在办理贪污贿赂犯罪案件中加强反洗钱协作配合的意见》只是针对贪污贿赂犯罪而言，但也可以预见，以后洗钱罪的7类上游犯罪的案件都可能涉及“一案双查”的问题，洗钱罪的适用将得到大幅度增加。而且，我国《刑法》第191条规定：“为掩饰、隐瞒毒品犯罪、黑社会性质的组织犯罪……的所得及其产生的收益的来源和性质，有下列行为之一的，没收实施以上犯罪的所得及其产生的收益……”也就是说，我国《刑法》在洗钱罪的法条中规定要没收上游犯罪的犯罪所得，却没有提及对于洗钱罪犯罪所得的没收。那么，在“一案双查”的

---

* 本文系2025年最高人民检察院检察应用理论研究课题“涉外经济犯罪追逃追赃程序研究”的阶段成果。

** 张磊，北京师范大学法学院教授、博士生导师。

*** 党萌，北京师范大学法学院硕士研究生。

① 参见王新：《洗钱罪的司法认定难点》，载《国家检察官学院学报》2022年第6期。

② 国家监委、最高检、公安部印发《在办理贪污贿赂犯罪案件中加强反洗钱协作配合的意见》，载最高人民检察院网站，https：//www.spp.gov.cn/spp/xwfbh/wsfbh/202309/t20230920_628642.shtml，2024年1月5日访问。

大趋势下，对于洗钱罪和上游犯罪都要作出判决，对两者的犯罪所得及其收益[①]都要进行追缴和没收[②]。但这两类犯罪的犯罪所得的性质是不相同的，而且自洗钱和他洗钱的犯罪所得也不相同，那么在判决书中（特别是两者出现在同一判决书中时）对两者应当统一没收还是分别没收就值得思考。本文将对自洗钱入罪以后洗钱罪和上游犯罪的犯罪所得的界定以及刑事判决书对这两类犯罪所得的没收情况进行梳理，反思其中的问题，并提出完善方案。

二、洗钱罪判决书中对于两类犯罪所得没收情况的梳理

洗钱罪与上游犯罪是性质不同的两种犯罪，对于两者犯罪所得的没收应当区分开来。但是，实践中，不少刑事判决却将两类犯罪所得混同没收，模糊了上游犯罪和洗钱罪的界限。笔者以“洗钱罪”“刑事案由”为关键词在中国裁判文书网上进行检索，选取《刑法修正案（十一）》生效（2021 年 3 月 1 日）至本文开始写作之日（2023 年 4 月 1 日）的全部判决书，共计 188 份。[③] 去除最终没有判处洗钱罪的文书后，剩余判决书 162 份。其中，“自洗钱”判决书 30 份，“他洗钱”判决书 132 份，涉及“违法所得没收”的判决书 71 份。通过对以上文书内容的梳理和分析发现，132 份他洗钱犯罪的判决书中分为洗钱罪单独判决、洗钱罪和上游犯罪一起判决两种情况，30 份自洗钱判决书均是和上游犯罪在同一判决书中判决。下文我们将对他洗钱和自洗钱两类判决中对犯罪所得没收情况分别进行梳理。

（一）他洗钱判决中犯罪所得没收的表述

他洗钱的刑事判决分为两种情况：一是洗钱罪单独判决（洗钱罪的判决书和上游犯罪的判决书各自独立），二是洗钱罪和上游犯罪在同一判决书中作出判决。

1. 洗钱罪单独判决中犯罪所得没收的表述

在洗钱罪的单独判决中，由于是只针对洗钱罪作出判决，通常情况下应当只涉及对洗钱罪犯罪所得的没收，对上游犯罪犯罪所得的没收应当在上游犯罪判决书中表述。但是，笔者所收集的判决书中，却出现以下几种情况：

第一，只明确对洗钱罪犯罪所得的没收，没有提及对上游犯罪犯罪所得的没收。如果他洗钱行为人没有被认定为上游犯罪的共同犯罪，对于他洗钱行为人很可能和上游犯罪人分别判决。此时，上游犯罪犯罪所得的没收应当在上游犯罪的判决书中

---

① 基于行文方便，如无特别说明，下文将“犯罪所得及其收益”简称为“犯罪所得”。

② 虽然严格意义上来说“追缴”和“没收”的含义并不相同，但基于行文方便，本文在同一意义上使用两者。关于两者具体含义的区分请参见张磊：《〈刑法〉第 64 条财物处理措施的反思与完善》，载《现代法学》2016 年第 5 期。

③ 检索时间：2023 年 4 月 15 日。

表述，洗钱罪犯罪所得的没收应当在洗钱罪判决书中表述，这应当是他洗钱刑事判决的常规情形。例如，在张某洗钱案中，被告人张某在明知的情况下将自己的银行卡用于接收上游犯罪人贪污的犯罪所得，并通过自己的银行卡多次转账、提现帮助资金转移，从中获利，后被判决构成洗钱罪。在案件审查起诉期间，张某主动向监察机关缴纳了洗钱所获得的1.3万元违法所得。对此，判决中也载明："被告人张某已缴纳的违法所得一万三千元，予以没收，上缴国库。"① 又如，在郭某洗钱案中，被告人郭某在明知的情况下通过转账的方式协助他人将通过金融诈骗骗取的33788元贷款转移，从中获利774元，法院判决其构成洗钱罪，并依法从被告人郭某处追缴违法所得人民币774元，依法没收，上缴国库。② 再如，在张某某洗钱案中，张某某应上游犯罪人的要求为其提供6张个人银行卡，作为上游犯罪人非法集资款的收款、转款、取款账户，取得高额工资，违法所得42911元。法院判决张某某构成洗钱罪，公诉机关扣押的被告人张某某退缴的违法所得42911元由扣押机关依法处理。③ 在这些案件中，被告人通过帮助他人洗钱而获得了作为洗钱行为对价的报酬，法院在判决其构成洗钱罪的同时，将洗钱的犯罪所得予以没收。类似的案件还有谭某洗钱案④、赵某洗钱案⑤、周某某洗钱案⑥。

第二，只明确对于上游犯罪犯罪所得的没收，没有提及对洗钱罪犯罪所得的没收。虽然上游犯罪犯罪所得的没收通常情况下应当在上游犯罪判决书中明确，但在某些案件中，如果上游犯罪部分犯罪所得由洗钱罪的行为人上交司法机关的话，那么在洗钱罪的判决书中就会对此部分上游犯罪犯罪所得进行处置。例如，在王某洗钱案中，王某在明知的情况下用自己的银行卡接收上游犯罪人贪污的退耕还林款28250元，后上游犯罪人将王某账户中15000元赃款转至自己账户后交给监察机关。在审查起诉阶段，王某将上游犯罪人的剩余13250元赃款上交检察院。王某后被判决构成洗钱罪，并将其退缴的违法所得人民币13250元依法予以没收，上缴国库。⑦ 但是，在此案件中，并没有提及王某是否通过实施洗钱行为获得了犯罪所得，在判决中也就没有提及洗钱犯罪所得的处理问题。

第三，没收的犯罪所得既是上游犯罪的犯罪所得也是洗钱罪的犯罪所得。在部分他洗钱的判决书中，洗钱行为人获得的作为洗钱行为报酬的洗钱犯罪所得，是由

---

① 参见山西省运城市盐湖区人民法院张某洗钱罪刑事一审刑事判决书（2022）晋0802刑初290号。

② 参见宁夏回族自治区中卫市沙坡头区人民法院刑事判决书（2022）宁0502刑初243号。

③ 参见山东省聊城市东昌府区人民法院刑事判决书（2022）鲁1502刑初243号。

④ 参见宁夏回族自治区中卫市沙坡头区人民法院刑事判决书（2022）宁0502刑初152号。

⑤ 参见河北省唐山市路北区人民法院刑事判决书（2021）冀0203刑初423号。

⑥ 参见广西壮族自治区灵山县人民法院刑事判决书（2021）桂0721刑初525号。

⑦ 参见甘肃省两当县人民法院刑事判决书（2022）甘1228刑初13号。

上游犯罪所得转化而来，所以，在洗钱罪判决书中所追缴的洗钱犯罪所得，同时也是上游犯罪所得的一部分。例如，在孙某洗钱案中，孙某根据上游犯罪人的授意将上游犯罪人使用非法吸收公众存款所得赃款购买的奔驰轿车贩卖，然后用自己和女友的账户收到购车款共计 29.8 万元，所得钱款被孙某使用。该轿车零售价格为 30.7 万元。后孙某主动到案，如实供述犯罪事实，退出赃款 30.7 万元。孙某被认定为洗钱罪，并判决：扣押在案的被告人孙某的退赃款优先用于退赔集资参与人的经济损失。① 在此案中，判决中最终只说明该 30.7 万为赃款，但是该款项到底是孙某洗钱的犯罪所得，还是上游犯罪非法吸收公众存款的所得，并没有明确说明。实质上，该款项虽然源自上游犯罪赃款所购的奔驰轿车，但后来被孙某使用，也就是作为孙某洗钱行为的报酬，应当也是洗钱罪的犯罪所得。而最终判决将该赃款用于退赔上游犯罪被害人（集资参与人）的经济损失，说明该款项也是上游犯罪所得的一部分。又如，在吴某某洗钱案中，吴某在上游犯罪人的安排下使用自己的微信账号收取毒资 800 元，上游犯罪人将该 800 元作为生活费给吴某某使用。法院判决吴某某构成洗钱罪，并判决对吴某某退缴的违法所得 800 元予以没收，上缴国库。② 该 800 元既是上游贩卖毒品犯罪的毒资，也被作为生活费交给吴某某，事实上也就是作为洗钱行为的报酬，即洗钱罪的犯罪所得。在此类判决书中，同样没有明确该犯罪所得到底是上游犯罪的犯罪所得，还是洗钱罪的犯罪所得。

第四，部分判决没有提及任何犯罪所得的没收。也有部分他洗钱的判决仅对洗钱罪作出判决，并没有提及犯罪所得的没收问题。例如，在赵某洗钱案中，赵某明知相关款项系贪污贿赂犯罪所得，仍提供资金账户并帮助上游犯罪人取现，掩饰、隐瞒款项的来源和性质，构成洗钱罪。但只判决赵某构成洗钱罪，没有提及任何违法所得的没收问题。③ 又如，在丁某洗钱案中，丁某在明知的情况下根据上游犯罪人的指使通过转账等形式转移其受贿资金，构成洗钱罪，在判决书中同样没有提及犯罪所得的没收问题。④ 此类判决书中没有提及洗钱的犯罪所得，既有可能是因为洗钱行为人与上游犯罪人之间是朋友等特殊关系，实际上没有获得洗钱的报酬，所以也就没有涉及洗钱犯罪所得的没收问题，也有可能是没有查询到洗钱的犯罪所得，但是判决书中对此并没有明确说明。

2. 洗钱罪和上游犯罪一同判决中犯罪所得没收的表述

部分他洗钱案件中，洗钱罪和上游犯罪一同判决，此时对犯罪所得的没收也分为两种情况：

---

① 参见江苏省南通市崇川区人民法院刑事判决书（2021）苏 0602 刑初 132 号。

② 参见江西省黎川县人民法院刑事判决书（2021）赣 1022 刑初 96 号。

③ 参见天津市河西区人民法院刑事判决书（2022）津 0103 刑初 555 号。

④ 参见广西壮族自治区梧州市长洲区人民法院刑事判决书（2022）桂 0405 刑初 168 号。

第一，分别没收上游犯罪和洗钱犯罪的犯罪所得。这类情形对上游犯罪的犯罪所得和洗钱罪的犯罪所得没收分别予以表述，应当是最为常规和合理的做法。例如，在陈某某等人走私、李某某洗钱案中，李某某明知陈某某等人走私过驳货物运至码头卸货、销售牟利，为赚取高额介绍费，仍应上游犯罪人要求介绍“安全码头”卸货，从而为上游犯罪人转移、销售走私白糖提供了便利，帮助掩饰走私白糖的来源、性质。李某某非法获利 9 万元人民币。法院判决陈某某等人构成走私罪、李某某构成洗钱罪，依法没收陈某某等三人退出的违法所得 12 万元、李某某退出的违法所得 9 万元。[①] 其中，12 万元是陈某某三人上游走私犯罪的犯罪所得，9 万元是李某某通过介绍“安全码头”卸货（洗钱）而得到的报酬。

第二，只提及上游犯罪的犯罪所得，没有提及洗钱罪的犯罪所得。例如，在王某某诈骗案、李某某洗钱案中，李某某为掩饰上游犯罪人王某某实施集资诈骗罪的犯罪所得，将财产转换为现金，判决王某某构成集资诈骗罪、李某某构成洗钱罪，公安机关依法查封、扣押的被告人李某某涉及洗钱的财产，依法予以追缴，按比例发还被害人，不足部分责令继续追缴被告人王某某退赔并按照同等原则分别发还。[②] 在此案中，公安机关扣押了洗钱行为人李某某“涉及洗钱的财产”，但是并没有明确该财产到底是行为人所清洗的上游犯罪的犯罪所得，还是李某某因为洗钱所得到的犯罪所得。但是，从判决将该部分财产按比例发还被害人，不足部分责令上游犯罪被告人退赔并分别发还，可以推断出该涉及洗钱的财产是指上游犯罪所获得的而被“清洗”的财产。此案中的上游犯罪人和洗钱行为人是情侣关系，很可能不存在洗钱行为人通过洗钱获得报酬（犯罪所得）的问题，所以，此案没有提及洗钱罪的犯罪所得。

（二）自洗钱判决中犯罪所得没收的表述

自洗钱由上游犯罪人自己实施洗钱行为，所以，一般是在上游犯罪的判决书中一同判决。上游犯罪人洗钱的目的是掩饰、隐瞒自己上游犯罪的犯罪所得，不存在获得报酬的问题。所以，自洗钱判决往往只提及对于上游犯罪犯罪所得没收，不涉及洗钱罪犯罪所得的没收。例如，在张某某受贿、洗钱案当中，判决张某某构成受贿罪、洗钱罪，认定张某某能退缴全部赃款，可酌情从轻处罚，没有明确该赃款是上游犯罪的犯罪所得还是洗钱罪的犯罪所得。[③] 又如，在陈某等贩卖毒品、洗钱案中，判决陈某违法所得 44898 元、毒资 27082 元（已追缴），依法予以追缴，上缴国

① 参见江苏省泰州市中级人民法院刑事判决书（2021）苏 12 刑初 34 号。

② 参见辽宁省沈阳市浑南区人民法院刑事判决书（2021）辽 0112 刑初 623 号。

③ 参见辽宁省沈阳市和平区人民法院刑事判决书（2022）辽 0102 刑初 972 号。

库，没有明确是贩卖毒品的违法所得还是洗钱的违法所得。[①] 类似的案件还有汪某某等人贩卖毒品案、洗钱案[②]，朱某某等人贩卖毒品案、洗钱案[③]，等等。

三、洗钱罪上游犯罪犯罪所得及其收益的界定

(一) 洗钱罪上游犯罪犯罪所得的界定

我国洗钱罪的行为对象是上游犯罪的犯罪所得及其产生的收益。[④] 具体来说，就是《刑法》第 191 条所规定的毒品犯罪、黑社会性质的组织犯罪、恐怖活动犯罪等法定 7 类上游犯罪的犯罪所得及其产生的收益。对洗钱罪上游犯罪犯罪所得及其收益进行界定，首先应当明确犯罪所得及其收益的内涵。对此，我国《刑法》并没有明确规定，最高人民法院、最高人民检察院《关于办理洗钱刑事案件适用法律若干问题的解释》中也没有明确规定。而最高人民法院《关于审理掩饰、隐瞒犯罪所得、犯罪所得收益刑事案件适用法律若干问题的解释》第 10 条第 1 款则对《刑法》第 312 条掩饰、隐瞒犯罪所得、犯罪所得收益罪的相应内容作出规定："通过犯罪直接得到的赃款、赃物，应当认定为刑法第三百一十二条规定的'犯罪所得'。上游犯罪的行为人对犯罪所得进行处理后得到的孳息、租金等，应当认定为刑法第三百一十二条规定的'犯罪所得产生的收益'。"《刑法》第 312 条和第 191 条都属于我国洗钱犯罪法律体系的重要组成部分[⑤]，所以，洗钱罪中犯罪所得及其收益的界定也可以借鉴该司法解释的界定。

此外，我国《刑法》《刑事诉讼法》和相关司法解释中还存在"违法所得"的表述，这主要包括两种情况：第一，《刑法》第 64 条。该条规定："犯罪分子违法所得的一切财物，应当予以追缴或者责令退赔；对被害人的合法财产，应当及时返还；违禁品和供犯罪所用的本人财物，应当予以没收。没收的财物和罚金，一律上缴国库，不得挪用或者自行处理。"关于本条中违法所得的范围有不同的观点。有观点认为，该条中"犯罪分子违法所得的一切财物"应当包括违法所得、违禁品、供犯罪所用的本人财物（犯罪工具）三类。其中，违法所得即赃款、赃物，根据其处理程序，又可以分为应当返还被害人的违法所得和应当没收上缴国库的违法所

---

① 参见湖北省沙洋县人民法院刑事判决书（2022）鄂 0822 刑初 116 号。

② 参见江西省分宜县人民法院刑事判决书（2022）赣 0521 刑初 181 号。

③ 参见湖南省石门县人民法院刑事判决书（2022）湘 0726 刑初 265 号。

④ 参见张明楷：《刑法学（下）》，法律出版社 2021 年版，第 1020 页。

⑤ 参见王新：《总体国家安全观下我国反洗钱的刑事法律规制》，载《法学家》2021 年第 3 期。

得。[1] 也有观点认为，“犯罪分子违法所得的一切财物”在整体上主要包括三种类型：犯罪直接所得、犯罪直接所得的孳息及其转化物、犯罪所得投资收益[2]，从广义上对“犯罪所得”进行了界定。第一种观点强调了违法所得的一切财物不仅包括违法所得，还包括违禁品和犯罪工具，但是并没有对违法所得是否包括直接所得和间接所得作进一步区分。第二种观点强调了违法所得包括直接所得和间接所得，但是没有说明是否包括犯罪所用之物。我们认为，这两种观点分别从不同角度指出了违法所得的内容，同时认为该条中的违法所得应当包括两大部分，即犯罪所得和犯罪所用之物，而犯罪所得则包括直接犯罪所得和间接犯罪所得。第二，最高人民法院、最高人民检察院2017年《关于适用犯罪嫌疑人、被告人逃匿、死亡案件违法所得没收程序若干问题的规定》（以下简称《违法所得没收程序规定》）第6条。该条规定：“通过实施犯罪直接或者间接产生、获得的任何财产，应当认定为刑事诉讼法第二百八十条第一款规定的‘违法所得’。违法所得已经部分或者全部转变、转化为其他财产的，转变、转化后的财产应当视为前款规定的‘违法所得’。来自违法所得转变、转化后的财产收益，或者来自已经与违法所得相混合财产中违法所得相应部分的收益，应当视为第一款规定的‘违法所得’。”该规定对违法所得内涵的界定，主要是依据《联合国反腐败公约》第2条“术语的使用”第5项的规定，即“‘犯罪所得’系指通过实施犯罪而直接或间接产生或者获得的任何财产”。从其表述中可以看出，该规定中的违法所得实际上是包括了犯罪的直接所得和间接所得，其中的间接所得包括犯罪所得全部或者部分转化的财产，以及通过处置该财产产生的收益。但是，该条中的违法所得没有包括犯罪工具。根据以上表述，我们可以看出《刑法》第64条和《违法所得没收程序规定》中的违法所得都是广义的违法所得，既包括通过犯罪行为的直接所得，也包括直接所得经过转化的间接所得[3]，甚至《刑法》第64条中的违法所得还包括犯罪工具。

与《刑法》第64条和《违法所得没收程序规定》中违法所得的表述不同，《刑法》191条洗钱罪中对犯罪所得采用了“犯罪的所得及其产生的收益”的表述方式，将犯罪收益和犯罪所得并列在一起，而如上文所述，犯罪收益属于犯罪的间接所得，所以，《刑法》第191条中的“犯罪所得”应当是指通过实施犯罪而直接获得的

---

① 参见吴光升：《刑事涉案财物处理程序研究》，法律出版社2018年版，第5页。

② 参见庄绪龙：《“犯罪所得投资收益”追缴的影响因素与判断规则》，载《中国法学》2019第5期。

③ 对此，《人民检察院刑事诉讼规则》第515条关于“违法所得”的规定也可以得到印证。该条规定：“犯罪嫌疑人、被告人通过实施犯罪直接或者间接产生、获得的任何财产，应当认定为‘违法所得’。违法所得已经部分或者全部转变、转化为其他财产的，转变、转化后的财产应当视为前款规定的‘违法所得’。来自违法所得转变、转化后的财产收益，或者来自已经与违法所得相混合财产中违法所得相应部分的收益，也应当视为第一款规定的违法所得。”

财物。

综上所述，我们认为《刑法》第 191 条中作为洗钱罪对象的上游犯罪的犯罪所得具有以下特点（事实上也适用于其他犯罪的犯罪所得）：

1. 某个犯罪的犯罪所得是通过实施该犯罪的实行行为而获得

主要表现为以下特点：

（1）行为人获得犯罪所得应当和实施该犯罪的实行行为具有直接的因果关系。

（2）犯罪所得的产生应当发生在犯罪行为实施的同时或者实施完毕之后，也就是说某个财物变为行为人犯罪所得的时间不能早于犯罪行为的实施，如果某个财物在行为人实施犯罪以前就已经为其所获得，一般情况下就不能认定为行为人实施该犯罪的犯罪所得。

（3）某个犯罪的实行行为本身具有获取、产生该犯罪所得的性质。如果某个财物虽然和犯罪行为有一定关系，但是该犯罪行为本身在性质上并不能产生该犯罪所得，也就不能称为该犯罪的犯罪所得。例如，甲先到银行贷款（贷款手续合法），后将该贷款作为本钱购买货物，然后走私入境。虽然甲所贷款项与走私犯罪具有紧密联系，但是由于走私罪的实行行为是“逃避海关监管、偷逃关税”，走私行为并不具有产生该贷款的性质（而且该贷款产生于实施走私行为之前），该贷款不能作为犯罪所得。

根据上述特点，虽然前述有观点认为《刑法》第 64 条将犯罪所用之物作为违法所得的组成部分，但是根据犯罪所得应当是通过实施犯罪行为而获得的特点，犯罪所用之物并不能认定为犯罪所得：首先，《刑法》第 64 条并没有明确说违法所得包括犯罪所用之物。① 其次，行为人在实施犯罪行为之前很可能已经拥有犯罪所用之物，如实施诈骗的道具等。最后，犯罪行为本身事实上并不能产生犯罪所用之物，犯罪所用之物本就是实施犯罪所使用的财物，只有使用这些财物实施犯罪行为才能够获得犯罪所得，是产生犯罪所得的辅助物品，而不是犯罪所得本身。

2. 犯罪所得包括犯罪的直接所得和间接所得

（1）直接所得。主要包括以下几部分：第一，通过实施犯罪所获得之物。此类所得犯罪前已经存在，本来为他人所有，通过实施犯罪而转为行为人所有，如盗窃所获得的财物、受贿所得到的贿赂款等。第二，犯罪行为所生之物。此类所得犯罪前并不存在，通过实施犯罪行为实现从无到有，如伪造货币犯罪中伪造的货币、制造毒品罪中制造的毒品等。第三，通过实施犯罪所获得的佣金或报酬。例如，行为人通过帮助他人实施犯罪而获得的佣金或报酬，是行为人帮助他人犯罪的对价。

（2）间接所得。犯罪的间接所得是犯罪直接所得的替代物、转化物，如行为人

---

① 而只是规定“犯罪分子违法所得的一切财物，应当予以追缴或者责令退赔……违禁品和供犯罪所用的本人财务，应当予以没收”。

将赃物卖出后得到的金钱、用通过犯罪获得的报酬所购买的物品等。这种转化物只是犯罪所得的替代物品，在价值上并没有增值，是等价置换。如果随着时间的推移财物出现增值，增值部分就是犯罪的收益。

综上所述，犯罪所得，是指通过实施犯罪而直接获得的财物和财产性利益以及其替代物、转化物。结合《刑法》第191条对于洗钱罪构成要件的描述，洗钱罪中上游犯罪的犯罪所得主要包括财产、资金、金融票据、有价证券、资产等。该条第1款第4项“跨境转移资产”中使用了“资产”的表述，含义明显大于“财产”。所以，具体到洗钱罪来说，我们赞同这样一种观点，即洗钱罪的上游犯罪的犯罪所得应当包括实施犯罪直接获得的资产和财产性利益①，同时也包括这些资产和财产性利益的替代物。

（二）洗钱罪上游犯罪犯罪所得收益的界定

对于犯罪所得的收益界定的前提是对“收益”内涵的正确理解。收益的概念最早出现在经济学当中，1890年剑桥大学经济学教授阿尔弗雷德·马歇尔（Alfred Marshall）在其《经济学原理》一书中，把亚当·斯密（Adam Smith）的“财富的增加”这一收益观引入企业，提出区分实体资本和增值收益的经济学收益思想。20世纪初期，美国著名经济学家欧文·费雪（Irving Fisher）发展了经济收益理论。其《资本和收益的性质》一书，首先从收益的表现形式上分析了收益的概念，认为收益指的是精神、物质财富的增加，同样表明收益的增值属性。所以，收益的一个核心含义应当是指“财富的增加”。据此，我们认为犯罪所得的收益，是处置犯罪所得或者其替代物后新增加的资产或者财产性利益。也就是说，犯罪所得的收益应当是对犯罪所得进行经营等途径后所新产生的资产或者财产性利益，是原犯罪所得的升值部分，是新产生的资产或者利益。犯罪所得的收益不同于犯罪所得替代物、转化物，是犯罪所得及替代物、转化物的增值部分。犯罪所得的收益主要包括以下部分：（1）孳息。孳息，指上游犯罪人对犯罪所得进行处置产生的收益。根据《民法典》第321条之规定，孳息分为天然孳息和法定孳息。天然孳息指原物按照自然规律产生的收益，如树木的果实、牲畜的幼畜等；法定孳息指由法律关系所产生的收益，如房屋出租的租金、将钱存入银行的利息等。（2）投资型收益。由于资本的流动性和增值属性，行为人在通过犯罪行为攫取赃款、赃物等违法所得后，大多从事其他经济活动，谋取经济利益。② 根据不同投资行为的属性，可以细分为射幸型投资收益与经营型投资收益，二者均属于犯罪所得及其替代物所产生的收益。射幸型

① 参见王新：《洗钱罪的司法认定难点》，载《国家检察官学院学报》2022年第6期。

② 参见庄绪龙：《“犯罪所得投资收益”追缴的影响因素与判断规则》，载《中国法学》2019第5期。

投资收益主要指彩票、股票、期货交易等带有“投机”性质的投资取得的收益。[1]经营型投资收益主要指资金经过技术、经营、劳动等对生产要素的加工所产生的收益。

据此，洗钱罪的上游犯罪所得的收益，是指对于洗钱罪上游犯罪的所得及其替代物、转化物进行处置、经营、投资后的增值部分。洗钱罪上游犯罪的所得以及收益部分，都是洗钱罪的对象。

四、洗钱罪的犯罪所得及其收益的界定

在洗钱犯罪中，除作为洗钱罪对象的上游犯罪的犯罪所得及其收益之外，还有洗钱罪本身的犯罪所得及其收益，这是两类性质不同的犯罪所得及其收益，具有不同的特点：（1）作为洗钱罪的对象，上游犯罪犯罪所得及其收益的产生时间早于洗钱罪的成立。只有上游犯罪所得实际产生以后，才有了作为下游犯罪的洗钱罪成立的前提。在上游犯罪犯罪所得产生之前，不可能产生洗钱罪。此时，即使行为人实施了类似于洗钱的行为，如资金的跨境转移、转移支付等，也只能够是作为上游犯罪组成部分的行为，不可能是下游犯罪的洗钱行为。[2]（2）洗钱罪本身的犯罪所得是洗钱行为人通过实施掩饰、隐瞒上游犯罪所得的行为而获得的资产或者财产性利益。根据前述犯罪所得必须与犯罪行为的实施具有因果关系，在时间上不能早于犯罪行为实施的特点，洗钱罪的犯罪所得在产生时间上要晚于洗钱罪的成立。所以，一般情况下，上游犯罪及其犯罪所得和洗钱罪及其犯罪所得的顺序应当是：上游犯罪的实施—产生上游犯罪犯罪所得—洗钱罪的实施—产生洗钱罪犯罪所得。关于洗钱罪的犯罪所得及其收益，有观点认为包括直接不法洗钱所得及其孳息与直接不法洗钱所得的替代（财）物及其孳息。[3]我们赞同这种观点，同时也认为其所认为的孳息实际上等同于犯罪所得的收益。所以，洗钱罪的犯罪所得及其收益，是指行为人通过实施洗钱而获得一切资产和财产性利益。

由于洗钱罪的实行行为是对于上游犯罪犯罪所得的“掩饰、隐瞒”行为，该行为从性质上来说只是对于其他财产性质的掩盖行为，所以，既不会将他人的财产转为自己所有，也不会像制造毒品犯罪等一样生产、制造出新的违禁物品（除非是将该财产与其他财产混同）。所以，洗钱罪的犯罪所得更多地体现为行为人通过“掩

---

① 参见蒋鸣：《犯罪所得追缴制度的适用误区及匡正》，载《山西青年职业学院学报》2022年第3期。

② 参见张磊：《洗钱罪的成立以上游犯罪人实际控制犯罪所得为前提》，载《政治与法律》2023年第11期。

③ 冯文杰：《论洗钱犯罪所得财物中“所得”的实质解释——以〈刑法修正案（十一）〉为视角的分析》，载《政法论坛》2021年第4期。

饰、隐瞒”上游犯罪所得而付出劳动的佣金或报酬，是洗钱行为的对价。自洗钱入罪之前，洗钱罪只有他洗钱；自洗钱入罪之后，上游犯罪人也可以成为洗钱罪的主体。他洗钱和自洗钱这两类洗钱罪的犯罪所得具有不同的表现形式：

（一）他洗钱的犯罪所得及其收益的界定

在他洗钱中，洗钱的犯罪所得及其收益，一般是行为人基于帮助上游犯罪人掩饰、隐瞒犯罪所得及其收益的性质而获取的佣金或者报酬，既包括职业洗钱者对委托其清洗犯罪所得及其收益的客户所收取的费用①，也包括非职业洗钱行为人对朋友、熟人等人的委托而得到的报酬，以及行为人后续处置这些费用、报酬所得到的增值部分。实践中，实施洗钱的主体，除自然人以外还包括职业洗钱机构，如地下钱庄、洗钱公司等。地下钱庄又称影子银行、地下银行②，存在于国家金融监管体制外，通过金融机构的资金结算网络，为多种犯罪活动提供支付结算、资金转移等服务。洗钱罪的 7 类上游犯罪人往往是其服务对象。这些职业洗钱机构通过洗钱所获得的犯罪所得，就是从上游犯罪人处获取的报酬、佣金。他洗钱的犯罪所得具有以下特点：

第一，他洗钱的犯罪所得实质上是洗钱行为的对价。他洗钱犯罪所获得的佣金、报酬在性质上是洗钱行为人为上游犯罪人所提供的洗钱行为的对价，至于其在洗钱过程中产生的需要支付给其他人的手续费、服务器使用费等费用，性质上不属于洗钱行为的对价，应当排除在报酬、佣金范畴之外。例如，洗钱行为人在洗钱过程中需要支付给他人或者机构手续费，此时的手续费如果不属于洗钱行为的对价，而是由行为人作为手续费转交给提供网络服务的机构，就应当排除在他洗钱犯罪所得之外。此外，作为洗钱行为对价的犯罪所得，除通常情况下以报酬、佣金的形式出现以外，实践中也可能表现为介绍费等其他名义。例如，在陈某某、李某某走私普通货物、物品，洗钱案中，李某某为了赚取高额介绍费，先后两次介绍“安全码头”（某过船港），以工业砂名义卸货、分运，从而为他人转移、销售走私白糖提供了便利，帮助掩饰走私白糖的来源、性质。在该案中，李某某通过为上游走私犯罪人介绍所谓“安全码头”帮助其走私，掩饰走私货物的来源、性质，赚取高额的所谓“介绍费”，虽然并不是以佣金、报酬的形式出现，实质上也是其“介绍行为”的对价，是洗钱行为的佣金、报酬。③

第二，他洗钱的犯罪所得也可能是上游犯罪所得的一部分。洗钱行为的佣金、

---

① 参见李明照：《洗钱佣金探析》，载《中国人民公安大学学报》2003 年第 6 期。

② 参见蔡宁伟、荆琬杰：《地下钱庄洗钱风险分析及相关防范治理建议》，载《金融理论与教学》2022 年第 6 期。

③ 参见江苏省泰州市中级人民法院刑事判决书（2021）苏 12 刑初 34 号。

报酬，既可能表现为上游犯罪人向洗钱行为人新支付的资金和财物，在很多情况下也可能表现为洗钱行为人所清洗的上游犯罪所得中的财物，这部分财物本来属于上游犯罪的犯罪所得，后来经过上游犯罪人和洗钱行为人的协商（既可能是上游犯罪人主动让洗钱行为人扣留，也可能是洗钱行为人主动要求扣留），作为洗钱行为的报酬而被洗钱行为人扣留。例如，洗钱行为人为上游犯罪人转移受贿所得 2000 万元，在转移支付的过程中扣留其中的 200 万元，只将其他 1800 万元转移到指定账户，这 200 万元本来是上游犯罪人受贿罪的犯罪所得，在被洗钱行为人扣留后又转变成了洗钱罪的犯罪所得。但要注意的是，这并不意味着上游犯罪人受贿罪中受贿的数额就由 2000 万元变为了 1800 万元，受贿罪的数额依然是 2000 万元（其中 200 万被受贿人支付给了洗钱行为人），洗钱罪的犯罪所得则是 200 万元。

第三，部分他洗钱犯罪中不存在犯罪所得。如前所述，他洗钱行为人包括职业的洗钱公司和自然人，其与上游犯罪人的关系可以分为两类，一类是纯粹的雇佣关系，另一类是夫妻、近亲属或者亲朋好友关系。在前一类的情况下，双方基于提供洗钱服务而产生契约关系，一般会产生作为洗钱对价的佣金和报酬。但是，在第二类情况下，洗钱行为人往往是基于亲情、友情而提供洗钱帮助行为，洗钱的目的不是获得物质报酬，而是帮助上游犯罪人掩饰、隐瞒上游犯罪犯罪所得的性质。在此情况下，上游犯罪人一般不会向其支付佣金或者报酬，也就没有洗钱罪的犯罪所得的问题。例如，在张某洗钱案中，为了掩饰、隐瞒贪污犯罪所得，郑某通过小舅子张某的银行卡多次提现、转账完成资金转移。在该案中，张某为姐夫郑某进行洗钱，不存在他洗钱佣金、报酬的问题。① 又如，在黄某某洗钱案中，被告人黄某某与刘某某系男女朋友关系，黄某某明知刘某某贩卖毒品，为掩饰、隐瞒刘某某贩卖毒品所得资金的来源和性质，提供其名下银行卡供刘某某收取毒资，也不存在黄某某向上游犯罪人刘某某收取洗钱的佣金、报酬的问题。② 再如，在蒋某某洗钱案中，蒋某某帮助丈夫收取毒资，因二人是夫妻关系，不涉及他洗钱佣金、报酬问题。③

第四，如果洗钱行为人对上游犯罪犯罪所得通过投资的方式洗钱，那么，投资收益的性质要根据情况具体判断。该收益首先是上游犯罪所得的收益，如果仍然交给上游犯罪人所有，就还是上游犯罪的收益，性质不发生变化。但如果双方约好，该收益作为洗钱行为的报酬交给了洗钱行为人，那么，该收益就同时变为洗钱行为人的犯罪所得。也就是说，上游犯罪的收益变为了洗钱行为人的犯罪所得，是洗钱行为的对价和报酬。

---

① 参见山西省运城市盐湖区人民法院刑事判决书（2022）晋 0802 刑初 290 号。

② 参见湖南省株洲市天元区人民法院刑事判决书（2022）湘 0211 刑初 132 号。

③ 参见贵州省盘州市人民法院刑事判决书（2022）黔 0281 刑初 54 号。

（二）自洗钱的犯罪所得及其收益的界定

自洗钱是上游犯罪人在实施了上游犯罪后，继续实施掩饰、隐瞒自己上游犯罪犯罪所得的行为。此时，行为人就不是为了通过洗钱获取佣金、报酬，不存在通过洗钱获得犯罪所得的问题。例如，在汪某某等走私贩卖毒品、洗钱案中，汪某某为掩饰、隐瞒自己毒品犯罪所得 4600 元的来源和性质，通过将该资金转入余利宝理财及使用他人账号通过转账的方式进行转移，其自洗钱的目的是掩饰、隐瞒上游毒品犯罪所得的来源和性质。[①] 又如，在施某某受贿、洗钱案中，施某某采取让他人出具借条等方法掩饰、隐瞒自己受贿犯罪所得和性质，也不存在从中获取报酬的问题。

五、对于洗钱罪中两类犯罪所得没收的建议

基于上文的论述，我们认为对于洗钱罪中两类犯罪所得的没收可以从以下几个方面进行改进：

（一）删除《刑法》第 191 条中“没收实施以上犯罪的所得及其产生的收益”的规定

如前所述，《刑法》第 191 条关于洗钱罪的法条强调要“没收实施以上犯罪的所得及其产生的收益”，基于厘清洗钱罪中两类犯罪所得性质的需要，建议删除该句规定，理由如下：

（1）该规定容易造成因为行为人实施了洗钱罪才要没收上游犯罪所得，而且要在洗钱罪的审判和判决中没收的误解。该规定实际上是在洗钱罪的法条中规定没收上游犯罪的犯罪所得，但该条又没有同时规定对于洗钱罪犯罪所得的没收问题，那么就很容易造成误解，即因为行为人实施了洗钱罪，所以要没收上游犯罪的犯罪所得，而且要在洗钱罪的审理和判决中予以表述，同时又忽视对于洗钱罪犯罪所得的没收问题。事实上，只要行为人实施了上游犯罪，不论其是否实施洗钱罪，上游犯罪的审理和裁判中都应当没收上游犯罪的犯罪所得。

（2）该规定是《刑法》“分则”中唯一在本罪法条中没收其他犯罪犯罪所得的规定。对于犯罪所得的没收与追缴，《刑法》第 64 条明确规定，犯罪分子违法所得的一切财物，应当予以追缴或者责令退赔。该条规定适用于包括洗钱罪在内的所有《刑法》“分则”罪名。在此前提下，《刑法》“分则”条文中就没有必要再就犯罪所得的没收进行专门规定。事实上，在《刑法》“分则”中，强调没收本条犯罪所

① 参见江西省分宜县人民法院刑事判决书（2022）赣 0521 刑初 181 号。

得的只有第 395 条第 1 款关于巨额财产来源不明罪的规定[①]，强调没收其他条文规定犯罪所得的只有第 191 条。

（3）《刑法》第 312 条和第 349 条没有规定上游犯罪犯罪所得的没收问题。《刑法》第 312 条掩饰、隐瞒犯罪所得、犯罪所得收益罪和第 349 条窝藏、转移、隐瞒毒品、毒赃罪，都属于广义的洗钱罪范畴，这两条中都没有像第 191 条一样再强调规定上游犯罪所得的没收问题。

（4）对于上游犯罪犯罪所得的没收依照《刑法》第 64 条的规定执行即可，不需要第 191 条再予以强调。虽然第 191 条强调对上游犯罪犯罪所得及其收益的没收，但事实上这 7 类上游犯罪的法条中均没有强调没收本罪犯罪所得，而是直接依照第 64 条规定执行。也就是说，如果不涉及洗钱，不考虑第 191 条的没收规定，对于 7 类上游犯罪的判决并不影响其犯罪所得的没收。所以，对于上游犯罪犯罪所得的没收就没有必要由洗钱罪的法条来单独强调。

（5）《刑法》第 191 条规定的"没收"与第 64 条规定的措施不完全一致。对于"犯罪所得（违法所得的一切财物）"第 64 条规定的措施是"追缴或者责令退赔"，对于"违禁品和供犯罪所用的本人财物"规定的措施是"没收"。而第 191 条对于"犯罪所得及其产生的收益"规定的措施则是"没收"，虽然关于第 64 条规定的各项措施是否妥当，各措施之间的关系如何协调也还值得反思[②]，但至少在现有规定下，第 191 条与第 64 条对犯罪所得规定的措施并不一致。基于以上因素，我们建议删除第 191 条"没收实施以上犯罪的所得及其产生的收益"之规定。

（二）厘清对于上游犯罪和洗钱罪的犯罪所得的处置方向

洗钱罪的审理和判决中涉及作为洗钱罪对象的上游犯罪的犯罪所得和洗钱罪自身的犯罪所得，两者没收后有不同的处置：

（1）对于上游犯罪的犯罪所得，应当根据情况分别上缴国库或者返还被害人。根据《刑法》第 64 条之规定，7 类上游犯罪的犯罪所得及其收益一般应当没收后上缴国库（如毒品犯罪、受贿犯罪）。但是对于有被害人的犯罪（如金融诈骗犯罪、贪污犯罪），属于被害人的合法财产则应当在没收后返还被害人，而不是没收后上缴国库。

（2）对于洗钱罪的犯罪所得，由于是洗钱行为的对价或报酬，不存在返还被害

---

① 《刑法》第 395 条第 1 款规定："国家工作人员的财产、支出明显超过合法收入，差额巨大的，可以责令该国家工作人员说明来源，不能说明来源的，差额部分以非法所得论……财产的差额部分予以追缴。"

② 参见张磊：《〈刑法〉第 64 条财物处理措施的反思与完善》，载《现代法学》2016 年第 5 期。

人的问题，应当上缴国库。但如前所述，部分洗钱罪的犯罪所得实际上是扣留的上游犯罪犯罪所得的一部分，如果属于上游犯罪被害人财产，应当返还上游犯罪的被害人（不再作为洗钱罪的犯罪所得上缴国库）。但如果并不是来源于上游犯罪的犯罪所得，而是由上游犯罪行为人从自己其他财产中支付，应当没收上缴国库。所以，洗钱罪犯罪所得的来源，事实上决定了该所得没收后的去向。

（三）在判决书中对于上游犯罪和洗钱罪的犯罪所得分别明确表述

为了区分两类犯罪所得，建议在洗钱罪的判决中分别明确表述：

（1）在对于他洗钱犯罪的单独判决中，通常情况下只对洗钱罪的犯罪所得及其收益进行没收，如果同时查获所清洗的上游犯罪犯罪所得（此时在上游犯罪判决书中往往没有查清）也要没收，但是对于两类没收要分别明确表述（不能只表述两类没收的总额），以便准确对没收财物进行最终处置（是上缴国库还是返还被害人）。

（2）他洗钱犯罪和上游犯罪一同判决时，在判决书中要明确两类犯罪犯罪所得的性质，对本就是上游犯罪犯罪所得而转变为洗钱罪犯罪所得的情况，需要说明情况。然后，如果上游犯罪有被害人，则没收后返还被害人，否则上缴国库（既作为上游犯罪的犯罪所得，也作为洗钱罪的犯罪所得）。

（3）在自洗钱情况下，一般是和上游犯罪一同判决，而且往往不存在自洗钱的犯罪所得，也就不存在没收犯罪所得的问题。

反洗钱义务视角下的反腐跨境追诉研究

黄　昀[*]　罗澜刘馨[**]

一、前言

党的十八大以来，以习近平同志为核心的党中央将反腐败国际追逃追赃工作提升至国家政治和外交的高度，纳入党风廉政建设和反腐败斗争的总体布局之中。这一举措不仅是党和国家反腐败总体战略布局的重要组成部分，也是依法治国战略的核心环节，充分彰显了党中央以零容忍态度惩治腐败的坚定决心。中纪委的数据显示，截至2023年，中国通过“猎狐行动”从120多个国家和地区成功追回逃犯超过10000名，其中外逃腐败分子近3000人，追缴赃款总额高达数百亿元人民币。

然而，受制于国际政治环境的变化，在缺乏潜逃国充分配合的情况下，引渡、遣返等传统的跨国人员移交机制的推进相对滞缓，也给反腐败工作的进一步推进带来了阻碍。因此，如何借用国际法下打击跨国犯罪的义务话语体系，依托各国国内法律制度加强对外逃贪腐分子的制裁，成为当下反腐败追逃追赃破局的新思路。

异地追诉的前提之一，是外逃贪腐分子对潜逃国法律的违反。由于贪腐分子在选择外逃目标国时，通常会伴随着资金的境外转移与处置，因此，以洗钱罪为突破口，研究各代表性国家洗钱罪的国内立法与司法实践，对于探究我国主管机关在此类贪腐分子主要外逃国家进行跨境追诉的可行性具有重要意义。

二、传统跨国追逃追赃手段的局限性

传统的引渡与遣返机制在国际刑事司法合作中长期占据主导地位，尤其是在跨国腐败犯罪的追逃追赃中发挥了重要作用。然而，受制于各国司法制度间的差异，加之全球政治经济格局变化所导致的国际局势动荡，上述传统手段逐渐暴露出局限性。

---

* 黄昀，西南政法大学讲师。

** 罗澜刘馨，西南政法大学国际法学院2022级本科生。

（一）引渡、遣返的法律实施困境与实践挑战

就引渡而言，首先，通常依赖国家间的条约关系。各国在引渡合作问题上通常坚持“条约前置主义”，当不存在引渡的双边条约关系时就无法向外国引渡。[①] 虽然截至2023年，中国已与86个国家签署了双边司法协助条约，但与腐败罪犯的主要潜逃国，如美国、加拿大、澳大利亚等，则因有效引渡协议的缺乏而无法常态性地展开涉案人员的移交合作。其次，尽管“或引渡或起诉”条款已被广泛纳入包括《联合国反腐败公约》在内的一系列打击国际犯罪、增强国际刑事司法合作的多边条约中，然而在该条款的义务要求下，引渡义务并非是强制或优先义务。[②] 因此，不少国家往往也不认可其单独作为引渡法律基础的地位。

与引渡对条约的高度依赖不同，遣返的法律依据通常是包括移民法在内的国内法。这也意味着，遣返非法移民在形式上往往并非国际合作，而是逃犯隐藏地国为了维护本国的安全与秩序所作出的单方面决定。[③] 换言之，在缺乏外部条约束缚的前提下，遣返程序的开启与否对被请求国的依赖程度甚高。同时，遣返程序的触发事由较之引渡程序也更为限缩。前者仅在违反被请求国移民法的情况下才可启动，而后者则仅需满足双重犯罪原则与最低刑期要求。因此，尽管我国当前已有将外逃腐败罪犯成功遣返的实例，但该制度无法跨越实践阻碍，成为追逃所依托的主要路径。

（二）司法主权与国家利益的冲突

主权是国家的根本属性。在跨境反洗钱案件中，请求国与被请求国围绕司法主权的归属和国家利益的维护，往往难以达成共识。这种冲突不仅影响案件的有效处理，也使得引渡和遣返程序充满变数。司法权的行使、法律体系的差异以及政治和经济利益的博弈，共同塑造了这一复杂局面。

刑事管辖权的冲突是司法主权博弈的核心。部分国家强调属地管辖，认为犯罪发生地应当享有优先管辖权，而另一些国家则坚持属人管辖，主张即便犯罪行为发生在境外，若涉案人员为本国公民，则仍应受本国法律规制。这种分歧使得引渡合作面临制度性障碍。例如，德国在反洗钱案件中更倾向于保护本国公民免受外国司

---

① 参见商浩文：《论境外追逃中的异地追诉模式》，载《江西社会科学》2024年第2期，第146-154页。

② 参见黄风：《“或引渡或起诉”法律问题研究》，载《中国法学》2013年第3期，第180-191页。

③ 参见黄风：《境外追逃的四大路径》，载《人民论坛》2011年第31期，第74-75页。

法管辖，以维护本国金融体系的稳定。[①] 相较之下，美国则采取更具扩张性的做法，在《银行保密法》和《洗钱控制法》等法律框架下，确立了广泛的域外管辖权，以打击通过美元结算系统进行的洗钱活动。[②] 在这种司法权竞争的背景下，被请求国往往依据自身法律体系评估是否履行引渡义务，从而加剧了国际合作的复杂性。

法律适用的差异进一步加深了这一困境。大陆法系国家通常要求确立上游犯罪的存在方可认定洗钱罪，而英美法系国家则将洗钱作为独立犯罪处理。这种制度上的分歧，使得部分国家在审查引渡请求时，可能以罪名不匹配或证据不足为由，拒绝合作。[③]

国家利益的权衡也在很大程度上决定了引渡的可行性。部分国家在金融监管上保持宽松立场，以维持本国的资本吸引力，避免过度执法影响金融业的发展。例如，新加坡长期依赖低税收和高度保密的金融体系吸引国际资金，在反洗钱合作上表现得较为审慎，尽管近年来在国际压力下加强了监管，但司法协作的力度仍然有限。[④] 类似的，英国的《犯罪收益法》赋予执法机构广泛的追踪犯罪资金的权力，但在涉及本国大型金融机构的案件时，执法机关通常更加审慎，以避免对金融市场的稳定造成负面影响。

除此之外，外交和政治因素也同样影响着引渡的执行力度。一些国家出于地缘政治或双边关系的考量，在特定案件中选择拖延或拒绝合作。例如，美国和部分欧洲国家在处理涉及中国的经济犯罪案件时，常以“政治犯例外”为由拒绝引渡，认为相关案件可能涉及政治迫害或人权问题。这使部分外逃人员得以利用不同国家法律体系的漏洞，规避司法制裁。

面对上述障碍，尽管国际刑警组织红色通缉令为跨境追逃提供了法律依据，但多数国家仍要求本国司法机关进行独立审查，引渡程序也因此变得复杂化。在此情况下，一些国家转向金融监管、资产冻结、资金追缴等措施，以弥补引渡机制的不足。这种变通策略虽在一定程度上提高了打击跨境洗钱犯罪的效果，但仍难以取代直接引渡带来的司法追责力度。

---

① 参见亓荣霞：《德国反洗钱机制及其对我国的启示》，载《中国金融》2007 年第 9 期，第 37-38 页。

② 参见王新：《追溯美国反洗钱立法之发展》，载《比较法研究》2009 年第 2 期，第 98-109 页。

③ 参见谢常红：《美英反洗钱立法共性分析及其启示》，载《江西社会科学》2013 年第 11 期，第 143-147 页。

④ 参见李晓欧：《新加坡〈国家洗钱风险评估报告〉对破解我国跨境反洗钱难题的启示》，载《国际商务》2017 年第 2 期，第 110-120 页。

（三）人权保护与引渡、遣返的冲突

人权保护机制对引渡与遣返制度的影响主要体现在两个方面。一方面，前者可能构成后者的阻却理由；另一方面，前者可能会迟滞后者的程序推进。就人权保护对引渡或遣返的实质阻却而言，以《引渡示范条约》为例，其在第 3 条下列出了三项当事国拒绝引渡的强制性理由，包括：基于种族、宗教、政治见解或身份等原因而进行的起诉或惩处，或确信被请求人会因此类原因而受到损害；被请求人在请求国曾经或将会受到酷刑或其他残忍、不人道或有辱人格的待遇或处罚，或无法获得符合《公民权利和政治权利国际公约》第 14 条所载的刑事诉讼程序中的最低限度保障；请求国的判决为侵犯被请求人辩护权的缺席判决。在遣返制度下，虽无对等的条约义务限制，但上述理由仍构成实践中否认遣返程序的关键抗辩理由。例如，《禁止酷刑和其他残忍、不人道或有辱人格的待遇或处罚公约》第 3 条规定，各国不得将任何人遣返至可能遭受酷刑的国家，这一规定已成为各国国内法的重要依据，甚至直接适用于部分司法管辖区，导致遣返案件的拒绝率上升。

除了直接的阻却理由，人权保护机制还可能对引渡或遣返的程序进程产生延误。被请求人及其辩护律师往往会利用各种程序性保障措施，对引渡或遣返决定提出异议，从而拖延司法程序。例如，人身保护令是英美法系国家中被广泛运用的司法救济手段，被请求人可通过该程序主张自身人权可能受到侵犯，以争取法院裁定其引渡或遣返决定无效。在欧洲，人权法院在引渡和遣返案件中亦扮演重要角色。欧洲人权法院曾多次裁定，若被请求人可能在引渡后面临不公正审判或酷刑，则相关国家有义务暂缓或终止引渡程序。此外，部分国家的宪法法院或最高法院可对引渡或遣返决定进行合宪性审查，这一机制虽然旨在保障基本权利，但往往使案件审理周期大幅延长，甚至导致最终的引渡失败。

同时，某些国家的法律规定了多层级的复审和上诉机制，使得引渡或遣返案件的处理时间显著延长。例如，美国的《引渡法》允许被请求人在联邦法院申请复审，而此类案件的最终裁决可能需要数年之久。而在英国，涉及人权抗辩的引渡案件可能先由普通法院审理，再提交上诉法院、最高法院，甚至最终诉诸欧洲人权法院，这种多级审查往往成为引渡程序冗长化的重要因素。此外，被请求人还可能借助国际机构介入案件，如向联合国人权事务委员会或欧洲人权法院提交个案申诉，这可能使案件的最终处理进一步延迟。

综上所述，人权保护机制对引渡和遣返制度的影响，既体现在对程序的实质性阻却，也表现为程序性拖延。各国司法机构在平衡人权保障与国际刑事合作需求时，往往需要面对复杂的法律考量，这使得引渡和遣返程序在实践中常常难以顺利推进。

三、跨境追诉制度的前景

（一）跨境追诉制度的内容

自2015年4月，中央反腐协调小组部署“天网”这一针对外逃不法分子的重要行动以来，我国逐步搭建起了“引渡、遣返、劝返、跨境追诉”等多管齐下的追逃策略。然而，如前所述，在世界局势动荡、外交关系紧张的情况下，引渡、遣返等手段因国家间对抗的加剧与政治互信程度的降低，其所需的刑事合作程度短期甚至长期内均较难实现，加之在缺乏外界压力的情况下，外逃不法分子往往难以接受劝返，因此，应加强对跨境追诉这一制度的可行性分析与探索，加强该制度的适用范围与频次，以配合、补充当前以引渡、遣返为主的追逃工作。

本文所指的跨境追诉，是狭义上的概念，即不以外逃不法分子的移交回国为前提或必要条件，在其所在地国提起诉讼，追究其刑事法律责任的制度。在该制度下，我国主管机关自行或通过其他主体，向不法分子所在地国的相关机关（通常为侦查机关）按其国内刑事立案的证明标准提供不法分子在其国内的违法证据，并在刑事司法程序推进的过程中提高相应的协助，最终使不法分子得到应有的法律制裁。

虽然较之引渡、遣返或劝返，此类跨境追诉无法全面制裁外逃不法分子的犯罪行为、充分恢复被侵犯的法益，但在前述手段缺乏实现条件的情况下，其可作为辅助性选择最大限度地增强对外逃不法分子的震慑力，增加刑法的抑制性。

（二）跨境追诉制度的效果

跨境追诉制度虽然具有相对明显的局限性，但在不法分子的外逃国缺乏合作意愿的情况下，跨境追诉制度也呈现出独特的优势。

1. 在一定程度上降低对不法分子所在地国合作意愿的依赖

由于跨境追诉所针对的罪行是不法分子在外逃国对该国刑事法律的违法，因此，外逃国作为犯罪行为发生地国与法益被侵害国，出于维护本国法律秩序与尊严的目的，往往会具有较强的惩治犯罪的意图。同时，由于跨境追诉制度下刑事程序的推进完全依托不法分子所在地国的法律，因此，我国与该国引渡或刑事司法合作条约义务的有无，并不必然决定该制度的成功与否。

2. 可辅助实现外逃人员的遣返与境外赃款的追缴

遣返制度的法律基础是外逃人员所在国的移民法。各国的移民法往往会明确规定获得及保有入境和居留资格的一系列条件，其中严重的犯罪行为是最为常见的否定性要素，意即：一旦外逃人员在申请或持有该资格的过程中，未诚实披露其曾实施犯罪行为或重新实施新的犯罪行为，则可能直接导致其居留或移民身份的丧失，并伴随驱除出境、遣返至原国籍国的处罚。而境外追赃，除通过刑事诉讼附带民事赔偿外，亦可能通过单独的民事赔偿诉讼得以实现。因此，一旦异地追诉得以成功，则可能连锁式地带动外逃人员及赃款的追回。

3. 可同时增加劝返成功的谈判杠杆

所谓劝返制度，是指通过说服的方式使外逃不法分子自愿回国。实践证明，成功的劝说往往依赖“软硬兼施”，意即：除通过和外逃人员建立沟通渠道，引发情感共鸣外，还需对其进行法律震慑与利益引导。当外逃人员意识到，即便外逃国与中国缺乏引渡或其他刑事司法合作，其仍无法避免刑事处罚时，其主动争取从宽处理、要求归国的可能性就将极大提高。

4. 降低潜在外逃人员的侥幸心理，增加刑法的抑制性

“天网恢恢，疏而不漏。”异地追诉制度的成功推进，可让投机的不法分子清晰地认识到，只要一国不属于无政府状态，即便其与我国缺乏引渡条约，该国也无法成为避风港，犯罪行为终将得到法律的制裁。而一旦不法分子的侥幸心理被打破，其可能会在实施违法行为前就因顾忌刑法的震慑力，选择放弃或中止犯罪行为。

因此，在其他追逃措施有实践的推进障碍时，可补充性地尝试跨境追诉制度，以真正实现对外逃人员多管齐下的制裁。

四、跨境追诉实现的可能性分析

是否可以跨境追诉的方式实现对外逃贪腐分子的制裁，取决于外逃贪腐分子在实施犯罪行为及潜逃的过程中是否会实施并行发生于我国与外逃国且违反外逃国法律的行为。鉴于实践中贪腐分子的外逃通常会伴随着资产的转移，因此，本部分以洗钱罪为典型代表与切口分析跨境追诉的可能性。

（一）我国贪腐犯罪所得的主要跨境洗钱模式

实践中，我国贪腐犯罪所得的跨境洗钱方式多种多样，其中较为常见的是利用跨境空壳公司、虚假网络交易、虚拟货币、资本项目、艺术品拍卖等具体形式。由于跨境洗钱的资金来源地、资金流转地、资源目标地等通常并非同一国家，因此，在无法通过单方面调查掌握完整证据链条的情况下，如何尽可能提供达到触发立案标准的证据，有赖于对各特定洗钱方式下赃款流向与操作方式的识别与梳理。

1. 跨境空壳公司①

利用跨境空壳公司是最常见的洗钱手段之一。犯罪分子通常会在避税天堂（如

① 参见李晓欧：《新加坡“国家洗钱风险评估报告”对破解我国跨境反洗钱难题的启示》，载《国际商务》2017年第2期，第110-120页。

开曼群岛、英属维尔京群岛等地）注册离岸公司，并以匿名身份开设境外银行账户并持有资金，以规避监管。为了规避金融机构的大额交易监测，赃款往往被拆分成多笔小额交易，通过国内银行逐步转移至境外账户。进入离岸市场后，资金可通过虚假贸易合同、伪造投资记录等方式，制造合规交易的假象，以掩盖其非法来源。在完成初步洗白后，资金可能再度以外资投资、企业并购等形式回流国内，借助合法经济渠道掩盖其非法来源。这种模式因多层嵌套、跨境流动、银行隐私保护等特点，极大地提高了追踪难度。

2. 虚假网络交易①

虚假网络交易则借助互联网的高效性与匿名性，实现跨境洗钱。不法分子通常会在电商平台或支付系统上注册虚假商铺，通过伪造交易的方式掩盖非法资金流转。资金的转移路径往往涉及匿名支付账户、多层级交易链条，并通过海外支付平台完成最终出境。在这一过程中，犯罪分子还可能利用虚拟身份和伪造身份信息，规避金融机构的客户尽职调查，使得执法机构难以锁定真实资金来源。由于交易平台的分散性，且跨境电子支付系统的监管标准不一，这一模式成为近年来最具挑战性的洗钱方式之一。

3. 虚拟货币

虚拟货币因去中心化、匿名性等特点，已成为跨境洗钱的重要工具。不法分子通常先将赃款转换为比特币、以太坊等加密货币，并利用去中心化交易所或加密钱包进行多层转账，使资金流向变得难以追踪。虚拟货币的跨境流动几乎无须传统金融机构的介入，从而绕过了大部分国家的金融监管体系。资金最终可在境外的加密货币交易所变现，并通过当地银行或现金渠道进入合法金融体系。这种洗钱方式因交易匿名性、资金流向不透明，成为近年来反洗钱监管的重大难点。

4. 资本项目②

资本项目投资则是利用跨境投资政策，将赃款伪装成合法资金进入海外市场。犯罪分子通常会设立境外空壳公司或投资基金，通过虚假股权交易、债券投资等方式，将资金转移至境外市场。随后，经过一定的资金流转后，这些资金可能以合法外资投资的身份回流国内，享受税收优惠政策或其他经济激励。这种方式通常依赖对资本市场规则的精准利用，使资金流动符合监管外观，从而降低被追踪和查处的风险。

---

① 参见佴澎、胡冰阳：《跨境网络洗钱犯罪研究》，载《云南行政学院学报》2014 年第 16 卷第 4 期，第 109-112 页。

② 参见刘俊奇、安英俭：《资本项目开放下中国跨境洗钱的新趋势及监管对策》，载《新金融》2017 年第 2 期，第 60-63 页。

5. 艺术品拍卖

艺术品拍卖则利用艺术品市场的估值弹性和交易隐私性，为赃款洗白提供了独特的渠道。不法分子可能通过高估或低估艺术品价格，使资金在跨境流转过程中获得合法的资产收益。例如，一幅价值数百万的艺术品可能以极高或极低的价格成交，使得赃款通过拍卖交易转化为合法资产。此外，艺术品市场的跨境流动性极强，资金可以在不同国家的拍卖行、私人交易市场中反复转移，进一步模糊资金来源。最终，这些“洗白”的资金可通过二级市场交易变现，重新进入正规经济体系。

（二）国际法框架下反洗钱义务与异地追诉的衔接

在洗钱路径可识别的基础上，各国是否承担打击洗钱的国际法义务，在一定程度上决定了其是否以及如何推进后续的刑事司法程序。由于跨境资金流动的复杂性以及国际犯罪网络的隐蔽性，各国单独依靠国内法难以有效应对跨国洗钱犯罪，因此大多数国际性公约在其制度框架中明确规定了各国履行反洗钱义务的要求，而不同国际公约在反洗钱义务的规定上有所侧重，涵盖刑事化、金融监管、国际合作等多个方面。

在国际公约体系中，《联合国打击跨国有组织犯罪公约》是最早明确要求缔约国采取立法措施，将洗钱行为纳入刑法体系的国际条约。该公约第 6 条规定，各国应采取必要措施，确保洗钱犯罪的刑事化，并采取有效司法措施，使相关犯罪行为得以追诉。同时，该公约还要求各国加强跨境执法合作，防止犯罪所得因司法管辖权的冲突而逃避制裁。《欧洲委员会关于洗钱、搜查、扣押和没收犯罪所得以及制止资助恐怖主义的公约》在第 7 条至第 9 条进一步明确，各国应建立有效的法律和行政措施，对犯罪所得进行追踪、冻结和没收，并加强信息共享，以提高跨国执法的效率。《制止向恐怖主义提供资助的国际公约》第 18 至 21 条则针对恐怖融资的特殊性，要求各国采取严格的金融监管措施，确保银行系统不会被恐怖组织利用。巴塞尔银行监管委员会《关于防止犯罪分子利用银行系统洗钱的声明》对洗钱犯罪的界定和管辖权分配进行了补充，强调了对国际金融体系的监管要求。此外，《经济合作与发展组织反贿赂公约》进一步强调，成员国应采取有效措施，防止因腐败行为产生的非法资金进入国际金融体系，并要求各国建立反洗钱机制以追踪和阻断腐败资金的跨境流动。

在国际公约多仅对洗钱犯罪的刑事化提出概括性要求的背景下，《联合国反腐败公约》进一步细化了各国履行反洗钱义务的具体要求，为各国建立高效的反洗钱体系提供了系统性指引。第一，该公约第 23 条明确要求各国采取必要的立法措施，将洗钱行为纳入刑法体系，并确保其涵盖所有来源于严重犯罪的财产，以防止犯罪分子利用司法漏洞逃避追责。同时，各国应确立有效的执法机制，确保洗钱行为能够得到独立追诉，而不以上游犯罪的定罪为前提。第二，在金融监管方面，该公约第 14 条规定，各国应建立全面的金融监管制度，对银行及非银行金融机构实施严格监管，以防止其被用于洗钱活动，并要求金融机构采取客户尽职调查措施，强化对客户身份的识别，同时在发现异常交易时提交可疑交易报告，以提高金融系统的透明度和可追溯性。第三，在跨境资金流动监控方面，该公约第 52 条要求各国对外国公职人员及其亲属的金融交易实施更严格的监管，以防止贪腐所得通过国际金融系统合法化，特别是在涉及大额资金跨境转移时，应采取额外的审查措施，加强对高风险账户和交易的监管，防止非法资金借助复杂的金融交易链条规避审查。第四，该公约第 46 条强调国际合作和信息共享的重要性，要求各国通过双边或多边协定加强金融和司法协作，为执法机构和监管部门提供便利，以便能够及时获取资金流动信息，并在必要时向外国执法机关提供执法协助。第五，为了提高各国对洗钱犯罪的监测能力，该公约第 58 条要求设立金融情报单位，专门负责收集、分析并共享可疑交易数据，确保各国执法部门能够跨境追踪资金流向，并与国际金融情报网络建立合作关系，以提高洗钱案件的识别和打击效率。总体而言，《联合国反腐败公约》通过上述制度安排，为全球反洗钱体系的构建提供了更为细致的法律框架，并强调各国需通过国内立法与国际合作相结合的方式，确保反洗钱义务的有效履行。

在国际公约之外，政府间国际组织在全球反洗钱规则的制定与执行中也发挥了关键作用。其中，金融行动特别工作组作为全球最重要的反洗钱监管机构，自 1989 年成立以来，持续主导各国反洗钱政策的制定。金融行动特别工作组通过发布《40 条建议》确立了全球反洗钱监管框架，涵盖洗钱犯罪的刑事化、金融机构的尽职调查义务、受益所有权透明度要求等方面的标准。然而，随着数字经济的发展和金融科技的兴起，传统的反洗钱监管手段在面对新型洗钱模式时逐渐暴露出局限性。因此，金融行动特别工作组近年来不断更新政策，以适应加密货币、虚拟资产交易等新兴领域。例如，2022 年金融行动特别工作组发布的最新监管指引，要求各国加强对加密货币交易的监管，并建立跨境数据共享机制，以防止数字货币成为洗钱工具。此外，金融行动特别工作组近期的工作重点还包括建立全球“门槛交易”监管框架，以确保各国金融机构对大额交易进行强制性申报，并要求各国政府强化对企业受益所有人信息的透明化管理，以防止洗钱者利用空壳公司隐匿非法资金来源。

综合来看，国际公约和政府间组织构成了全球反洗钱法律体系的核心，各国在履行反洗钱义务时，主要依靠国际条约的约束力以及金融监管机构的政策指引。在此框架下，国际合作已成为反洗钱机制的重要组成部分，特别是在涉及跨境资金流动、犯罪所得追缴以及司法管辖权协调等方面，国际法的适用范围不断拓展。如何在尊重各国司法主权的前提下，推动更加高效的跨国司法合作，仍然是全球反洗钱体系面临的现实挑战。

（三）各国关于洗钱罪的立法现状及管辖权的相关法律规定

尽管在国际法的协调和驱动下，各国在对洗钱罪的立法框架上凸显出趋同化的趋势，但实践中，意欲在个案中以洗钱罪为依托跨境追诉，以实现惩治外逃贪腐分子的目的，仍需着眼于各国洗钱罪以及管辖权界定上的差异性研究，进而对该制度在总体上的可行性以及特定国家的实践性有更深入的认识。

1. 美国：以金融机构为中心的反洗钱体系与广泛的属地管辖权

美国的反洗钱法律体系在全球范围内具有较强的影响力，其立法特点主要体现在以金融机构为核心的监管模式、对大额交易及可疑交易的严格监控以及对跨境洗钱犯罪的广泛属地管辖。① 美国早在1970年就通过了《银行保密法》，奠定了金融机构在反洗钱监管体系中的核心地位，要求金融机构识别客户身份、记录资金流动，并对异常交易进行报告。此后，美国通过《洗钱控制法》进一步明确洗钱罪的刑事责任，使洗钱成为独立犯罪，并规定即便未能确定上游犯罪，若资金的非法来源可以合理推定，仍可对洗钱行为进行追诉。“9·11”事件后，美国出台《爱国者法案》，大幅扩展了对跨境资金流动的监管权限，并要求金融机构配合执法机关，加强对恐怖融资的监测，进一步强化了美国的反洗钱体系。

在美国的法律体系下，洗钱罪的界定主要依赖《美国法典》第18编第1956条和第1957条的规定。第1956条明确规定，凡是涉及犯罪所得的资金，无论是通过金融交易、资产转换，还是转移至境外，均可能构成洗钱犯罪。此外，该条款确立了“意图标准”，即即便行为人未直接参与上游犯罪，只要其知晓资金可能来源于犯罪活动，并进行资金交易或转移，即构成洗钱犯罪。第1957条则进一步细化了对大额交易的监管要求，规定任何涉及犯罪所得的金融交易，若金额超过10000美元即可构成洗钱犯罪。与许多大陆法系国家要求先确定上游犯罪不同，美国的洗钱犯罪认定标准更为宽泛，司法机关可以通过资金流向、交易模式等推定资金的非法来源，从而降低了洗钱罪的举证难度。

在管辖权方面，美国采取了一种扩张性的属地管辖模式。根据《美国法典》第1956条第（a）（2）款，美国法律适用于任何涉及美国金融系统的洗钱交易，无论该交易的资金来源地或最终流向是否位于美国境内。这一规定使得美国在国际金融体系中建立了广泛的司法管辖权，任何通过美元结算的交易，甚至是仅与美国金融机构发生间接联系的资金流动，都可能受到美国法院的司法管辖。这一模式的核心逻辑在于，美国金融体系在全球贸易和投资中占据重要地位，大量跨境交易都涉及美元结算，而美国正是以此为突破口，对全球范围内的洗钱犯罪进行打击。此外，

---

① 参见王新：《追溯美国反洗钱立法之发展》，载《比较法研究》2009年第2期，第98-109页。

《反海外腐败法》也赋予美国司法机关对外国官员腐败资金的管辖权，使得美国不仅可以针对国内的洗钱犯罪，还能够对涉及外国公职人员的贪腐案件进行追诉，进一步扩大了其在跨境金融犯罪中的执法能力。

在美国反洗钱司法实践中，莫桑比克财政部前部长曼努埃尔·昌（Manuel Chang）案是一个典型案例。曼努埃尔·昌在担任财政部部长期间，通过瑞士信贷为莫桑比克国有公司提供巨额贷款，并从中收受贿赂。曼努埃尔·昌所得资金被转移至多个国家的银行账户，其中一部分进入美国金融体系。纽约联邦法院依据《洗钱控制法》和《反海外腐败法》，对曼努埃尔·昌提起诉讼，指控其通过美国金融机构进行非法资金转移，并最终判处其20年监禁。该案表明，美国的属地管辖不仅限于本国公民或企业，任何通过美国金融系统进行的资金交易，都可能成为美国执法机构介入的理由。同时，美国司法机关还冻结了曼努埃尔·昌在美国境内的资产，以确保犯罪所得不会被继续转移或隐藏。

美国的反洗钱立法和司法实践表明，其以金融机构为核心的监管体系，结合严格的可疑交易监控制度，为跨境洗钱犯罪的追诉提供了强有力的法律工具。同时，其广泛的属地管辖权，使得全球范围内的资金流动，只要与美国金融系统发生联系，便可能受到美国法律的约束。这一模式不仅提高了美国在全球金融治理中的话语权，也使得通过资本项目操作、空壳公司虚假交易等手段进行洗钱的贪腐官员更容易受到国际司法合作的制约。然而，这种广泛的司法权行使在国际社会也引发了一定争议，部分国家认为美国利用其金融体系的优势，对外国个人或企业行使过度管辖，甚至以反洗钱之名介入他国司法事务。因此，在国际反洗钱合作的背景下，如何在全球司法协作与国家主权之间寻求平衡，仍然是国际社会关注的核心议题。

2. 英国：以《犯罪收益法》为核心的广覆盖反洗钱体系与跨境追诉机制

英国的反洗钱法律体系在全球范围内具有较强的影响力，其核心特征在于法律适用范围的广泛性、对金融及非金融行业的全覆盖监管以及在国际合作与跨境执法中的高参与度。相较于美国侧重于金融机构的监管模式，英国的反洗钱法律体系不仅要求金融机构严格履行客户身份识别和可疑交易报告义务，还将律师事务所、会计师事务所、房地产交易、贵金属交易等高风险行业纳入监管范围，确保反洗钱合规要求覆盖更广泛的经济领域。[①] 英国的反洗钱法律框架以2002年《犯罪收益法》为核心，该法赋予执法机关广泛的调查、冻结及没收犯罪资产的权力，并确立了资产追回机制，以阻断犯罪所得的合法化路径。此外，《反洗钱条例》进一步细化了各行业在金融交易中的合规义务，要求被监管主体实施尽职调查措施，防范金融体系被用于洗钱目的。

---

① 参见石彦杰：《英国反洗钱工作机制对我国的借鉴与启示》，载《征信》2019年第37卷第2期，第67-72页。

在洗钱犯罪的刑事化方面，《犯罪收益法》第 327 至 329 条明确规定，任何意图掩饰、转换、转移、获取或持有犯罪所得的行为均可构成洗钱犯罪。值得注意的是，英国的洗钱罪认定标准较为宽泛，其司法实践不以上游犯罪的定罪为前提，即执法机关无须证明具体的上游犯罪，仅需合理推定资金来源于非法行为即可提起诉讼。与大陆法系国家较为严格的罪名匹配要求不同，这种宽泛的构罪标准降低了司法追责的门槛，使英国在处理洗钱案件时具备更大的执法灵活性。此外，《犯罪收益法》第 340 条进一步确立了英国的属地管辖与属人管辖标准，即无论洗钱行为是否发生在英国境内，凡是涉及英国金融系统的交易，或外国企业和个人利用英国的金融基础设施进行洗钱活动，英国法院均有权对其行使司法管辖。

在跨境洗钱犯罪的司法追诉方面，英国司法机关广泛运用资产冻结和没收措施，确保犯罪所得不被进一步转移，并通过国际合作加强跨境洗钱犯罪的打击力度。根据《2002 年犯罪收益法》第 294 至 303 条，英国执法机关可以在未经正式定罪的情况下，对涉嫌犯罪所得的资产实施冻结，并在案件审理结束后予以没收。与美国不同，英国更倾向于通过国际司法协作实现资产追回，而非单独通过英国司法体系对境外腐败犯罪资金进行没收。此外，英国司法机关对于洗钱犯罪的打击不仅局限于刑事手段，其金融监管机构还可依据行政制裁措施，对未履行反洗钱义务的金融机构施加高额罚款，以强化金融体系的自律性。

在相关的执法实践中，尼日利亚巴耶尔萨州（Bayelsa）前州长阿拉米叶谢（Diepreye Alamieyeseigha）案是英国司法机关依托《犯罪收益法》处理跨国腐败案件的典型案例。阿拉米叶谢在担任州长期间，通过职务便利侵吞公款，并借助英国房地产市场对资金进行洗白。调查显示，其利用多家离岸公司及代理账户，在伦敦购置 4 处高档房产，总价值超过 1000 万英镑，并通过复杂的金融交易结构掩饰资金流向。尼日利亚政府随即向英国提出司法协助请求，要求冻结并追缴阿拉米叶谢在英国的非法资产。英国高等法院依据《犯罪收益法》，对相关资产进行调查，并最终决定冻结其在伦敦的不动产，以防止资金进一步转移。依据《犯罪收益法》的规定，英国司法机关有权对任何在英国境内的可疑资产实施冻结，并在案件终审后作出资产没收决定。

在案件审理过程中，阿拉米叶谢的辩护方试图证明其资产的合法来源。然而，英国法院裁定，其未能提供有效的资金来源证明，最终判决没收其非法所得，并返还给尼日利亚政府。该案表明，英国司法体系在处理外国官员涉腐洗钱案件时，主要依赖资产冻结、司法协作及国际追赃机制，以避免因司法管辖权争议导致案件执行受阻。与美国偏向主动提起刑事诉讼不同，英国司法机关在跨境洗钱案件中通常更注重与受害国的司法合作，特别是在涉及发展中国家的腐败案件时，英国更倾向于通过国际协作追缴资产，而非单独在本国进行刑事追诉。

总体而言，英国的反洗钱法律体系在国际司法合作方面展现出较高的灵活性。其法律框架不仅覆盖金融机构，还涉及房地产、法律服务及高价值商品交易等多个高风险行业，因此在全球反洗钱体系中的追诉范围较广。同时，英国司法机关在处理跨境洗钱案件时，更倾向于依托资产冻结及国际协作机制，以实现犯罪所得的回收，而非单独依赖刑事诉讼。这种模式在提高资产追回效率的同时，也在一定程度上降低了司法管辖冲突的风险。然而，英国的洗钱罪认定标准相较于大陆法系国家更具弹性，这一特点在提升执法灵活性的同时，也引发了部分关于司法权是否适度行使的争议。

3. 德国：以《刑法典》第 261 条为核心的严格反洗钱立法与有限的跨境追诉权

德国的反洗钱立法在全球范围内以严密的法律体系和严格的金融监管著称，其核心特点在于以上游犯罪概念为基础的洗钱罪认定模式、严苛的刑事制裁措施以及对金融机构的高标准合规要求。① 不同于英美法系国家对洗钱犯罪的宽泛认定，德国的洗钱罪以《刑法典》第 261 条为核心，该条明确规定，凡是来源于“上游犯罪”的资金，均可构成洗钱行为，且犯罪所得的持有、转移、转换、隐匿或协助第三方获取均可成为洗钱犯罪的行为方式。然而，德国的洗钱罪认定依赖对上游犯罪的明确界定，这一要求在实践中可能增加跨境洗钱案件的追诉难度。尽管近年来德国在洗钱犯罪的追诉上有所放宽，如 2021 年修订的《刑法典》第 261 条删除了“上游犯罪的具体列举”，改为覆盖所有刑事犯罪所得的资金，但德国的洗钱罪认定仍然较为严格，不同于英美法系国家在不确定上游犯罪的情况下仍可独立追诉洗钱行为。

在金融监管层面，德国采取高度审慎的金融合规要求，以防止金融体系被用于洗钱活动。德国《反洗钱法》对金融机构、法律服务行业、高端商品交易市场等多个领域提出严格的客户身份识别和可疑交易报告义务，并设立了金融情报单位作为专门机构，负责洗钱犯罪的监测与信息共享。特别是 2017 年德国依据《欧盟第五号反洗钱指令》对国内法进行修订后，进一步加强了对跨境金融交易和虚拟货币交易的监管，要求所有涉及大额交易的金融机构必须建立更加严格的客户尽职调查制度，防止匿名交易成为洗钱工具。此外，德国对于金融机构和个人违反反洗钱义务的处罚极为严厉，银行、律师事务所、会计师事务所等若未履行反洗钱义务，可能面临高额罚款，甚至可能被吊销营业执照。

在管辖权方面，德国的司法体系相较于英美法系国家更为保守。《刑法典》第 261 条第 9 款规定，德国法院对洗钱罪的管辖不仅限于境内发生的犯罪行为，还适用于任何涉及德国金融体系的跨境交易。然而，与美国“属地+属人+保护”三重扩

① 参见王新：《德国反洗钱刑事立法述评与启示》，载《河南财经政法大学学报》2012 年第 27 卷第 1 期，第 132-138 页。

张性管辖模式不同，德国的洗钱犯罪追诉仍然受到属地原则的严格限制，即犯罪行为需在德国境内产生实际法律后果，德国法院方可行使管辖权。此外，德国《国际刑事法》第 6 条和第 7 条规定了对涉及恐怖主义、毒品犯罪等洗钱案件的全球管辖权，但仅适用于特定类型的犯罪，而非一般性的洗钱犯罪。这意味着，即便外国公民通过德国银行系统进行洗钱交易，德国法院仍需证明该行为对德国金融体系造成了实质性影响，方可介入审理。因此，在跨境洗钱案件中，德国更倾向于依赖国际司法协作，而非单独行使司法管辖权，这与美国、英国相比，展现出较为谨慎的执法态度。

在相关的司法实践中，乌兹别克裔俄罗斯亿万富翁阿利舍尔·乌斯马诺夫（Alisher Usmanov）的洗钱调查案反映了德国司法体系在处理跨境洗钱案件中的审慎态度。德国检方对乌斯马诺夫展开了长达两年半的洗钱调查，指控其涉嫌通过复杂的国际金融交易隐匿资金来源。根据德国《刑法》第 261 条第 1 款的规定，洗钱罪的成立不仅需要明确资金来源于犯罪所得，还要求被告主观上明确知道资金来源非法，且犯罪行为必须对德国的金融体系或法律秩序产生实际影响，否则德国司法机关将无权介入。乌斯马诺夫案因未能充分证明资金流转活动对德国金融体系造成直接或实质性影响，同时缺乏被告主观故意的直接证据，因此，德国法兰克福检察机关于 2024 年 11 月正式终止了该案的调查程序，宣布不再继续追诉。

相比之下，若类似案件发生在美国，依据《美国法典》第 1956 条的“意图标准”，即便无法充分证明被告明确知晓资金来源非法，也可能被继续追诉。这一差异充分说明德国司法体系在洗钱罪认定上更注重程序性权利的保护和证据的充分性，避免司法权的扩张，而非采用类似美国、英国等国家较为宽泛的洗钱罪认定模式。

总体而言，德国的反洗钱法律体系在洗钱罪的认定标准、金融监管措施及司法管辖权适用方面均表现出较高的严谨性与规范性。其司法实践强调洗钱犯罪与上游犯罪的关联性，并要求执法机关提供充分证据证明犯罪所得的非法来源，同时遵循较为严格的属地管辖原则，避免司法权的过度扩张。这一模式在确保金融系统稳定性与程序正义的同时，也在一定程度上限制了德国在跨境洗钱案件中的司法追责能力。因此，德国的司法体系更倾向于通过国际司法合作和金融情报交流的方式，加强对跨境洗钱犯罪的打击，而非单独依赖本国刑事司法体系进行追诉。

4. 日本：依托严格金融监管的反洗钱体系与有限的跨境追诉

日本的反洗钱法律体系在东亚地区具有较高的规范性和完整性，既体现出对金融合规的高度依赖，也在应对新兴支付手段时展现出较强的适应性。[①] 然而，相较于英美国家，日本在跨境洗钱案件的追诉实践上仍较为保守，更多依赖国际合作而

① 参见李晓欧：《日本反洗钱机制研究》，载《现代日本经济》2014 年第 4 期，第 10-20 页。

非主动行使域外管辖权。日本的反洗钱法律框架主要由《防止犯罪收益转移法》以及《关于惩罚有组织犯罪和控制犯罪所得的法案》组成。其中，前者确立了以金融监管为核心的反洗钱义务，后者则在刑事司法层面明确了洗钱犯罪的法律后果。

不同于以刑事执法为主导的反洗钱体系，日本的法律更加强调“事前防范”。金融机构与特定高风险行业在合规方面承担着极为严格的义务。《防止犯罪收益转移法》第 11 条要求银行、证券公司、律师事务所、房地产交易机构等行业必须进行客户身份识别，并提交可疑交易报告。此外，该法特别针对法人实体的透明度提出了要求，明确规定企业需披露最终受益人信息，以防止匿名账户或空壳公司成为洗钱工具。这种高度依赖行政监管的模式，使得日本在全球范围内的反洗钱合规排名较高，但也在一定程度上影响了其在刑事追诉环节的灵活性。

在金融执法体系上，日本建立了较为严密的信息监测和情报分析机制。国家警察厅与金融厅共同监管国内的金融机构，确保其严格执行反洗钱合规要求。同时，日本设立了金融情报中心作为专门机构，负责收集、分析金融机构提交的可疑交易报告，并与国际执法机构共享情报信息。近年来，日本的反洗钱监管进一步向新型支付方式延伸，特别是在虚拟货币交易方面，日本成为全球首批将加密资产纳入金融监管的国家之一。《支付服务法》规定，所有涉及虚拟货币交易的企业必须获得日本金融厅的许可，并遵守反洗钱和反恐融资合规要求。此举不仅加强了对虚拟资产交易的监控，也有效防止了虚拟货币成为跨境洗钱的重要渠道。

在刑事执法层面，《国际刑事协助法》规定，日本可在外国政府请求下提供司法协助，包括冻结资金、共享金融情报等。然而，相较于英美国家，日本较少主动对境外洗钱行为行使管辖权，而是更倾向于通过国际合作实现跨境洗钱犯罪的追责。

在近年来的反洗钱实践中，2019 年山口组洗钱案是日本在应对国内犯罪集团洗钱活动方面的代表性案例。山口组是日本最大的黑社会组织，其成员长期利用金融系统进行洗钱，并通过虚假投资、地下钱庄等方式，将非法所得资金转移至东南亚、欧洲等地。2019 年，日本金融厅在例行检查中发现某大型金融机构短时间内处理了大量不明来源的跨境资金交易，随后展开深入调查。调查显示，山口组成员利用多个匿名账户频繁进行大额转账，并通过加密货币交易平台隐匿资金来源。日本政府随即采取措施，国家金融厅对相关银行处以高额罚款，并吊销其经营许可证，而国家警察厅则依据《防止犯罪收益转移法》对涉案人员提起刑事诉讼，并冻结了相关账户资金。

该案的处理过程反映出，日本在国内洗钱犯罪的监管与刑事追诉方面较为严格，尤其是在金融执法层面，合规要求极为严苛。然而，尽管该案件涉及境外资金流动，日本司法机关却并未直接对海外犯罪嫌疑人提起诉讼，而是通过《国际刑事协助法》请求外国执法机构提供支持。这一做法反映出，日本在跨境洗钱案件的司法应对上，更多依赖国际合作，而非像美国那样主动扩大司法管辖权。这种谨慎的执法模式，一方面避免了司法权的过度扩张，但另一方面也可能在应对复杂跨国金融犯罪时存在一定的执法障碍。

总体而言，日本的反洗钱法律体系呈现出高度依赖金融监管、刑事追诉较为克制、国际合作优先于单方面司法扩张的特点。其法律框架强调通过合规管理和行政监管，减少金融体系被滥用于洗钱活动的可能性，而在刑事执法层面，则主要针对本国公民及境内金融机构施加责任。在跨境洗钱案件的处理上，日本更倾向于通过国际司法合作推进案件，而非单独对境外行为行使司法管辖权。

5. 澳大利亚：依托强制性金融合规体系的反洗钱机制与跨境执法实践

澳大利亚的反洗钱法律体系在全球金融监管领域占据重要地位，其核心特征在于以金融机构合规义务为防线、对跨境资金流动实行精准监控，同时在国际执法合作中有着较高的参与度。澳大利亚的反洗钱监管以严格的金融交易审查和强制性可疑交易报告制度为支撑，力求在犯罪资金进入金融体系之前进行有效拦截。[①] 其法律框架主要由《2006 年反洗钱与反恐融资法》和《刑法典》构成，前者确立了完整的金融监管体系，后者则为洗钱犯罪提供了刑事制裁依据，并对管辖权的适用范围进行了明确界定。

在金融监管层面，澳大利亚采取了高度风险导向的监管模式，对金融机构、高风险行业以及虚拟资产交易平台实施分级监管。《2006 年反洗钱与反恐融资法》要求，银行、证券公司、博彩业、房地产交易、律师事务所等领域的主体，必须严格履行客户身份识别、尽职调查以及可疑交易报告义务，以防止洗钱资金渗透至金融系统。与此同时，澳大利亚高度重视数据监测与风险预警，设立了澳大利亚交易报告与分析中心。作为国家级金融情报机构，其专门负责金融数据分析、跨国资金流动监测，并与国际反洗钱组织共享金融情报。尤其是在应对数字经济带来的新型洗钱风险时，澳大利亚率先将加密货币交易纳入反洗钱监管体系，要求所有涉及加密资产交易的企业必须向澳大利亚交易报告与分析中心注册，并遵循严格的客户审查与交易报告制度，以防止数字货币成为洗钱犯罪的工具。

在刑事追诉方面，澳大利亚的法律体系对洗钱犯罪采取了严厉的制裁措施，并在执法实践中保持较强的可操作性。《刑法典》第 400. 3 至 400. 9 条详细规定了不同类型的洗钱犯罪，并依据资金规模、犯罪故意以及行为方式的不同，设定了分级量刑标准。其中，涉及严重犯罪所得的洗钱罪最高可判处 25 年监禁，而对于金额较小或犯罪情节较轻的洗钱行为，则可处以 5 至 10 年不等的刑罚。此外，澳大利亚的法律体系对于洗钱罪的认定采取了相对宽松的证据标准，不要求执法机关必须确立具

---

① 参见黎宜春：《澳大利亚反洗钱机制及对我国的启示》，载《学术论坛》2007 年第 4 期，第 72-76 页。

体的上游犯罪，只需证明资金来源具有非法性质，即可提起诉讼。这一构罪标准在降低追诉难度的同时，也使得澳大利亚在处理跨境洗钱案件时具备更大的执法灵活性。

在跨境执法合作方面，澳大利亚积极参与国际司法协作，以提高对跨国洗钱犯罪的追踪和打击力度。《2006 年反洗钱与反恐融资法》第 5 条规定，凡涉及澳大利亚金融体系的洗钱行为，无论其发生地是否在澳大利亚境内，均可受到澳大利亚法律的规制。此外，《刑法典》第 6 至 8 条进一步明确了澳大利亚在洗钱犯罪中的属人管辖权，即对于澳大利亚公民、企业或对澳大利亚国家利益造成威胁的洗钱行为，司法机关可在境外行使执法权。这一管辖权的设定，使得澳大利亚能够依托双边或多边引渡协议，对涉案嫌疑人实施跨境追诉，并通过司法协助、资产冻结及国际刑警合作，进一步加强对海外犯罪所得的追缴。

在澳大利亚的反洗钱执法实践中，中国籍商人黄某某洗钱案是近年来在处理外国资金流入、跨境金融交易及政治献金问题上的典型案例。黄某某原籍中国，后移居澳大利亚，并通过商业网络在澳开展房地产、能源等投资。然而，2019 年，澳大利亚金融监管机构发现，黄某某在澳境内进行了大量资金流动，但其资金来源存在不透明之处，并疑似涉及非法资金转移。进一步调查显示，黄某某利用多层企业结构掩盖资金流向，并通过政治献金的方式试图影响澳大利亚政府决策。鉴于案件的复杂性，澳大利亚政府迅速采取行动，依据《2006 年反洗钱与反恐融资法》对黄某某展开调查，并冻结黄某某在澳大利亚的资产。最终，黄某某因涉嫌洗钱、金融欺诈及违反国家安全法规，被取消永久居留权，并被驱逐出境。

该案展现了澳大利亚政府在处理跨国洗钱案件时的执法模式，即相较于英美国家更倾向于直接提起刑事诉讼。澳大利亚司法机关在应对敏感案件时，往往更倾向于采取冻结资产、撤销居留权等行政手段，确保犯罪资金无法继续流动，并阻止犯罪分子继续在澳大利亚境内活动。

综合来看，澳大利亚的反洗钱法律体系呈现出高度依赖金融机构合规、刑事追诉标准较为灵活、国际司法协作执行力强的特点。其法律框架强调通过强制性合规制度与数据监测体系，提高金融系统对可疑资金流动的识别能力，同时依托澳大利亚交易报告与分析中心及国际执法合作网络，增强对跨境洗钱犯罪的侦查与追责能力。

6. 新加坡：以严密金融监管为核心的反洗钱体系与跨境执法合作

作为全球重要的国际金融中心，新加坡的反洗钱法律体系在全球金融监管体系中占据重要地位，其核心特征在于高度依赖金融机构的合规管理、对离岸金融交易的严格监管以及跨境司法合作的灵活性。新加坡的反洗钱机制主要依托严格的金融审查制度和司法协作机制，以防止洗钱资金渗透其金融体系，并在国际合作框架下打击跨境洗钱犯罪。①

新加坡的反洗钱法律框架主要由《2002 年贪污、毒品贩运及其他严重罪行（没收收益）法》和《反洗钱与反恐融资法》构成。前者确立了犯罪所得的追缴与没收机制，而后者则针对金融机构、企业及高风险行业设定了严格的合规要求。这一法律体系确保了新加坡的金融市场在国际资金流动日益复杂的背景下，仍能维持较高的透明度与监管力度。

在金融监管层面，新加坡采取了极为严格的客户身份识别、尽职调查及可疑交易报告制度，覆盖银行、证券公司、保险机构、支付服务商及信托公司等多个领域。尤其是在离岸金融交易方面，新加坡要求所有外资银行和私人财富管理机构必须披露客户资金来源，以防止国际洗钱组织利用新加坡的金融体系进行资金隐匿。此外，新加坡设立了金融管理局，其作为国家级金融监管机构，负责监督金融机构的合规性，并与国际执法机构共享金融情报，从而提升对跨境洗钱犯罪的防控能力。近年来，随着虚拟货币交易的普及，新加坡进一步强化了数字资产交易的监管，要求所有加密货币交易所必须在金融管理局注册，并接受严格的反洗钱法规约束，以防止虚拟资产成为跨境洗钱的重要工具。

而在刑事追诉体系层面，根据《2002 年贪污、毒品贩运及其他严重罪行（没收收益）法》第 47 条，凡涉及毒品贩运或其他严重犯罪所得的财产转移，均可被认定为洗钱行为，最高可判处 10 年监禁或 50 万新加坡元罚款，或两者兼施。同时，《反洗钱与反恐融资法》第 65 条进一步规定，任何涉及跨境资金流动或外国犯罪所得的资金，若流经新加坡金融系统，即可受到新加坡法律管辖。这一法律框架赋予新加坡在反洗钱案件上的较大司法裁量权，使其能够依据不同案件情境，采取刑事追诉、行政监管或司法协作等多种方式进行处置。

在具体执法实践中，新加坡政府更倾向于通过司法协作、资产冻结及行政遣返的方式来打击跨境洗钱犯罪，而非直接适用洗钱罪进行刑事追诉。这一执法模式在“红通二号”李某波案中得到了充分体现。2011 年，李某波因涉嫌贪污罪潜逃至新加坡，涉案金额高达人民币 9400 万元。由于中国与新加坡未签订引渡条约，中国检察机关依据《联合国反腐败公约》，通过公安部向国际刑警组织申请发布红色通缉令，请求新加坡协助控制李某波及其资产。新加坡警方在接到红色通缉令后，迅速冻结了李某波的银行账户，并依据《2002 年贪污、毒品贩运及其他严重罪行（没收收益）法》对其展开调查。

① 参见李晓欧：《新加坡“国家洗钱风险评估报告”对破解我国跨境反洗钱难题的启示》，载《国际商务》2017 年第 2 期，第 110-120 页。

然而，在实际司法操作中，新加坡政府并未直接以洗钱罪对李某波提起诉讼，而是以“不诚实接受偷窃财产罪”对其起诉，并判处 15 个月监禁。在李某波服刑期间，中国政府与新加坡政府展开多轮司法磋商，并提供证据支持，最终促成新加坡政府在李某波服完三分之二刑期后，将其遣返回中国接受进一步审判。此外，在追缴涉案资产方面，新加坡政府依据《2002 年贪污、毒品贩运及其他严重罪行（没收收益）法》的资产没收规定，对李某波的部分非法所得进行查封，并通过司法协作机制返还中国政府。

该案的处理模式充分展现了新加坡在跨境洗钱案件中的执法逻辑。相比于英美国家直接依据洗钱罪进行刑事追诉，新加坡更倾向于通过灵活适用国内法、优先执行资产冻结及司法协作措施，确保本国金融体系的稳定，同时避免因引渡条约的缺失而导致法律冲突。此外，该案也表明，在没有直接引渡条约的情况下，新加坡仍能通过行政司法合作，实现对外逃贪腐犯罪嫌疑人的有效控制，从而提升国际司法协作的整体成效。

总体而言，新加坡的反洗钱法律体系呈现出严格的金融监管、灵活的司法追诉以及高效的国际合作等特点。其法律框架强调金融机构在反洗钱合规中的核心作用，并通过金融管理局和金融情报单位对金融市场进行实时监测。同时，在刑事追诉实践中，新加坡司法机关更倾向于采取资产冻结、行政处置与国际协作并行的方式，而非单纯依赖刑事追诉。

（四）基于国际义务及代表性国内立法的可行性分析

贪腐犯罪所得的跨境洗钱行为往往涉及多个国家的金融体系，使得对犯罪所得的追缴及对涉案人员的追诉面临较大的法律障碍。在各国反洗钱法律体系存在差异的背景下，跨境追诉的可行性主要取决于各国实体法对洗钱犯罪的规制方式，以及其司法管辖权的适用范围。基于前述各国法律框架的分析，本部分结合国际反洗钱义务及各国立法实践，对贪腐犯罪洗钱异地追诉的法律可行性进行总结，并探讨各国法律体系在该领域的适用优势与局限性。

1. 贪腐犯罪洗钱异地追诉的法律基础

在全球反洗钱体系下，洗钱犯罪已被确立为独立罪名，各国普遍依据《联合国反腐败公约》、《联合国打击跨国有组织犯罪公约》及金融行动特别工作组《40 条建议》等国际法律文件，将洗钱罪纳入本国刑法体系，并赋予司法机关一定的跨境执法权。然而，各国法律在适用范围、管辖权扩展以及执法机制上的差异，直接影响了对贪腐犯罪所得洗钱案件的追诉可行性。

从实践来看，贪腐犯罪洗钱的异地追诉可行性主要依赖以下几个法律基础：

（1）洗钱罪是否被纳入刑事法体系

各国是否将洗钱罪作为独立犯罪，并适用于所有来源于贪腐犯罪的非法所得。

（2）司法管辖权的适用范围

各国是否赋予本国司法机关对境外发生的洗钱行为行使属地或属人管辖权，尤其是在涉及外国官员的案件中，是否具有域外追诉的法律依据。

（3）金融监管体系的有效性

金融机构的反洗钱合规义务是否足够严格，以确保可疑交易能够被识别，并形成司法追诉的证据支持。

（4）国际合作机制的可行性

各国是否愿意在引渡、司法协助、资产冻结与返还方面进行合作，特别是当贪腐犯罪嫌疑人逃往无引渡条约的国家时，如何通过替代机制（如行政遣返或资产追缴）实现司法目的。

2. 不同国家对贪腐犯罪洗钱跨境追诉的适用性

根据各国法律体系的不同，贪腐犯罪洗钱的跨境追诉可行性存在较大差异，主要可归纳为以下三种模式：

（1）可行性较高的国家：以金融系统监管为基础的跨境追诉

此类国家的反洗钱法律体系不仅设定了广泛的域外管辖权，还赋予司法机关对境外洗钱犯罪的直接追诉权限。典型代表为美国和英国。

美国依托《洗钱控制法》和《银行保密法》，对全球美元交易施加监管，司法机关可依据属地管辖权对任何通过美国金融系统进行的洗钱行为进行追诉。其广泛的域外执法权，使其能够对全球范围内的贪腐犯罪所得施加法律制裁。此外，美国通过引渡协议、司法协助与资产冻结等措施，构建了较为完善的跨境追诉体系。

英国依托《2002年犯罪收益法》，赋予司法机关对任何涉及英国金融体系的洗钱行为进行司法冻结和追诉的权力。该法律体系不仅涵盖金融机构，还对房地产、律师事务所等高风险行业实施了严格监管，使得贪腐犯罪所得的跨境流动更容易被识别并受到法律追责。此外，英国的司法机关在处理境外贪腐犯罪时，通常采用“资产冻结+司法协助”的模式，而非单纯依赖刑事起诉，从而提升了跨境追诉的执行效率。

综合来看，美国和英国的法律体系在金融监管和司法追诉能力上较为完善，使得其在处理贪腐犯罪洗钱案件时，具备较高的法律适用性。特别是在贪腐犯罪资金通过美元交易或英国银行体系流转的情况下，其司法机关通常可以直接介入调查，并采取刑事制裁或资产追回措施。

（2）可行性有限的国家：法律框架存在约束但具备一定司法协作能力

此类国家的法律体系在洗钱罪的适用范围或司法管辖权上存在一定限制，使得跨境追诉的可行性相对较低，但仍可通过国际合作机制进行弥补。典型代表为德国和日本。

德国《刑法典》第261条设定了较为严格的上游犯罪认定标准，即洗钱罪的成立必须建立在明确的上游犯罪基础之上。这一标准在一定程度上提高了对贪腐犯罪洗钱案件的追诉难度。此外，德国司法机关在行使跨境管辖权时，通常仅适用于涉及恐怖主义、毒品犯罪或严重危害本国金融体系的案件，而对一般的贪腐犯罪洗钱行为，司法追诉的可行性较低。

日本的《防止犯罪收益转移法》主要针对国内金融系统的洗钱行为，并未赋予司法机关较强的跨境追诉能力。此外，日本在反洗钱案件的司法合作方面相对保守，更倾向于通过行政监管手段进行风险控制，而非直接提起刑事诉讼。因此，尽管德国和日本在反洗钱监管制度方面较为完善，但其法律体系对境外洗钱犯罪的适用性仍然受到一定限制。

（3）依赖行政措施的国家：司法追诉能力较弱但可通过行政合作实现控制

此类国家的法律体系主要依赖金融监管和行政手段，在处理贪腐犯罪洗钱案件时，更倾向于采用资产冻结、撤销居留权或行政遣返，而非刑事追诉。典型代表为新加坡。

新加坡依托《2022年贪污、毒品贩运及其他严重罪行（没收收益）法》，对金融机构施加严格的合规要求，但在刑事追诉方面较为克制。例如，在李某波案中，新加坡政府选择以金融犯罪起诉，并最终通过司法协作机制遣返李某波，而非直接依据洗钱罪提起诉讼。这种执法模式体现了新加坡政府在国际司法合作中的灵活性，但也反映出其在贪腐犯罪洗钱案件中的司法追诉能力有限。

3. 结论：贪腐犯罪洗钱跨境追诉的法律适用性

综合来看，贪腐犯罪洗钱的跨境追诉可行性主要取决于各国法律体系对洗钱罪的适用范围、司法管辖权的扩展性以及国际合作的执行力度。美国和英国凭借广泛的司法管辖权和强大的金融监管体系，在跨境追诉方面具备较高的法律适用性；德国和日本由于法律框架的限制，在司法追诉方面存在一定障碍，但可通过国际合作弥补不足；而新加坡等国家则更依赖金融监管和行政措施，在司法追诉方面相对保守。

总体而言，各国法律体系的差异决定了贪腐犯罪洗钱跨境追诉的可行性在实践中仍面临较大的法律挑战，未来需进一步强化国际司法合作，以弥补法律适用范围的不足。

五、总结及展望

在跨境反腐败的实践过程中，如何对外逃贪腐分子进行有效司法追诉，一直是国际刑事司法合作的核心议题之一。本文以洗钱罪为切入点，探讨了各国实体法在贪腐犯罪洗钱案件中的适用性，并分析了跨境追诉在跨境反腐败行动中的可行性。然而，跨境追诉的适用范围并不局限于洗钱罪这一罪名，而是基于外逃人员的行为是否违反外逃国的刑事法律义务，以及是否符合追诉国的司法标准。只要满足这一基本条件，跨境追诉便具备可行性，在实践中亦可适用于其他类型的跨境犯罪，如贪污贿赂罪、金融犯罪、恐怖融资罪等。因此，如何在不同罪名和法律框架下灵活运用跨境追诉机制，成为跨境反腐败的重要研究方向。

当前的实践困境主要体现在三个维度：其一，刑事立案标准与程序规则的跨国协调困境。英美法系与大陆法系在证据标准、证明体系方面的制度差异，导致跨境洗钱案件中资金流动证据的司法认定面临“双重门槛”。尤其是犯罪所得跨境转移形成的复合型证据链，亟须建立国际化的证据认证与转化机制。其二，司法管辖权竞合的国际法协调难题。虽然属地管辖与属人管辖原则已获普遍确立，但具体适用中仍面临管辖权重叠与真空并存的悖论。典型如德国对洗钱罪上游犯罪的严格限定、新加坡的刑事司法谦抑传统，均对跨境司法协作形成制度性障碍。其三，数字金融时代的新型挑战。虚拟货币与跨境电子支付等新兴金融工具的演进，使得传统资金追踪手段面临失效风险，而国际司法监管体系尚未形成有效的技术应对方案。

破解上述困境需构建系统化的制度应对方案：在规范层面，推动《联合国反腐败公约》框架下的刑事司法协助标准化建设，重点突破证据跨境调取、电子证据认证、违法所得冻结等程序性规则；在机制层面，创新“软法”治理模式，通过示范性司法互助协议、跨境联合调查组等灵活形式填补“硬法”缺位；在技术层面，依托金融行动特别工作组等国际组织构建区块链资金追踪系统，开发新型司法破解工具。尤其需要关注引渡替代措施的法治化创新，探索基于“或引渡或起诉”原则的递进式司法合作模式。

值得强调的是，跨境追诉机制的发展必须置于国际刑事司法协作体系重构的整体框架中。未来研究应着重解决三组关系：主权让渡与司法协作的平衡点、政治博弈与司法独立的互动边界、技术革新与法律规制的协同路径。唯有通过国际社会持续的制度性努力，方能在维护司法主权与打击跨境犯罪之间构建动态平衡，最终实现全球腐败治理体系的现代化转型。

自洗钱行为的入罪与罪数辨析

毛　政*

一、问题的提出

反洗钱是维护我国金融安全和国家总体安全的重要工作，2023 年中央金融工作会议强调，要“在稳定大局的前提下把握时度效，扎实稳妥化解风险，坚决惩治违法犯罪和腐败行为”。党的二十大报告提出，“依法将各类金融活动全部纳入监管，守住不发生系统性风险底线”。在全球反洗钱的背景下，我国近年来通过新增、修改刑事立法与司法解释指导反洗钱犯罪的进行，司法机关和学界应共同努力，在理论与实践两方面完善对洗钱行为的认定。洗钱行为的刑法规制起源于国外。20 世纪末，在国际社会打击毒品犯罪、跨国有组织犯罪和腐败犯罪的大背景下，洗钱罪在国外长期成为研究的热点问题。1997 年《刑法》设置洗钱罪后，学术界随即展开对洗钱罪的研究，但在总体上处于知识性介绍和注释《刑法》的阐述阶段，在司法实践中洗钱罪也基本处于“睡美人”的适用状态。① 2021 年《刑法修正案（十一）》对洗钱犯罪作出修改，这是自洗钱行为独立入罪的开始，体现了我国对日益严重的洗钱犯罪严厉打击态势。自此以后，司法实践中《刑法》第 191 条的适用率大大提高，全国检察机关 2023 年共起诉洗钱罪 2971 人，是 2019 年起诉洗钱罪人数的近 20 倍，2024 年上半年起诉洗钱罪 1391 人，同比上升 28.4%，继续保持对洗钱犯罪打击态势；洗钱罪《刑法》条文修正以后，2021 年全国法院的洗钱案件数量大幅增加，上升 153.3%，2022 年、2023 年同比分别上升 39.7%、23.5%。② 司法解释和学术界也作出积极回应。2024 年 8 月，最高人民法院、最高人民检察院发布的《关于

---

* 毛政，北京师范大学法学院博士研究生。

① 参见王新：《洗钱罪的基础问题辨析——兼与张明楷教授商榷》，载《法学评论》2023 年第 3 期，第 111-119 页。

② 《依法惩治洗钱犯罪，维护国家金融安全！——“两高”相关部门负责人答记者问》，最高人民检察院网站，www.spp.gov.cn/xwfbh/wsfbt/202408/t20240819_ 663652.shtml#3，访问时间：2024 年 10 月 2 日。

办理洗钱刑事案件适用法律若干问题的解释》（以下简称为《解释》），为他洗钱、自洗钱行为的主观方面、客观方面认定作出专门的规定，规范化犯罪行为人主观意图和客观方面行为“罪量”等方面的认定标准。许多学者提出不同观点，试图明确和细化自洗钱行为的入罪与出罪依据。然而，自洗钱行为意味着洗钱犯罪之七类上游犯罪的本犯行为人对自己的上游犯罪所得进行洗钱操作，自洗钱行为与上游犯罪行为主体一致，关于上下游犯罪行为的关系问题学界尚未形成普遍共识；毒品犯罪、恐怖主义犯罪和金融诈骗犯罪等上游犯罪行为的实施往往是连续性、持续性的动态行为过程，行为人在上游犯罪过程中不同节点的自洗钱行为性质如何确定、上游犯罪过程中自洗钱与他洗钱交织时共犯如何认定以及自洗钱行为人洗钱的主观意图或动机产生的时间节点对于其主观方面认定的影响等问题尚需进一步明确。这些问题的解决直接影响着自洗钱行为的入罪与罪数认定，在教义学视角下结合《刑法》条文与司法解释规定对相关问题展开理论研究，探究自洗钱行为侵害法益的实质和洗钱行为危害性的本质，对自洗钱行为的司法认定和本罪的科学合理适用有重要指导意义，符合司法实践的要求。

二、洗钱罪保护法益的辨析

无法益侵害则无犯罪，某行为纳入刑法规制的目的和缘由都可归根于相关法益的侵害和保护。对自洗钱行为的入罪判断与可罚性证成，首先应当厘清洗钱罪所保护的法益内容。《刑法》“分则”不同章节的具体罪名保护的法益具有类型上的不同，同一章节的个罪之客体也有细致的差别。自洗钱行为侵害法益的判断应作为其入罪和罪数问题司法认定的基点，发挥犯罪构成客体要件区分犯罪类型和个罪的界限功能。

在我国刑法理论犯罪构成四要件体系下，犯罪客体是犯罪构成的起点。在犯罪构成理论中，法益侵害是认识和解构《刑法》具体罪名的基础和起点，没有法益侵害就没有犯罪和犯罪构成，相似犯罪构成之罪名也应以法益的区分作为罪名界分的逻辑起点。唯有通过构成要件所要保护的法益，才能妥适而明确地解释不法构成要件，正确无误地把握不法构成要件所要把握的犯罪行为，精确地界定出各个不相同的单一构成要件的界限。① 在赃物犯罪与洗钱罪（含自洗钱）并存的立法例下，如何解释洗钱罪的构成要件以及如何处理洗钱罪与赃物犯罪的关系，取决于如何认识洗钱罪的保护法益。② 关于洗钱罪的客体争议颇多：一类观点认为洗钱罪之客体是

① 林山田：《刑法各罪论（上册）》，北京大学出版社2012年版，第10页。

② 参见张明楷：《洗钱罪的保护法益》，载《法学》2022年第5期，第69-83页。

简单客体，仅侵害司法机关的正常活动①；另一类观点认为洗钱罪侵犯复杂客体，包含国家金融管理秩序和司法机关正常活动；还有观点认为洗钱罪客体有多重性和可变性，还应当包含上游犯罪所侵犯的社会治安管理秩序等②。笔者认为，洗钱罪侵犯单一客体和侵犯多重可变客体的观点不符合犯罪构成原理和刑法体系性统一。第一，从体系上看，依据我国《刑法》规定，《刑法》“分则”十个章节所包含的个体罪名都是按照保护法益的不同类型划分的，洗钱罪置于“分则”第三章第四节“破坏金融管理秩序罪”体系下，显然，洗钱罪的保护法益应包含金融管理秩序。从犯罪构成上看，个罪的不同犯罪构成要件是互相对应的，某行为满足全部构成要件时才达到对该罪名保护之法益的严重侵害程度，换言之，个罪具体构成要件的确定一定是为了保护对应的法益。那么，从《刑法》第 191 条对洗钱罪客观方面危害行为的规定来看，跨境转移资产、为上游犯罪所得提供资金账户等行为一般也侵犯了金融机构对转账和资产跨境流通的正常管理秩序；将上游犯罪所得资金汇往境外、变换为现金或以其他方式转移支付资金等类型化的行为，正是由于常态下会侵害金融管理秩序而被确定为洗钱罪的客观方面行为类型。因此，认为洗钱罪与赃物犯罪一样只侵害司法机关正常活动的单法益的观点是不合理的。第二，洗钱罪的客体不应包括上游犯罪，如毒品犯罪所侵害的客体是社会治安管理秩序等法益。犯罪构成要件必须具有类型化和确定性，这是犯罪构成原理和罪刑法定原则的内在要求。作为具体个罪构成要件之客体的法益须为具体的、明确的，洗钱行为的上游行为有七大类，不同的洗钱行为可能实际侵犯不同种上游犯罪的客体，但以具体犯罪行为对具体法益的危害可能性来反推该项罪名之客体的做法存在重大缺陷。“洗钱罪在某些情况下可能侵犯对外贸易管制，这并不意味着所有洗钱行为都会侵犯对外贸易管制，更不意味着没有侵犯对外贸易管制就不能成立洗钱罪。”③ 无法益侵害则无犯罪行为，某罪名的客体应是决定某行为是否成为该罪之客观方面危害行为的标准，而非反其道而行之将具体犯罪行为侵害或侵犯的法益归为该罪名的客体，将犯罪行为事实上侵害的客体与法律规范构成要件意义上的犯罪客体相混淆。洗钱罪侵害“多重可变”的选择性客体的观点，实际上将具体罪名客体当作随意客体，架空了犯罪构成体系对具体罪名成立与司法适用的指导作用。

洗钱罪侵犯复杂客体的观点相对合理，贴合洗钱行为的司法实践。持复杂客体

① 参见李云飞：《洗钱危害的二维性及对客体归类的影响》，载《中国刑事法杂志》2013 年第 11 期。

② 参见赵永林、刘建钢：《反洗钱法律与机制问题研究》，法律出版社 2015 年版，第 48-50 页。

③ 参见张军、郭建安：《反洗钱立法与实务》，人民法院出版社 2007 年版，第 56-58 页。

说的学者一般认为洗钱罪侵犯的法益包括金融管理秩序与司法机关正常活动[①]，并以前者为主要侵害法益[②]。对此，有学者提出，洗钱罪与赃物犯罪之间是想象竞合关系而非法条竞合关系，并基于该结果预设得出洗钱罪的保护法益仅限于金融管理秩序的结论，无法将洗钱罪的法益保护范围扩展至赃物犯罪的保护法益（司法机关的正常活动）。该论者同时认为"洗钱罪的保护法益包括赃物犯罪法益，上游犯罪的本犯对赃物犯罪缺乏期待可能性，但对洗钱罪不缺乏期待可能性。反过来说，如果认为洗钱罪的保护法益包括司法机关的正常活动，就应当否认自洗钱成立犯罪"[③]。这样的观点不尽合理，犯罪论中，认定犯罪成立应依据某行为是否符合相关罪名构成要件。对于自洗钱行为而言，期待可能性不是《刑法》第191条的构成要件要素，期待可能性只能以非构成要件要素的形式为行为人的出罪提供合理性依据。在我国刑法犯罪构成体系下，某行为应受刑罚处罚、应负刑事责任的实质要求是其行为具有严重社会危害性，形式要求是符合罪名构成要件，因此，为了践行罪刑法定原则，在超越形式的实质刑法观念上，以非构成要件要素排除犯罪的合法规范依据只有正当防卫和紧急避险。在洗钱罪的司法认定上，以上游犯罪本犯的期待可能性为基点去探寻自洗钱行为法益侵害的证成，本身就存在立论的瑕疵，应从刑事法规范的视角出发，以分析自洗钱行为的现实行为模式、洗钱罪的犯罪构成要件体系作为逻辑起点判断自洗钱行为究竟侵害何种法益。正如有学者指出，洗钱罪保护金融管理秩序单法益论违背了个罪保护法益辨析的基本路径，是通过实用主义脱离洗钱罪所在章节和行为对象以及犯罪构成等维度进行认定的结论。[④]金融管理秩序论从预设的结果出发，只重视实质判断，得出现行刑事法规范形式上考察所无法得出的结论，未基于洗钱现实行为模式、洗钱罪的犯罪构成要件体系作为逻辑起点，缺乏形式合理性，也存在疑问。

如前文所述，从《刑法》"分则"体系上分析，结合《刑法》第191条规定的跨境转移资金、提供账户或提供各种支付结算方式转移资金等类型化行为所侵犯的资金正常流动、合法转移支付等金融秩序法益，很容易得出洗钱行为一定会侵犯正常金融管理秩序。同理，基于体系和客观构成要件考察也可得出洗钱行为一定会侵

---

① 参见赵运锋：《洗钱罪的保护法益及其规范适用》，载《法学》2024年第6期，第72-89页；周振想：《金融犯罪的理论与实务》，中国人民公安大学出版社1998年版，第217页；王新：《洗钱罪的基础问题辨析——兼与张明楷教授商榷》，载《法学评论》2023年第3期，第111-119页。

② 安汇玉、汪明亮：《自我洗钱行为当罚性分析》，载《苏州大学学报（法学版）》2020年第3期，第111页。

③ 参见张明楷：《洗钱罪的保护法益》，载《法学》2022年第5期，第73页。

④ 参见赵运锋：《洗钱罪的保护法益及其规范适用》，载《法学》2024年第6期，第72-89页。

害司法机关正常活动之法益。

其一，从洗钱罪的本质与行为模式分析，洗钱行为的本质是“漂白黑钱”，是为上游犯罪所得资产披上合法的外衣，并由此毁灭罪证，使犯罪人免受追诉和刑事处罚。不论是自洗钱行为还是他洗钱行为，也不论行为人是为毒品犯罪还是金融诈骗犯罪等上游犯罪洗钱，其行为必定表现为以各种非法金融手段掩饰、隐瞒犯罪所得。结合《解释》对于洗钱手段行为的细致划分①，将犯罪所得资金或财产与正常经营收入进行混同，或变换为虚拟资产、赌博收益等方法，无疑会造成侦查机关、司法机关认定涉案资金非法性质、涉案金额规模等关键定罪量刑证据困难。在当今互联网时代，若行为人在网络技术帮助参与型的犯罪行为的帮助下，以网络购买比特币等虚拟币的方式与境外进行虚拟币交易来转移财产，司法机关想要事后溯源资金往来便十分困难，这类掩饰、隐瞒上游犯罪所得的手段显然会严重侵害对犯罪行为进行追诉的正常司法活动。

其二，从体系上进行实质考察，侵害正常司法活动的罪名主要是妨害司法类犯罪。洗钱罪与《刑法》第312条规定的赃物犯罪相比，掩饰、隐瞒犯罪所得的具体行为手段是窝藏、转移、收购、代为销售等，主要突出“藏”的性质，而洗钱行为则凸显“黑转白”的特征。质言之，《刑法》第312条之手段行为实施成功后，犯罪所得“藏”起来而影响到司法机关正常追诉活动，但其财产性质仍为犯罪收益没有改变；洗钱行为实施成功后，犯罪所得不但能隐藏而且能摇身变为合法财产或赌资等轻微违法所得，这不仅使司法机关难以追查到财产去向，还可能改变对应财产犯罪收益的性质。二者相较，对于犯罪所得财产的司法追诉而言，无疑是“隐藏+改变财产性质”的行为对司法正常活动的侵害程度重于单纯隐藏财产的行为，即洗钱行为对司法正常活动法益的侵害可能重于赃物犯罪对该法益的侵害。此外，《刑法》第312条中掩饰、隐瞒之行为对象并不局限于毒品犯罪等七类上游犯罪，当二

---

① 《最高人民法院、最高人民检察院关于办理洗钱刑事案件适用法律若干问题的解释》第5条规定：“为掩饰、隐瞒实施刑法第一百九十一条规定的上游犯罪的所得及其产生的收益的来源和性质，实施下列行为之一的，可以认定为刑法第一百九十一条第一款第五项规定的‘以其他方法掩饰、隐瞒犯罪所得及其收益的来源和性质’：（一）通过典当、租赁、买卖、投资、拍卖、购买金融产品等方式，转移、转换犯罪所得及其收益的；（二）通过与商场、饭店、娱乐场所等现金密集型场所的经营收入相混合的方式，转移、转换犯罪所得及其收益的……（六）通过‘虚拟资产’交易、金融资产兑换方式，转移、转换犯罪所得及其收益的；（七）以其他方式转移、转换犯罪所得及其收益的。”

罪竞合时，《解释》规定了按照洗钱罪论处[①]，并未采用想象竞合从一重罪处罚的认定方法。以二罪竞合关系之不同认识的预设立场否定洗钱罪法益包含司法正常活动的做法，不仅在实质上违反法益保护的理念与目的，还在形式上违反刑法规范体系、司法解释相关规定之内涵。

三、自洗钱行为独立侵害的法益

学界普遍认为《刑法修正案（十一）》对洗钱罪的修改，是自洗钱行为的入罪，《解释》也支持了这一点。将某行为纳入《刑法》规制，必然要根本归因于其对《刑法》所保护的法益的严重侵害。笔者认为，自洗钱行为与他洗钱行为相比，可能更为直接和严重地侵害洗钱罪所保护的法益，这也是自洗钱行为入罪的根本性依据。自洗钱行为入罪之初，曾有学者提出，自洗钱行为的立法入刑是出于打击上游犯罪和洗钱犯罪的政策考虑，自洗钱行为的独立定罪不仅能作为预防和制裁洗钱违法犯罪的有效法律手段，而且能为境外追逃追赃提供充足的法律保障。[②] 这样的观点具有合理性，自洗钱入刑在客观上无疑可以起到预防上游犯罪本犯实施洗钱行为的作用，但其入刑却并非仅是发扬预防上游犯罪的政策精神，更是为了以《刑法》对实施洗钱行为的犯罪主体进行更完善的规制。上游犯罪本犯开展自洗钱，较之他洗钱的方式能够更及时地掩饰或转换上游犯罪所得财产，对上游犯罪实施完成和行为人事后逃避司法机关追诉的帮助更大。因为上游犯罪行为人对上游犯罪过程中所得财产的掌控力更强，其对自身犯罪所得进行掩饰或转移财产是直接性洗钱，他洗钱行为人对上游犯罪所得的掩饰或转移财产等行为则是间接洗钱。

然而，事实上，学界对于自洗钱行为的独立可罚性一直争议不断，一种代表性的观点认为，自洗钱行为也是一种不可罚之事后行为。例如，曾有学者主张，洗钱罪与上游犯罪是紧密依附关系，在传统赃物罪的思路下，我国刑事立法者认为本犯实施洗钱是上游犯罪的延伸，属于不可罚的事后行为。[③] 自洗钱入罪背后的最大困

---

① 《最高人民法院、最高人民检察院关于办理洗钱刑事案件适用法律若干问题的解释》第1条规定："为掩饰、隐瞒本人实施刑法第一百九十一条规定的上游犯罪的所得及其产生的收益的来源和性质，实施该条第一款规定的洗钱行为的，依照刑法第一百九十一条的规定定罪处罚。"第2条规定："知道或者应当知道是他人实施刑法第一百九十一条规定的上游犯罪的所得及其产生的收益，为掩饰、隐瞒其来源和性质，实施该条第一款规定的洗钱行为的，依照刑法第一百九十一条的规定定罪处罚。"

② 参见周光权：《关于〈中华人民共和国刑法修正案（十一）（草案）〉修改情况的汇报》，载《全国人民代表大会常务委员会公报》2021年第1期，第135页。

③ 参见王新：《〈刑法修正案（十一）〉对洗钱罪的立法发展和辐射影响》，载《中国刑事法杂志》2021年第2期。

惑就是原先性质上的不可罚变为可罚性，需要对事后不可罚行为予以审视。[①] 所谓事后不可罚行为，学界对其有不同的概括，但核心观点都认为此类事后行为是针对同一法益的侵犯行为，因而才具有不可罚性。[②] 例如，在购买枪支、弹药后又持有的场合，持有行为就是一种“不可罚事后行为”，持有是购买行为的自然延伸，且未侵犯新的法益。[③]《刑法》第171条第3款的规定也采纳了事后不可罚行为的认定方法。[④] 还有学者主张，不可罚的事后行为不构成他罪，是因为事后行为缺乏期待可能性。[⑤]

笔者认为，自洗钱的行为模式和洗钱罪的构造决定了自洗钱行为不是前述意义上的不可罚之事后行为。

首先，从法益侵害角度考察，自洗钱作为事后不可罚行为的“不可罚”无法成立。按照事后不可罚行为成立的基本原理，自洗钱行为是事后不可罚行为的支持者实际在逻辑上认为，自洗钱行为仅侵害了本犯所实施的相关联之上游犯罪所侵害的法益。上游犯罪的本犯获取非法犯罪所得财产后，为了更好地使用该财物，很可能会自己实施洗钱行为或委托他人洗钱，在一定程度上洗钱行为确实不具备期待可能性。但不可忽略的是，自洗钱对本犯所进行的持续性上游犯罪继续实施的帮助较大，在上游犯罪边实施边洗钱的情况下，如金融诈骗罪、组织领导黑社会性质组织罪等都是持续性、连续性的行为，若金融诈骗犯罪的本犯已成功骗取三位目标受害人中两位受害者的财物，对相关财物开展自洗钱掩饰犯罪所得的同时也是为继续骗取第三位受害人的财物做好保障工作，为下个犯罪环节的顺利进行做好准备。显然，自洗钱行为不仅实质上帮助了上游犯罪侵害相关法益，与他洗钱行为相比还更加直接性地独立侵害金融管理秩序和司法正常活动。概言之，自洗钱行为的产生虽然紧密依附于上游犯罪行为的开展，自洗钱行为之法益侵害的实现却非当然性地依附于上游犯罪的法益侵害状况。因为洗钱罪的法益保护范围大于相关上游犯罪法益保护范围，依前文论述，上游犯罪的保护法益无法类型化地成为洗钱罪的保护法益，同时自洗钱行为本身也不必然间接或帮助侵害上游犯罪之保护法益。假如本犯在持续性的上游犯罪已经全部实施完成后才开展自洗钱，其自洗钱行为对上游犯罪侵害法益

---

① 参见陈伟：《事后不可罚行为与自洗钱入罪的规范适用》，载《环球法律评论》2024年第3期，第161页。

② 参见贾学胜：《事后不可罚行为研究》，载《现代法学》2011年第5期。

③ 参见敦宁：《自洗钱行为入罪的理论诠释与问题分析》，载《公安学研究》2021年第6期，第89页。

④ 《刑法》第171条第3款规定：“伪造货币并出售或者运输伪造的货币的，依照本法第一百七十条的规定定罪从重处罚。”

⑤ 参见王新：《洗钱罪认定：不能泛化套用事后不可罚理论》，载《检察日报》2024年1月30日，第3版。

的帮助作用就将大大弱化，那么，成功完成了自洗钱的本犯一定侵害了金融管理秩序与正常司法活动，对上游犯罪法益的帮助可能极其微小；未能自洗钱成功的，司法机关成功追回上游犯罪所得或部分追回的，自洗钱行为对上游犯罪所保护法益的侵害就可能难以证成。另外，如前文所述，期待可能性理论是在犯罪构成要件体系之外进行出罪的路径，单纯地以缺乏期待可能性对自洗钱行为认定为事后不可罚行为而将其出罪，无疑会对犯罪构成要件认定犯罪成立的行为评价体系产生强烈冲击。更何况，期待可能性理论作为大陆法系刑法理论的舶来品，目前在德国司法实践中也极少应用，在理论界日渐衰败，其在我国也缺乏司法适用的土壤。还有学者提出，期待可能性意味着刑法同情不利处境下的人性脆弱，而不是纵容通常处境下的人性自私。自洗钱行为人不满足于占有赃款，为了更加便利、安全地享用赃款而危害国家金融监管秩序，不涉及避免陷入危难处境而不得已为之的问题。[①] 所以，在理论上难以证成自洗钱行为与上游犯罪侵害法益的同一性，也不可依照期待可能性理论直接将自洗钱行为认定为事后不可罚行为。

其次，自洗钱行为不一定必然成为上游犯罪的“事后行为”。有学者提出，非法制造枪支的原因行为一定会导致非法持有枪支的结果行为，然而自洗钱行为不是实施上游犯罪后必然出现的结果，其是上游犯罪行为人的自主选择。[②] 洗钱犯罪的产生依附于上游犯罪的实施，不意味着上游犯罪实施过程中或实施完成后一定伴随着洗钱行为的出现，即使发生洗钱行为，也不意味着自洗钱行为的出现，上游犯罪行为人还可能选择他洗钱的方式。以洗钱罪的上游犯罪之一金融诈骗罪为例，笔者在中国裁判文书网以“金融诈骗罪”为案由，检索到 2014 年 10 月至 2024 年 10 月刑事一审程序判决书 60266 篇，其中全文关键词检索“洗钱”共有判决书 182 篇。[③] 依此司法实践的公开数据，近年来金融诈骗犯罪受到司法机关追诉的已公开案例中，直接性涉及洗钱行为的案件并不占多数。与典型的买卖违禁品并持有不同的是，为了贩卖毒品而持有、生产毒品而持有，持有的行为就不可重复评价为非法持有毒品罪，非法购买枪支并持有也不同时成立非法持有枪支罪。该类事后不可罚的持有行为是前行为必然引发的结果，是与前行为犹如唇齿相依一般的密切关系，自洗钱行为与上游犯罪行为之间并不具有这种极为密切的关联，上游犯罪本犯实施金融诈骗、恐怖主义等行为不会自然地引起自洗钱行为

① 参见田宏杰、徐黎：《自洗钱犯罪的罪数问题研究》，载《中国检察官》2023 年第 14 期，第 32 页。

② 参见敦宁：《自洗钱行为入罪的理论诠释与问题分析》，载《公安学研究》2021 年第 6 期，第 90 页。

③ 中国裁判文书网，https：//wenshu. court. gov. cn/website/wenshu/181217BMTKHNT2W0/index. html? pageId = bed35656b0832b254dddce51a6f64e27&s8 = 02，访问日期：2024 年 10 月 16 日。

的实施，换言之，在马克思主义法理学行为论的意义上，自洗钱行为与上游犯罪行为之间的联系是自觉性联系，而不是自发性联系。

最后，支持自洗钱行为是事后不可罚行为的论者，往往会同时得出自洗钱行为入罪是为了预防特定上游犯罪发生的结论。"刑法将这5类[①]犯罪规定为洗钱罪的上游犯罪，就是为了防止行为人再次或者持续、连续实施这些犯罪。这同样说明，洗钱行为同时也是这5类犯罪的预备行为；刑法为了预防这5类犯罪而将其规定为洗钱罪的上游犯罪，这5类犯罪的保护法益也是洗钱罪的保护法益。"[②] 这种观点违背自洗钱行为和上游犯罪实施的关联情况，不符合实际。上游犯罪之所以为"上游"，在时空条件上当然是发生在洗钱行为之前。自洗钱行为人进行自洗钱行为，是为了掩盖上游犯罪事实，以及创造条件更好地享用上游犯罪所得；反之，倘若上游犯罪未成功实施，如行为人开展金融诈骗罪未成功骗取受害方财物，诈骗本犯行为人客观上根本没有实施自洗钱行为的条件，主观上也不存在实施自洗钱的动机与目的。洗钱行为作为上游犯罪的预备行为，意味着行为人实施洗钱行为给上游犯罪行为的顺利开展制造便利条件，没有充分考虑上游犯罪的阶段性实施完成或全部实施完成才是洗钱行为开展的主观、客观条件这一基本逻辑，颠倒了两种行为在时间、空间上的先后顺序，不具有合理性。还需注意的是，已有司法实践判例[③]对边实施持续、连续上游犯罪边自洗钱的行为，将阶段性上游犯罪所得的自掩饰、自隐瞒以洗钱罪处罚，反映了对自洗钱行为独立可罚性的认可。

综上所述，在我国刑法体系下，一个行为是否具有可罚性，归根结底应纳入以严重法益侵害为基础的犯罪构成体系下评价和判断。上游犯罪本犯的自洗钱行为在法益侵害上不必然依附于上游犯罪行为的实施，本犯自洗钱行为在其上游犯罪阶段性实施完成或全部完成后附随发生同样不是必然的，自洗钱行为与上游犯罪行为的法益侵害同一性无法证成。以事后不可罚行为理论否定自洗钱行为的独立可罚性的解释方法，不符合自洗钱行为客观上相对独立地侵害法益的事实；依该论证逻辑一以贯之地认为洗钱行为是上游犯罪的预备行为，不符合上下游犯罪行为关系的基本事实和司法判例、司法解释精神，在司法实践中不具有可适用性。

---

① 此处5类犯罪是该论者所指的毒品犯罪、走私犯罪、贪污贿赂犯罪、破坏金融管理秩序犯罪、金融诈骗犯罪。

② 张明楷：《洗钱罪的保护法益》，载《法学》2022年第5期，第81页。

③ 2023年10月至11月，殷某权走私、贩卖毒品，在持续贩卖毒品过程中产生多次交易，其中3次交易是利用皮某峰的支付宝账户或微信收款码收取毒资，来掩饰、隐瞒犯罪所得来源和性质，被法院认定为属于"自洗钱"行为，构成洗钱罪。参见江西省上栗县人民法院（2024）赣0322刑初138号判决书。

四、自洗钱行为处罚的罪数

在洗钱罪的司法适用中，与自洗钱行为可罚性相关联的重要问题是自洗钱行为处罚的罪数认定问题。一种观点认为，自洗钱行为与上游犯罪行为可构成想象竞合犯或牵连犯，从一重罪处罚。例如，国家工作人员实施贪污行为，直接将公款汇往境外的，是贪污罪与洗钱罪的想象竞合；国家工作人员收受现金后用于购买理财产品的，是受贿罪与洗钱罪的牵连犯。① 另一种观点认为，上游犯罪本犯自洗钱应当数罪并罚：自洗钱与上游犯罪是不同的犯罪行为类型，两者存在复数行为的关系，不构成想象竞合犯；自洗钱行为超出上游犯罪的范围，不构成牵连犯而应数罪并罚；反洗钱是维护总体国家安全的重要内容，洗钱罪有独立的法律属性难以被上游犯罪所吸收，与之不成立吸收犯。② 还有观点提出区分说，应当根据行为侵害法益的类型将自洗钱分为转移类自洗钱与转换类自洗钱，前者不侵犯金融管理秩序因而不具有可罚性，后者应当与上游犯罪数罪并罚。③ 也有支持区分说的学者主张，财产转移类自洗钱可能利用了金融系统并侵犯金融管理秩序（如将上游犯罪所得资金转移到他人账户或国外账户），财产性质转换类行为（如买卖、虚报收入、赌博等）则未必利用了金融系统。④ 笔者认为，自洗钱行为与上游犯罪难以成立想象竞合犯或牵连犯。

第一，就想象竞合犯而言，想象竞合关系在我国《刑法》中是实质的一罪，是“一行为触犯两罪名”，从自洗钱行为主客观方面的特征考察，其均具有独立性，与上游犯罪行为无法做“一行为”的认定，不存在成立想象竞合的前提条件。上游犯罪行为与自洗钱行为在主观上是出于两个独立的犯罪意志，在客观上也并不存在时空上的紧密一致性，因而当属数个行为。⑤ 如前文所述，自洗钱行为不一定会成为上游犯罪的“事后行为”，上游犯罪阶段性完成或全部完成后，是否开展自洗钱活动取决于上游犯罪本犯的自觉性，自洗钱行为与上游犯罪行为没有自然的先后联系，自洗钱行为的发生不会当然依附于上游行为的完成。即使上游犯罪本犯实施了自洗钱，也可能出于“躲避风声”等考虑先将犯罪所得财物埋藏于地下，在上游犯罪结

① 参见张明楷：《自洗钱入罪后的争议问题》，载《比较法研究》2022年第5期，第101-103页。

② 参见王新：《洗钱罪的司法认定难点》，载《国家检察官学院学报》2022年第6期，第54-69页。

③ 参见赵桐：《自洗钱与上游犯罪的处断原则及教义学检视》，载《西南政法大学学报》2021年第5期，第129页。

④ 参见张明楷：《自洗钱入罪后的争议问题》，载《比较法研究》2022年第5期，第99页。

⑤ 参见田宏杰、徐黎：《自洗钱犯罪的罪数问题研究》，载《中国检察官》2023年第14期，第29-33页。

束许久后再拿取相关财物，而后开展自洗钱活动，洗钱的下游行为在时间、空间上就与上游行为相去甚远。此外，在洗钱上下游行为有紧密时空联系时，如行为人在其持续性、连续性上游犯罪过程中实施自洗钱，仍然应做复数行为认定。虽然《解释》规定了自洗钱不需要以上游犯罪既遂为前提①，但依前文所述，上游犯罪至少要达到阶段性完成，行为人才能取得犯罪收益，进而产生自洗钱的强烈动机和客观条件，否则行为人欲洗钱也无钱可洗。那么，以金融诈骗犯罪为例，集资诈骗罪是典型的持续性犯罪，倘若行为人在非法集资过程中，动态、持续地转移、转换犯罪所得，其转移资金的阶段性行为一定是建立在一个集资环节（如对某一批、某群体受害人集资完毕）已经实施完毕的基础上，既然上游犯罪行为已阶段性实施完毕，紧接其后开展的自洗钱行为也仍然是与对应上游行为相分离的新行为。司法实践也实际反映了自洗钱与上游犯罪非单行为的情况，作为洗钱罪典型案例发布的冯某贩卖毒品、洗钱案②与前文所述殷某权贩卖毒品、洗钱案③都将上游犯罪过程中的自洗钱行为独立成罪，未适用想象竞合。由此，在主观、客观两方面，都难以将自洗钱行为与上游犯罪行为认定为一行为，想象竞合犯没有适用的空间。

第二，牵连犯在我国《刑法》中没有明文规定，理论上意指两行为独立触犯两罪名，但由于两罪间有手段和目的、原因与结果的牵连关系，因而从一重罪处理，是处断的一罪。上游犯罪行为人实施洗钱行为不成立牵连犯，行为人实施上游犯罪和洗钱行为时并非基于一个犯罪目的，且上游犯罪和洗钱犯罪之间并不具有紧密的牵连关系。④ 这样的观点具有合理性，但仍有不完备之处，认定自洗钱与上游犯罪之间是否成立牵连犯，应当对牵连犯涉及的数罪行为之主观、客观方面进行解构。在主观上，通说将牵连犯的主观要求设定为一个犯罪目的，然而这一表述不够确切。

---

① 《最高人民法院、最高人民检察院关于办理洗钱刑事案件适用法律若干问题的解释》第7条规定："认定洗钱罪应当以上游犯罪事实成立为前提。有下列情形的，不影响洗钱罪的认定：（一）上游犯罪尚未依法裁判，但有证据证明确实存在的；（二）有证据证明上游犯罪确实存在，因行为人逃匿未到案的；（三）有证据证明上游犯罪确实存在，因行为人死亡等原因依法不予追究刑事责任的；（四）有证据证明上游犯罪确实存在，但同时构成其他犯罪而以其他罪名定罪处罚的。"

② 《检察机关惩治洗钱犯罪典型案例》，最高人民检察院网站，https：//www. spp. gov. cn/xwfbh/dxal/202211/t20221103_ 591657. shtml，访问时间：2024 年 10 月 2 日。最高人民检察院提出本案的典型意义在于上游犯罪行为人完成上游犯罪并取得或控制犯罪所得后，进一步实施的掩饰、隐瞒犯罪所得及其产生的收益的来源和性质的行为，属于自洗钱行为，以洗钱罪追究刑事责任。上游犯罪实施过程中的接收、接受资金行为，属于上游犯罪的完成行为，是上游犯罪既遂的必要条件，不宜重复认定为洗钱行为，帮助接收、接受犯罪所得的人员可以成立上游犯罪的共犯。

③ 参见江西省上栗县人民法院（2024）赣 0322 刑初 138 号判决书。

④ 参见张宜培：《自洗钱与上游犯罪应数罪并罚》，载《青少年犯罪问题》2024 年第 2 期，第 71-83 页。

一个犯罪目的的表述，易使人误认为只存在一个犯罪心态，牵连犯的数个行为均存在相应的不同的主观故意，只是存在着牵连意图，受一个主导犯罪意图的支配。[①] 主导犯罪意图说对牵连犯的主观认定更为细致，不同的行为必然是在不同的意志支配下作出。例如，为了抢劫而跳窗入室的，两行为在主观上分别是实施抢劫的故意和非法侵入住宅的故意。若行为人以实行抢劫的目的跳窗或翻墙入室后发现家中无人，转而实施盗窃的，非法入室行为与盗窃行为，显然依旧应以牵连犯论处，却不仅仅符合一个犯罪目的的主观标准，此时采纳主观意图说认定则更为合理。主导犯罪意图，是指行为人存在牵连意图并允许有不同的主观故意，即行为人在实施犯罪中自觉地（有意识地、有目的地）将他罪行为作为本罪行为的方法准备或者后续结果，从而使相关的数个犯罪在事实上形成一个犯罪整体。[②] 张明楷教授以贪污贿赂犯罪为例，主张自洗钱犯罪与上游犯罪成立牵连犯，两种行为之间看似是有主导犯罪意图的数个犯罪事实所形成的一个整体，其实不然。笔者认为，如果贪污贿赂行为人在实施贪污贿赂行为时就将相应资金转到境外，则跨境转移资金的行为不涉及对洗钱罪的认定。以贿赂犯罪为例，行贿、受贿行为与跨境转移财物行为不是两个犯罪事实形成的一个犯罪整体，受贿人要求行贿人跨境转移财物是为了达到该笔财物的安全控制状态，行贿人跨境转移财物是为了成功实施行贿行为，跨境转移资金的行为是行贿罪、受贿罪的手段，是两罪客观方面行为的组成部分。虽然对于受贿方来说，以境外账户收取贿赂款一定程度上能够掩饰、隐瞒犯罪所得，但与上游犯罪结束后再向境外汇款洗钱依然有本质的不同，境外账户打款应当作为受贿、行贿的手段直接评价为相应罪名，不宜认定贿赂行为与跨境汇款行为是两个异质行为，不牵涉数罪的牵连关系问题。那么，自洗钱犯罪与上游犯罪之间有无牵连关系存在的余地？笔者认为，如果受贿人在境内收取汇款，为避风头，一段时间之后再将该犯罪所得资金通过投资、购买金融产品等转往境外的，也不应以受贿罪与洗钱罪的牵连犯认定。我国刑法理论与大陆法系刑法理论一般认为，有牵连关系的行为包含方法行为与目的行为、原因行为与结果行为，方法行为与目的行为或者原因行为与结果行为，是为了阐明本罪行为属于目的行为或者原因行为，而他罪行为是作为本罪的方法（相对于目的行为而言）或者是作为本罪的结果（相对于原因行为而言）而存在。[③] 在盗窃枪支并持枪抢劫的犯罪中，盗窃枪支的行为便是持枪抢劫行为的方法准备（手段）行为。受贿人在受贿之后跨境转移受贿资金的，与盗窃枪支并持

① 参见张小虎：《论牵连犯的典型界标》，载《中国刑事法杂志》2013 年第 5 期，第 27-32 页。

② 参见张小虎：《论牵连犯的典型界标》，载《中国刑事法杂志》2013 年第 5 期，第 27-32 页。

③ ［日］大谷实：《刑法总论》，黎宏译，法律出版社 2003 年版，第 366 页。

枪抢劫的情况不同，受贿行为不能作为跨境转移资金行为的方法行为，因为以行为时判断，行为人受贿时是为了以职务权力与行贿人达成权钱交易而获得贿款钱财，该受贿的意图不包含掩饰、隐瞒贿款的意图，即在受贿犯罪结束后再转移资金的，行为人在受贿时的意图不包含掩饰、隐瞒贿款的目的。反之，如果受贿人未雨绸缪，在受贿时就产生了掩饰、隐瞒贿款以便日后安全地享受该笔财物的意图，而要求行贿人提供境外账户并汇款或者自行跨境转移资金的，跨境转移资金行为就是贿赂犯罪的客观方面的手段行为，依前文所述应直接以相关贿赂犯罪本罪论处，不应当涉及洗钱罪的认定。易言之，自洗钱与上游犯罪行为之间不是方法行为和目的行为的关系，上游犯罪行为不是为了自洗钱做准备，洗钱更不是为上游犯罪实施准备条件，上游犯罪的实施能够为自洗钱行为的产生创造主观洗钱动机（将上游犯罪收益合法化）和客观洗钱对象（上游犯罪收益）。

自洗钱与上游犯罪之间也不是原因行为和结果行为的牵连关系。原因行为与结果行为的牵连，通常是指两个行为在自然意义上的引起与被引起关系，即有因必有果。[①] 在司法实务中，对类型化牵连关系的理解在于通常性（罪质的通例性）与必然性判断，通常性即判断行为之间在社会生活经验意义上通常是否具有手段目的的密切关联，而必然性是基于客观案件事实对行为之间是否必然伴随发生所作的判断。牵连关系的判断，应当在罪质的通例性标准的基础上补充适用必然性标准。[②] 这样的认定方法是合理的。依前文所述，其一，以金融诈骗犯罪数据来看，在已公开的司法裁判案例中，自洗钱行为同时伴随金融诈骗行为发生的案例占比较低，表明该类上游犯罪行为不一定导致自洗钱行为，二者没有罪质的通例性；其二，自洗钱行为与上游犯罪行为尽管存在一定的上下游行为依附关系，但两行为之间不存在必然因果关系，具体可表现在自洗钱行为侵犯法益的独立性、自洗钱行为的产生在时空条件上的滞后性、自洗钱行为主观上具有期待可能性（是上游犯罪本犯的自觉性选择）等方面。

区分说认为《刑法》第 191 条规定洗钱罪的四种具体手段行为，其中“将财产转换为现金、金融票据、有价证券的”是转换类自洗钱，其余三种为转移类自洗钱。其支持者认为财产转移类自洗钱仅妨碍了司法机关的正常活动，属于不可罚的事后行为；财产性质转换类自洗钱侵犯了金融管理秩序，应评价为洗钱罪与上游犯罪数罪并罚；张明楷教授又补充提出买卖、虚报收入、赌博等转换类自洗钱行为也未非法利用金融系统。此类区分说的观点，没有精准把握自洗钱行为的法益侵害，

---

① 参见敦宁：《自洗钱行为入罪的理论诠释与问题分析》，载《公安学研究》2021 年第 6 期，第 90 页。

② 参见王彦强：《牵连犯成立要件的判例研究——基于对 1700 余件裁判文书的观察分析》，载《中外法学》2024 年第 4 期，第 1041-1061 页。

认为赌资等非法资金的转移不是享受金融系统正常服务的对象，对洗钱罪保护金融管理秩序法益的理解略显狭隘。考察金融市场运行原理可知，洗钱罪对金融管理秩序的危害体现在对金融安全和金融稳定的危害上。① 这种危害可表现为价格波动风险、法律风险等。房地产市场因为复杂的所有权、现金支付和高交易价值的特性，导致易受洗钱的影响。② 非法所得流入金融系统，可能通过购买资产的方式进行洗白。大量热钱流入会导致资产价格的人为波动，如房地产、股票等的价格大涨，进而引发资产泡沫。③ 如果洗钱资金在法律调查中被依法冻结或者没收，持有这些资金的金融机构可能会遭受损失。④ 众所周知，我国市场经济中房地产交易的波动容易影响城市地域经济稳定，一旦犯罪资金以赌资、虚假买卖等手段洗钱成功，或以所谓转移类自洗钱手段将犯罪资金转换为金融票据，只要洗钱数额足够巨大或特别巨大，无疑会造成金融系统的上述风险。将上游犯罪收益转变为赌博资金，或直接进行现金买卖交易，看似未利用金融系统的业务服务，事实上只是未直接性侵害正常金融秩序，实则会通过影响相关领域的市场交易价格或者案发被没收资金等造成金融风险，间接性地侵害金融管理秩序。因此，区分说的观点存在重大瑕疵，出于法益保护的需要，所谓财产转移类自洗钱行为应当以洗钱罪论处。

主张对自洗钱与上游犯罪从一重罪处罚，或主张以事后不可罚行为理论否定自洗钱与上游犯罪应当数罪并罚的观点，都有出于对禁止重复评价原则面对自洗钱行为时失效的担忧，然而其结论可能违反对犯罪行为全面评价的要求。从罪刑法定原则的实质侧面和形式侧面出发，依前文所述，在综合评价洗钱罪的保护法益、自洗钱行为侵害法益独立性，以及充分考量自洗钱行为的期待可能性和自洗钱、上游犯罪行为之间的行为关系后，对自洗钱行为从一重罪处罚的观点，都没有全面地回答涉及自洗钱行为入罪原因的基本问题（法益侵害、洗钱犯罪构成要件等），或者对洗钱罪的法益作出不恰当的认定。为遵从洗钱罪适用的形式合理性，还需对罪名原条文进一步分析。在不涉及法理或基本原则冲突时，司法者对立法者设立的评价和处罚效果，应当无遗漏地适用、充分地评价，以忠实体现立法意图，实现对法益的充分保护。从洗钱罪的修改内容来看，2021 年《刑法修正案（十一）》在本罪犯罪构成的主观方面，删去了“明知”的表述；客观方面，手段行为删减了“协助”的表述；量刑上，还取消了罚金刑中的百分比限额。洗钱罪法条内容变动的目的不

---

① 参见田宏杰、徐黎：《自洗钱犯罪的罪数问题研究》，载《中国检察官》2023 年第 14 期，第 31 页。

② National Crime Agency，“National Strategic Assessment of Serious and Organized Crime 2020”.

③ See Riccardo Novaro et al. Does Money Laundering Inflate Residential House Prices? Evidence From the Italian Provincial Markets，Kyklos，Vol. 75：4，pp. 672-691（2022）.

④ 参见王新：《总体国家安全观下我国反洗钱的刑事法律规制》，载《法学家》2021 年第 3 期，第 90-103 页。

言而喻，就是扩大洗钱罪的适用范围，加大对洗钱行为的打击力度，实现对洗钱犯罪的有效遏制。在此项修改之前，2020 年全国法院一审审结洗钱案件 6624 起、生效判决 16328 人，其中，以“洗钱罪”审结案件 197 起、生效判决 229 人，可见洗钱罪在修改前司法适用率确实偏低。洗钱罪的适用率低，与我国反洗钱工作的整体趋势不符，也与当前对贪污贿赂、金融诈骗等上游犯罪打击力度不断加大的形势不相称。[①] 总而言之，自洗钱行为与上游犯罪行为，是两种行为相对独立地侵害不同种法益，符合两种犯罪构成触犯不同罪名之行为，且结合时间空间条件对自洗钱之行为时主客观方面的分析，在上下游复数行为的认定中不存在对自洗钱主客观要素评价的重叠。那么，出于对立法意图的尊重，加之《解释》第 1 条规定自掩饰、隐瞒上游犯罪所得的应成立洗钱罪，结合相关司法案例对边进行连续、持续性上游犯罪边自洗钱的判例精神，应当对自洗钱行为与上游犯罪行为采取数罪并罚的司法认定方法。

① 参见吴波：《洗钱罪的司法适用困境及出路》，载《法学》2021 年第 10 期，第 94-108 页。

贪污贿赂类洗钱犯罪研究

周鑫淼*

一、问题的提出

从近年来查办贪污贿赂犯罪案件的情况分析，贪污贿赂犯罪仍呈高发态势，案件总量居高不下，一些大要案涉案金额上亿甚至数十亿。贪污贿赂案件的主要犯罪主体是国家工作人员，其中包括党员干部。犯罪分子利用职务作掩护，运用权力搞犯罪，其方式多样，有极大的掩护性；表现出犯罪手段诡秘，现行作案和一次性作案突出，共同犯罪增多，涉及面较广，查处阻力大等特点。其中，很多案件涉及将非法所得洗白的情况。

贪污贿赂洗钱的主要手段集中在为上游犯罪提供资金账户。从判决中分析，行为人通常不是采取单一的方式洗钱，往往是多种手段结合使用。例如，为他人提供资金账户后，采取转账方式转移资金或者用贪污贿赂犯罪所得购买车辆、房产或进行投资等掩饰、隐瞒赃款的性质。在已公布的判决中，判处的以跨境转移资产的方式掩饰、隐瞒贪污贿赂犯罪所得的并不常见。① 因此，本文主要探讨以下贪污受贿情形中的自洗钱问题。例如，国家工作人员 A 利用职务便利，先后接受他人的请托，为相关单位和个人提供帮助，索取、非法收受上述人员给予的财物。为了掩饰、隐瞒犯罪所得，以他人提供银行账户、理财、转账、取现等方式转移资金或者形成资金混同；或者以将上游犯罪所得高价值物品变卖转化为现金等方式进行藏匿。对此，有行为人辩称部分财物由行贿人直接汇入他人名下的账户中，其并未将非法收入转化为合法收入，将受贿款存入他人名下仅是受贿犯罪的自然延伸，行为人不构成洗钱罪。而也有人认为将受贿款存入他人名下不属于受贿后正常的钱款支配行为，应当认定为自洗钱。在严厉打击贪污贿赂洗钱等犯罪行为、高压惩治腐败的新形势下，有必要对这一问题进行深入探讨。

---

* 周鑫淼，北京师范大学法学院博士研究生。

① 庄浩、杨丽、彭睿、闫峻、刘丁玮：《检察机关办理贪污贿赂案中的反洗钱研究——以 323 份洗钱罪判决为分析样本》，载《贵州警察学院学报》2024 年第 3 期。

二、罪名认定的厘清

《刑法修正案（十一）》对洗钱罪的修改，涉及客观和主观两个方面，为自洗钱行为入罪解除了阻碍。一是对洗钱罪的客观方面进行了修改，删除了《刑法》第191条第1款第2至4项中“协助”的表述，将原有的5项行为方式修订为：（1）提供资金账户的；（2）将财产转换为现金、金融票据、有价证券的；（3）通过转账或者其他支付结算方式转移资金的；（4）跨境转移资产的；（5）以其他方法掩饰、隐瞒犯罪所得及其收益的来源和性质的。二是对洗钱罪的主观方面进行了修改，将原有罪状表述中的“明知”删除，只规定了洗钱罪的主观目的是“为掩饰、隐瞒毒品犯罪、黑社会性质的组织犯罪、恐怖活动犯罪、走私犯罪、贪污贿赂犯罪、破坏金融管理秩序犯罪、金融诈骗犯罪的所得及其产生的收益的来源和性质”。

（一）贪污贿赂类洗钱犯罪行为的认定

《刑法修正案（十一）》对洗钱犯罪的客观行为进行了部分调整。删除“协助”，增加自洗钱入罪；把第四项行为中的“资金”改为“资产”，将跨境洗钱行为对象从钱款扩展至财物。《刑法修正案（十一）》施行前，自洗钱行为未作为犯罪论处，而是通过“事后不可罚行为”理论进行解释，自洗钱行为入罪之后，并非表明上游犯罪行为人所有接受和处置犯罪所得的行为都构成洗钱罪。相关后续使用行为的性质界定，在刑法理论界以及司法实践中尚存在分歧。

一是主张利用他人账户收受财物可以构成自洗钱犯罪。有学者认为，将上游犯罪所得资金转移到他人账户或国外账户等财产转移类自洗钱行为，也可能利用了金融系统，进而侵犯了金融管理秩序，构成洗钱罪。① 例如，张明楷教授认为，洗钱罪不是间接取得财产或妨害司法的犯罪，主要是破坏金融管理秩序的犯罪，所以，即使上游犯罪没有既遂，但如果洗钱行为侵害了金融管理秩序，就可能成立洗钱罪。本犯在实施上游犯罪的过程中，也可能同时实施破坏金融管理秩序的行为，因而触犯数罪。

二是主张利用他人账户收受财物后，另有掩饰、隐匿行为才能构成自洗钱犯罪。有学者认为，提供资金账户本人或与其相关的上游犯罪行为人在取得财物后，另有掩饰、隐匿行为，如将账户内的资金分散至多个其他账户或将资金从账户内提现，足以切断资金与当初犯罪行为的关联性，才能构成洗钱罪。②

三是主张要进一步区分自用和他用性质来判定是否属于自洗钱犯罪。有学者认

---

① 参见张明楷：《自洗钱入罪后的争议问题》，载《比较法研究》2022年第5期。

② 参见李光林、陶维俊：《提供资金账户式洗钱行为的司法认定》，《检察日报》2021年7月23日。

为，上游犯罪的本犯在实施上游犯罪后，将从上游犯罪所取得的赃款用于购置房产、汽车等财物的行为，需要区分到底是属于自用性质还是投资性质，以此来界定上游犯罪所取得的赃款性质和来源有无发生过实质性变化，即有无发生了“化学反应”。①

四是洗钱罪的成立并不限于上游犯罪结束，但应在上游犯罪所得及其收益产生后，上游犯罪实行行为组成部分的“提供资金账户”等行为，系上游犯罪实行行为本身，不应再评价为洗钱罪。②

本文认为，对于行为人通过第三人账户收受贿赂款，并取出现金的行为，应当认定为自洗钱行为。

第一，洗钱罪的本质是将上游犯罪的犯罪所得及其收益进行“漂白”。洗钱罪中“洗”的自然含义逐步被淡化，逐渐演变为“掩饰、隐瞒”的意义，洗钱罪事实上变成了“掩饰、隐瞒毒品犯罪等七类犯罪所得及其收益罪”，行为漂白的功能性降低。行为“漂白”功能的降低并不意味着行为人只要实施了转移、转换、混同等使上游犯罪所得“无痕”的行为就是洗钱罪。③ 2009 年《关于审理洗钱等刑事案件具体应用法律若干问题的解释》还对《刑法》第 191 条“洗钱罪”中第（五）项所规定的“以其他方法掩饰、隐瞒犯罪所得及其收益的来源和性质”予以了扩张解释，除《刑法》第 191 条所明确规定的通过银行类金融机构实施的洗钱行为外，通过证券公司、保险公司等非银行类金融机构，商品交易、企业收购、投资等非金融机构以及地下钱庄、赌博等非法途径实施的针对特定上游犯罪的洗钱行为均被纳入洗钱罪进行处罚。可见，《刑法》修正、《刑法》立法和司法解释都明确表达了洗钱罪系特殊类型的掩饰、隐瞒犯罪所得、犯罪所得收益罪，两者属于特别法与一般法的关系。

第二，受贿人与他人合谋利用他人账户收受财物的行为，在客观方面使得非法的受贿财物经合法流程转化为合法收入，实现了以合法名义掩盖财物的非法性。

第三，《刑法》第 191 条规定的是“为掩饰、隐瞒犯罪的所得及其产生的收益的来源和性质”，第 312 条规定的是“以其他方法掩饰、隐瞒的”，后者没有强调掩饰、隐瞒犯罪的所得及其产生的收益的“来源和性质”。这很可能被认为，两罪的区分除了上游犯罪不同，还要考察掩饰、隐瞒行为是否针对犯罪的所得及其产生收益的“来源和性质”。在行为人只是单纯地窝藏、转移犯罪所得及其收益的场合，被认为属于物理意义上的掩饰、隐瞒，依法成立掩饰、隐瞒犯罪所得、犯罪所得收

---

① 参见骆勇坚等：《“自洗钱”犯罪的理解与适用》，https：//baijiahao. baidu. com/s? id=1749864990751057940&wfr=spider&for=pc，2024 年 6 月 19 日访问。

② 参见何荣功：《洗钱罪司法适用的观察、探讨与反思》，载《法学评论》2023 年第 3 期。

③ 参见何荣功：《洗钱罪司法适用的观察、探讨与反思》，载《法学评论》2023 年第 3 期。

益罪；在将犯罪所得及其收益通过转账等形态转换的场合，被认为属于化学意义上的掩饰、隐瞒，该情形才真正属于掩饰、隐瞒犯罪的所得及其产生的收益的来源和性质，从而构成洗钱罪。[①] 洗钱罪与掩隐罪并非简单地确保、维持上游犯罪行为所侵害的法益既有的状态，后续实施的掩饰、隐瞒行为并不属于完成上游受贿罪的一个环节，可以单独认定为自洗钱行为。

（二）主观“明知”和“掩饰、隐瞒”目的的理解

洗钱罪的主观方面是为了“掩饰、隐瞒上游犯罪的所得及其产生的收益的来源和性质”。《刑法修正案（十一）》虽然删除了主观“明知”的要件，但只是降低了对行为对象事实的证明标准，而未改变洗钱罪的主观要件，从本罪的犯罪构成来看，行为人主观方面仍为故意。[②]

洗钱罪的主观方面，一方面要求明知行为人实施了上游七类犯罪行为，另一方面要求主观上具有掩饰、隐瞒犯罪所得及其收益的来源和性质的目的。对于“明知”的认定，学界和实务界存在严格程度不一的标准。按照从窄到宽的顺序，大致可分为三类：其一，“明知”即为明确知道，不存在任何否定其认知事项的疑惑；其二，“明知”包括“确知”和“可能知道”；其三，“明知”包括“知道或应当知道”。从最高人民法院、最高人民检察院《关于办理洗钱刑事案件适用法律若干问题的解释》的规定可以看出，其采取最为宽松的解释方式，即“知道或应当知道”，同时允许反证。因此，对于“上游七类犯罪”的明知，我们认为既可以包括“确切地明知”，即明知行为人实施了哪种犯罪；也可以包括“概括地明知”，不需要具体知道行为人实施的是哪种犯罪。

（三）洗钱罪保护法益的争议与厘清

1. 洗钱罪保护法益是否包括司法机关的正常活动

关于洗钱罪的保护法益，理论界主要有三种不同观点：第一种观点认为应当包括司法机关的正常活动。例如，安汇玉、汪明亮主张自洗钱行为不仅妨害司法而且破坏国家金融管理秩序，具有独立于上游犯罪的法益侵害性，司法机关的正常活动也应当被认定为洗钱罪的保护法益。[③] 第二种观点则质疑司法机关的正常活动作为洗钱罪保护法益的正当性。例如，张明楷教授主张洗钱罪的保护法益首先是金融管

---

① 参见何荣功：《洗钱罪司法适用的观察、探讨与反思》，载《法学评论》2023 年第 3 期。

② 参见刘艳红：《洗钱罪删除“明知”要件后的理解与适用》，载《当代法学》2021 年第 4 期。

③ 参见安汇玉、汪明亮：《自我洗钱行为当罚性分析》，载《苏州大学学报（法学版）》2020 年第 3 期。

理秩序（主要客体），其次还包括上游犯罪的保护法益，但司法机关的正常活动不能作为洗钱罪保护法益的正当性。[①] 第三种观点认为洗钱罪保护的是单一法益，仅包括国家司法权或司法活动。有学者指出洗钱犯罪侵害金融安全的宏观视角过于抽象，将金融管理秩序作为洗钱罪的保护法益是小题大做，是刑法过早介入经济生活的表现，违背了刑法的谦抑性原则，而洗钱对国家司法活动的侵害更具有现实性、直观性，对国家司法活动的侵害就是对国家司法权的侵害。[②]

对此，我们可以深入分析一下洗钱罪的特征。一是从侵犯的客体看，洗钱罪既侵犯了金融秩序，又侵犯了社会经济管理秩序，还侵犯了国家正常的金融管理活动及外汇管理的相关规定。二是从行为过程看，是协助将财产转为现金或者金融票据，既包括将实物转换为现金或金融票据，也包括将现金转换为金融票据或者将金融票据转换成现金等。三是从行为方式看，是为犯罪人开设银行资金账户或者将现有的银行资金账户提供给犯罪人使用，通过转账或者其他结算方式协助资金转移。四是从行为目的看，是以其他方式掩饰、隐瞒犯罪的违法所得及其收益的来源和性质。五是从主观方面的表现看，是故意，即行为人明知自己的行为是在为犯罪违法所得掩饰、隐瞒其来源和性质，为利益而故意为之，并希望这种结果发生。

本文认为，洗钱罪属于《刑法》第三章第四节“破坏金融管理秩序罪”，表明金融管理秩序是洗钱罪的主要保护法益，国家的金融管理秩序是本罪当然的保护法益。除此之外，国家司法机关的活动也应当作为本罪的保护法益。从客观方面来说，洗钱罪与上游犯罪息息相关，通过打击洗钱行为有利于遏制上游犯罪，切断犯罪者与犯罪所得之间的经济利益，而行为人将财物由“黑”变“白”阻碍了国家司法机关的正常活动，使司法机关无法追缴犯罪所得。而且，行为人的主观目的是掩饰、隐瞒赃款赃物的来源和性质，逃避有关部门的追查。

2. 对金融管理秩序的理解

洗钱罪属于《刑法》第三章第四节“破坏金融管理秩序罪”，因此，金融管理秩序自然是洗钱罪所侵害的法益。破坏金融管理秩序罪，是指违反国家对金融市场的监督管理的法律、法规，从事危害国家对货币、外汇、有价证券以及金融机构、证券交易和保险公司管理的活动，破坏金融市场秩序，情节严重的行为。但是，金融管理秩序的概念仍较为抽象，究竟如何判断金融管理秩序是否遭到侵害也有不同的观点。第一种观点认为应当对金融管理秩序进行限缩理解。例如，张明楷教授主张，“倘若认为洗钱罪的保护法益是或者主要是金融管理秩序，就要求洗钱行为利

---

① 参见张明楷：《洗钱罪的保护法益》，载《法学》2022 年第 5 期。

② 参见李云飞：《洗钱危害的二维性及对客体归类的影响》，载《中国刑事法杂志》2013 年第 11 期。

用金融机构、金融产品、金融手段等（一般统称金融系统）”①。第二种观点较之于第一种观点，对金融管理秩序采取相对扩张的理解，即行为人实施的行为以通过金融机构实施为典型，但同时也应适度扩张，涵盖其他实现资金流转的领域。例如，黎宏教授认为自洗钱罪的本质特征体现为，本犯在实施上游犯罪之后，又通过一系列使犯罪所得及其收益形成合法外观之新行为，达到具体地阻碍人们对上游犯罪所得及其产生的收益来源、性质的认定。②

《刑法》中破坏金融管理秩序罪涉及第170~191条，涵盖范围比较广，其中洗钱罪的性质是“为掩饰、隐瞒毒品犯罪、黑社会性质的组织犯罪、恐怖活动犯罪、走私犯罪、贪污贿赂犯罪、破坏金融管理秩序犯罪、金融诈骗犯罪的所得及其产生的收益的来源和性质”。根据立法的目的，本文认为，不应将洗钱罪的保护法益即金融管理秩序局限于通过金融系统实施的立场，通过市场流通、商品交易等领域的行为亦可以认定为侵犯金融管理秩序的行为。而对于赃款仅以物理方式的处置或者依照财物的通常效能加以使用，如藏匿、自用等，所收受赃款没发生实质性变化，或将受贿所取得的赃款直接用于赌博及偿还个人欠款，即其对上述犯罪所得仅是单纯地持有、依照财物的通常效能加以使用，均没有侵犯金融管理秩序，属于上游犯罪行为的组成部分。

3. 自洗钱入罪与事后不可罚的适用

《刑法修正案（十一）》施行前，“自洗钱”行为未作为犯罪处理，而是通过“事后不可罚行为理论”进行解释，“自洗钱”行为入罪后，该行为的可罚性原因得到阐释。自洗钱行为入罪仍应在事后不可罚行为的框架内进行评价，即自洗钱行为入罪代表自洗钱行为与事后不可罚行为有所区别，自洗钱的行为和上游七类犯罪的行为是两个独立的行为。

有学者指出，“事后行为具有刑法意义上的危害性本质，正是因为该行为实实在在地侵害到了法益实体”③，即事后行为的不可罚正是由于前后行为指向的法益侵害同一性。因此，区分自洗钱行为与事后不可罚行为的关键，需要回归洗钱罪所侵害的法益。洗钱罪作为《刑法》第191条规定在“分则”第三章第四节“破坏金融管理秩序罪”中，在违法性层面，其独立于法定七类上游犯罪的法益侵害性，其所侵害的法益已经超出法定七类上游犯罪（除金融犯罪以外）原本所侵害的法益，不仅妨害司法机关的正常活动，而且破坏了国家金融管理秩序。

---

① 张明楷：《洗钱罪的保护法益》，载《法学》2022年第5期。

② 参见黎宏：《“自洗钱”行为认定的难点问题分析》，载《法学评论》2023年第5期。

③ 陈伟：《事后不可罚行为与自洗钱入罪的规范适用》，载《环球法律评论》2024年第3期。

因此，如果以掩饰、隐瞒上游犯罪的犯罪所得及其收益的来源和性质为目的，所实施的“漂白”行为危害了社会、侵害了新的法益，无论从犯罪的本质特征——社会危害性考量，还是从严厉打击并遏制前罪考量，都应排除事后不可罚的适用，进行入罪。若只是单纯地利用上游犯罪行为，而继续对既有法益进行侵害，并没有对该法益内容和范围进行补充和改变，则后续实施的掩饰、隐瞒行为是不可罚的事后行为。

三、贪污贿赂类洗钱犯罪与上游犯罪的罪数认定

（一）观点争议

自洗钱入罪后，如何处理自洗钱犯罪与上游犯罪的罪数，对于自洗钱与上游犯罪的竞合问题，是从一重罪处罚，还是数罪并罚，学界也存在不小的争议。具体而言，主要有以下几种处断方式：第一，数罪并罚。王新教授从罪数理论、刑事立法目的和域外比较等方面进行分析，主张对于自洗钱与上游犯罪的竞合问题，应实行数罪并罚。[①] 第二，想象竞合。张明楷教授则认为：“自洗钱与上游犯罪属于想象竞合、牵连犯时，虽然应认定为数罪，但不应实行数罪并罚。”[②] 第三，牵连犯从一重罪处断。有学者认为，由于在上游犯罪行为与洗钱犯罪行为之间存在原因行为与结果行为之间的牵连关系，故认为应将其认定为牵连犯，应当适用对牵连犯采取的从一重罪处断的原则。[③]

（二）观点评析

本文认为，对于受贿自洗的行为应当考虑行为的个数以及洗钱罪保护的法益，采取不同的处理方式。

第一，属于受贿行为的自然衍生行为，不构成洗钱罪。本犯处置财物的行为属于后续行为，不是上游犯罪发生的必然结果，如受贿人藏匿犯罪所得及其收益的。

第二，想象竞合。若行为人实施的行为不是继续维持财物的原有状态的物理行为，而是通过“漂白”等手段隐瞒财物的性质，其后续的行为使得国家追查该笔赃款的来源更加困难，已经侵犯了新的法益。但由于贪利型上游犯罪所侵害的法益与后续洗钱行为具有一定重合性，为避免重复评价法益，实施自洗钱的行为依照想象竞合，按照从一重处的原则处理。

第三，洗钱犯罪与上游犯罪构成牵连犯。贪污贿赂属于贪利型犯罪，以获取财

---

① 参见王新：《自洗钱入罪后的司法适用问题》，载《政治与法律》2021 年第 11 期。

② 张明楷：《自洗钱入罪后的争议问题》，载《比较法研究》2022 年第 5 期。

③ 参见赵金成：《洗钱犯罪研究》，中国人民公安大学出版社 2006 年版。

物为目的。行为人实施的掩饰、隐瞒财物性质的方法属于手段行为，其上游犯罪为目的行为。手段行为与目的行为之间具有牵连关系。一般可以依照从一重罪处理，若结合特殊的政策目标，亦可进行数罪并罚。

第四，数罪并罚。自洗钱与上游犯罪行为属于《刑法》上的复数行为，数行为触犯了数个不同的罪刑规范，侵犯了数个不同的法益，且在数行为之间不存在评价要素重叠的情况下，按数罪并罚论处更能实现全面评价的要求，亦更符合罪刑法定原则与法益保护的精神。①

尽管学界对于这个问题各抒己见，莫衷一是，但为了指导全国司法机关的认识统一和规范适用，最高人民检察院发布了惩治洗钱犯罪的典型案例，在冯某才等人贩卖毒品、洗钱案中明确指出："同时符合洗钱罪的主客观两方面条件的，应当承担刑事责任，并与上游犯罪数罪并罚。"②

四、帮助洗钱与上游共同犯罪的认定

（一）共同犯罪的认定路径

我们认为，能否构成上游犯罪的共同犯罪，关键看是否有事先通谋。具体而言，可以分为如下情况：第一，仅构成洗钱罪的情形。行为人事后明知上游犯罪行为人实施了犯罪，提供了具体的掩饰、隐瞒、帮助行为，则构成洗钱罪。第二，仅构成共同犯罪的情形。行为人事先与上游犯罪嫌疑人具有共同犯罪的故意，并且实施了具体的掩饰、隐瞒、帮助的行为，如果行为人的掩饰、隐瞒、帮助对犯罪所得及其收益只是发生物理变化，没有发生实质性化学反应，仅以上游犯罪共犯论处。第三，行为人参与上游犯罪的共谋后只是因为各自的分工不同而具体实施掩饰、隐瞒犯罪所得的，应当认定为上游犯罪共犯和洗钱罪。即：如果行为人具体参与实施了上游犯罪共谋后实施洗钱行为，根据《刑法修正案（十一）》的规定，可以认定为自洗钱，因此，该行为人与上游犯罪人共同构成上游犯罪和洗钱罪。例如，在毒品犯罪中，贩毒者甲指使乙代为保管毒资并且为帮助甲掩盖犯罪事实将赌资通过其他账户多次转账给甲，乙也明知是赌资，此时甲乙构成了洗钱罪共犯，并且甲应当以贩卖毒品罪、洗钱罪数罪并罚。而《刑法修正案（十一）》施行前对自洗钱行为不另作犯罪评价，因而，行为人参与上游犯罪的共谋后只是因为各自的分工不同而具体实施掩饰、隐瞒犯罪所得的，应当认定为上游犯罪的共犯，不宜按洗钱罪论处，避免将明显属于共同犯罪的行为认定为洗钱罪，造成罪刑失衡。第四，若因为证据不足

① 参见田宏杰、徐黎：《自洗钱犯罪的罪数问题研究》，载《中国检察官》2023 年第 14 期。
② 张明楷：《自洗钱入罪后的争议问题》，载《比较法研究》2022 年第 5 期。

等原因难以认定上游犯罪行为人与他人成立上游犯罪的共同犯罪时，对于上游犯罪本犯所实施的掩饰、隐瞒上游犯罪所得及其收益的行为，仍应认定自洗钱行为成立，并与他人共同构成洗钱罪。

（二）共同犯罪的处理

最高人民检察院发布的典型案例马某益受贿、洗钱案中有关于洗钱罪与上游犯罪关系的表述。该案的典型意义表明：洗钱罪是在上游犯罪完成、取得或控制犯罪所得及其收益后实施的新的犯罪活动，与上游犯罪分别具有独立的构成。在上游犯罪实行过程中提供资金账户、协助转账汇款等帮助上游犯罪实现的行为，是上游犯罪的组成部分，应当认定为上游犯罪的共犯，不能认定为洗钱罪。上游犯罪完成后掩饰、隐瞒犯罪所得及其收益的来源和性质的行为，才成立洗钱罪。① 因此，在该案中，马某益使用本人账户帮助马某军接收贿赂的行为被认定为受贿罪的共同犯罪，而对于马某军收受贿赂完成后，再使用本人账户接收马某军的受贿所得及投资经营行为，被认定为洗钱罪。②

本文认为，在贪污贿赂他洗钱犯罪中，洗钱人作为第三人，主观上以明知对方是贪污受贿人或为他们洗钱为前提，在具体实施洗钱行为时，必须获得对方犯罪分子的配合，故行为人与贪污受贿人在洗钱活动上必然有共同的故意、共同的行为，但在自洗钱入罪前，只对参与协助洗钱的第三人以洗钱罪追究刑事责任，对自收自洗的贪污贿赂人不以洗钱罪追究刑事责任。自洗钱入罪后，在自洗钱框架下的共同犯罪情形中，如果贪污贿赂行为人与第三人之间就洗钱犯罪存在通谋关系，并且由该第三人提供账户接收财物，在客观方面当然符合“提供资金账户”的行为类型，且主观方面具有掩饰、隐瞒犯罪所得的故意，行为人与该第三人可以构成洗钱罪的共犯，行为人同时构成上游犯罪与自洗钱犯罪。

五、结语

本文对贪污贿赂犯罪中自洗钱型洗钱罪适用存在的疑难问题予以探析，主要列举了三个重要的问题：以“提供资金账户”方式的存续，与上游犯罪的竞合，共犯认定的复杂，并对上述问题提出了解决路径：洗钱罪的本质是掩饰、隐瞒犯罪所得的来源和性质，以合法形式掩盖财物的非法性，立足事前通谋准确认定共同犯罪。将自洗钱犯罪与上游犯罪综合分析，根据不同情形适用不同的罪数处断原则。自洗

① 参见《检察机关惩治洗钱犯罪典型案例》，https：//www. spp. gov. cn/xwfbh/wsfbt/202211/t20221103_ 591486. shtml#2，2024 年 6 月 16 日访问。

② 参见张磊：《洗钱罪的成立应当以上游犯罪人实际控制犯罪所得为前提》，载《政治与法律》2023 第 11 期。

钱行为已经正式入罪，适用自洗钱型洗钱罪的前提已经铺垫完毕。在裁判依据已经明确的前提下，司法机关适用自洗钱型洗钱犯罪可以更好地实现社会的公平正义。但刑法具有谦抑性，需要司法机关在充分理解洗钱犯罪的本质基础上灵活适用自洗钱犯罪，避免在适用过程中与该行为的入罪目的相违背。